# Palabras en contexto

## Thematischer Oberstufenwortschatz Spanisch

Texte und Onlineaufgaben von
María Victoria Rojas Riether
Silvia Vega Ordóñez

Mi página, mis ideas: Actividades von
Christine Klöfers
Ute Winter

Vídeos de aprendizaje von
Steffen Obeling

Ernst Klett Sprachen
Stuttgart

## Symbole und Abkürzungen

| | | | |
|---|---|---|---|
| *adv.* | Adverb | **!** | Achtung |
| *etw.* | etwas | **=** | Synonym |
| *f.* | feminin, weiblich | **≠** | Antonym |
| *m.* | maskulin, männlich | **E** | Verweis auf bekannte Wörter aus dem Englischen |
| *jdm* | jemandem | **FF** | Falsche Freunde |
| *jdn* | jemanden | *esp.* | Verweis auf spanisches Vokabular |
| *pl.* | Plural, Mehrzahl | *LA* | Verweis auf lateinamerikanisches Vokabular |
| ▸ | Verweis auf Wörter derselben Wortfamilie | ≈ | Konjugationsbeispiel |

1 Auflage 1 5 4 3 2 1 | 2027 26 25 24 23

Nachfolger von 978-3-12-513352-5



Redaktion: Simone Roth
Layoutkonzeption: Greta Gröttrup , Eva Lettenmayer
Gestaltung und Satz: Satzkasten, Stuttgart
Umschlaggestaltung: Eva Lettenmayer
Tonstudio: custom music, Andreas Nesic, Stuttgart
Sprecher: Julio José Serrano Porras
Druck und Bindung: Plump Druck & Medien GmbH, Rheinbreitbach

Printed in Germany

ISBN 978-3-12-513355-6

# Inhaltsverzeichnis

Mit *Palabras en contexto* erfolgreich lernen ... 8
Klett-Augmented: Vokabeltrainer, Onlineaufgaben, Audios, Videos ... 9

## 1 Información básica

**1.1 España: datos de interés** ... 12
**España en el mapa** ... 12
**Y no siempre hace calor...** ... 14
**España y su gente** ... 16
**El transporte** ... 16
**Metrópolis españolas** ... 18
Madrid ... 18
Barcelona ... 20
Valencia ... 20

**1.1 Hispanoamérica** ... 22
**BlogGEO –De viaje por el continente americano** ... 22
**La hidrografía** ... 24
Rios ... 24
Lagos ... 24
Cataratas ... 24
**El clima** ... 26
**La población de Latinoamérica** ... 28
La composición étnica ... 28
**Demografía y urbanización** ... 30
Latinoamérica en cifras ... 30
**Bogotá, Medellín, Cali, ...** ... 32
Bogotá, una metrópoli colombiana ... 32
Vivir en Bogotá Distrito Capital ... 34
El transporte ... 36

**Mi página, mis ideas:** Barcelona ... 38
Tarjetas de vocabulario – Actividades en línea – Vídeo de aprendizaje

## 2 En el pasado

**2.1 Étapas importantes en la historia de España** ... 42
**La romanización** ... 42
**Y llegan los visigodos** ... 42
**El siglo X y siguientes** ... 44
La invasión árabe ... 44
Biografías interesantes ... 44
**1492** ... 46
**Biografías de una conquista** ... 48
**Reinados del siglo XVI al siglo XIX** ... 52
Siglos XV al XVIII ... 52
El siglo XIX ... 52
**La Segunda República** ... 54
**Las comunidades autónomas** ... 54
En la República ... 54
Desde la Guerra Civil ... 54
**La Guerra Civil** ... 56
**El Franquismo en España** ... 58
Blog de historia ... 58
**La Constitución de 1978** ... 58
**La Memoria Histórica** ... 60
**El papel de la monarquía hoy** ... 62

**2.2 Étapas importantes en la historia de Latinoamérica** ... 64
**La cultura precolombina** ... 64
**La colonización de la América española** ... 66
**La independencia y origen de los Estados nacionales** ... 68
**Formación de Estados nacionales** ... 70
**Cambio de formas de gobierno** ... 70

**Mi página, mis ideas:** ¿Cómo vivir con el pasado? ... 72
Tarjetas de vocabulario – Actividades en línea – Vídeo de aprendizaje

# 3 Hoy en día

**3.1 El mundo hispanohablante** 76
**La terminología** 76
**El español como lengua** 78
**El bilingüismo** 80
**3.2 Política en España** 82
**España, una monarquía parlamentaria** 82
El papel de la Corona 84
El poder legislativo: Las Cortes 84
Un puzle de partidos políticos 84
El poder ejecutivo: El Gobierno 86
El poder judicial 86
Las instituciones de España 88
**La división territorial española** 90
Las Comunidades Autónomas 90
**El terrorismo en España** 94
El nacionalismo y su versión radical: ETA 94
El terrorismo islamista 96
11M 96
**3.3 La diversidad política en Hispanoamérica** 98
**Formas de gobierno en Hispanoamérica** 98
**Un vistazo a la historia política de Chile** 100
Machuca 100
Allende en su laberinto 100
La pelicula ¡NO! 102
La transición a la democracia 102
**La República Argentina** 104
Juan Domingo Perón 104
Evita Perón 104
El Peronismo 106
La dictadura argentina y la Guerra de las Malvinas 106
Caminos hacia la democracia 110
**República bolivariana de Venezuela** 112
**Centroamérica** 116
**3.4 Relaciones internacionales** 118
**España internacional** 118
España y la Unión Europea 120
España e Hispanoamérica 122
España y Alemania 122
**Latinoamérica internacional** 124
Relaciones entre Hispanoamérica y sus vecinos 124
Relaciones entre Hispanoamérica y Europa 124
**Los Estados Unidos e Hispanoamérica** 126
Hispanohablantes dentro de los EE. UU. 126
Influencia de los EE. UU. en Latinoamérica 126

**Mi página, mis ideas:** El bilingüismo en Cataluña 128
Tarjetas de vocabulario – Actividades en línea – Vídeo de aprendizaje

# 4 El mundo del trabajo

**4.1 La educación** 132
**El sistema educativo en España** 132
La Educación Infantil, Primaria, Secundaria y universitaria 132
Gráfico del sistema educativo 136
Problemas del sistema educativo 138
**El sistema educativo en Latinoamérica** 140

**4.2 La economía** 142
**El papel del Estado y la economía española** 142
**Los sectores económicos** 144
Las actividades económicas 144
¿Cuál es el sector secundario? 144
¿Cuál es el sector terciario? 146
¿Cuál es el sector cuaternario? 146

**4.3 El mundo laboral** 148
**Profesiones y oficios** 148
Jóvenes y el trabajo 148
El paro 148
**Los sindicatos y las organizaciones empresariales** 150
**El papel de los inmigrantes en la economía española** 152

**4.4 La globalización** 154
**España en la globalización** 154
El comercio exterior 154
Las inversiones en el exterior 154
**La economía latinoamericana en la globalización** 156
**Crisis económica a principios del siglo XXI** 160
La burbuja inmobiliaria 160
Los jóvenes y la crisis 164

**Mi página, mis ideas:** ¿Qué quiero ser? 166
Tarjetas de vocabulario – Actividades en línea – Vídeo de aprendizaje

# 5 El individuo y la sociedad

**5.1 Los jóvenes** 170
**La infancia** 170
La niñez en América Latina y el Caribe 170
La niñez en España 172
**Los jóvenes** 172
La búsqueda de identidad y desafíos 172
**El tiempo libre** 174
El tiempo libre en España 174
El tiempo libre en Latinoamérica 176
**La comunicación intercultural** 176

**5.2 La realidad social** 178
**La mujer** 178
La mujer latinoamericana 178
La mujer española 180
**La convivencia social** 182
La familia española, latinoamericana y caribeña 182
LGBTQIA+ 184
La tercera edad 184

**5.3 La religión** 186
**La religión en España** 186
Tres culturas, tres religiones 186
Hasta nuestros tiempos 188
**La evangelización de América** 188
Tres culturas, tres religiones 188
Dioses y creencias en América precolombina 190

**5.4 La salud** 192
**La Seguridad Social en España** 192
**El seguro médico en España** 192
**Las condiciones de salud en Latinoamérica y el Caribe** 194
**El sistema de sanidad en Bolivia** 194
**Las drogas** 194
**COVID, un problema mundial** 196

**Mi página, mis ideas:** Todos somos iguales 198
Tarjetas de vocabulario – Actividades en línea – Vídeo de aprendizaje

# 6 Desafíos del futuro

**6.1 Los movimientos migratorios** 202
**La migración mundial de ayer y de hoy** 202
**La situación en Hispanoamérica y el Caribe** 204
Movimientos migratorios hacia Hispanoamérica y el Caribe 204
Movimientos migratorios desde Hispanoamérica y el Caribe 206
**España, un país de inmigración y emigración** 208
**La población no autóctona en España** 210

**6.2 La ecología** 212
El diario de Noelia 212
**La energía** 214
¿Energías renovables son el futuro o el presente? 214
¿Y la energía nuclear? 214
**Contaminación de mares y océanos** 216
**El desarrollo sostenible** 218
La educación como instrumento para el cambio 218
Proyectos sostenibles 220
**La contaminación atmosférica** 222
**Contaminación terrestre** 226
**¡Paremos las talas masivas en América Latina!** 228
Proyectos de Crowdfunding 228
**Contra el monocultivo de la soja en Argentina** 230
**¿Qué sentido tienen las cumbres climáticas?** 232

**6.3 El mundo digital** 234
**La informática** 234
Los ordenadores 234
Hardware 236
La inteligencia artificial 236
La ofimática 236
**La robótica** 238
**Avances tecnológicos** 238
La nube 238
Tecnología inalámbrica 240
Realidad virtual, aumentada 240
Smart City o ciudad inteligente 242
El Metaverso 242
Las criptomonedas 242

**Mi página, mis ideas:** España y el turismo 244
Tarjetas de vocabulario – Actividades en línea – Vídeo de aprendizaje

## 7 Los medios, el arte y la cultura

**7.1 Los medios de comunicación** 248
**Generalidades** 248
**Los medios de comunicación en Hispanoamérica y el Caribe** 250
**Los medios de comunicación en Venezuela** 250
**¿Por qué medio te informas?** 252
**Los medios de comunicación en España** 254
Televisión, radio y prensa 254
**7.2 Tradiciones y cultura** 256
**Lengua y literatura** 256
Tinta y papel: Blog de Literatura 256
La Literatura en el tiempo 256
¿Quieres ser escritor? 256
El arte del periodismo: Artículos de prensa 260
Ser novelista: Crear novelas 262
**Música y baile** 264
El flamenco 266
El baile 266
**Cine: Tendencias actuales** 268
El rodaje de una película y los ángulos de toma 268
Cortometrajes: Festival de cortos de Avilés 270
Publicidad 270
**Las fiestas** 272
**7.3 Bellas artes** 274
**Un viaje del instituto por el arte** 274
**Cómo reconocer las obras de...** 276
¿Cómo reconocer las obras de Frida Kahlo? 276
¿Cómo reconocer las obras de Fernando Botero? 276
¿Cómo reconocer las obras de Diego Rivera? 276
**Mi página, mis ideas:** Día de fiestas 244
Tarjetas de vocabulario – Actividades en línea – Vídeo de aprendizaje

**Index** 280
**Bildquellennachweis** 294

## Mit *Palabras en contexto* erfolgreich lernen

**7 CAPÍTULOS TEMÁTICOS**

**Linke Seite:** Die Einordnung in Kontexte begünstigt das Behalten und die Abrufbarkeit des Gelernten. Deshalb sind in *Palabras en contexto* die **Lernwörter** in Texten wie Artikel, Blogs, Tagebucheinträge, Zeitungsberichte, Werbeflyer u.v.m. eingebettet und **blau und fett** markiert.
**Rechte Seite:** Das Lernvokabular ist für Sie ins Deutsche übersetzt; als Lernhilfen dienen Hinweise auf falsche Freunde **(FF)** Wörter derselben Wortfamilie oder besondere Schwierigkeiten **(!)**. Leicht verständliche Internationalismen wurden im Text hellblau markiert, sie tauchen in den Wortgleichungen nicht mehr auf.

Manche Wörter kommen mehrmals vor; erklärt sind sie in demjenigen Kapitel, zu dem sie thematisch gehören – und das ist nicht immer das erste Auftreten. Nutzen Sie das Register im Anhang für die Suche nach einschlägigen Stellen.

**Mi página, mis ideas**

**Tarjetas de vocabulario**

Bauen Sie sich Ihren individuellen, digitalen Karteikasten für jedes Kapitel. So macht Wörter lernen Spaß! Übrigens: Alle Wörter sind vertont, sodass Sie die Wörter nachsprechen können.

**Actividades en línea**

Die multimedialen und interaktiven Aufgaben enthalten viele von Muttersprachlern aufgenommene Audios und fördern so auch das Hörverstehen.

**Vídeo de aprendizaje**

Die Erklärvideos zeigen Ihnen, wie Sie den Wortschatz auf unterschiedliche Art strukturieren und lernen können.

**Actividades**

Festigen Sie den neuen Wortschatz mit den *kompetenzorientierten Aufgaben*. Die Anwendung des neuen Wortschatzes hilft, die Informationen vom Kurzzeitgedächtnis ins Langzeitgedächtnis zu transferieren.

Mit den authentischen Videos und Podcasts vertiefen Sie den neu gelernten Wortschatz und wenden ihn zunehmend im Kontext an.

**EN CLASE**

So gerüstet sind Sie bestens vorbereitet für die Vertiefung im Unterricht und die freie Anwendung des Themenwortschatzes!

## Klett Augmented: Vokabeltrainer, interaktive Aufgaben, Audios, Videos

Mit der Klett-Augmented-App können Sie Folgendes laden und abspielen:

einen individuell anpassbaren **Vokabeltrainer** mit Audioausgabe

**Onlineaufgaben** mit authentischen Podcasts und Videos

und

**Erklärvideos.**

Klett-Augmented-App kostenlos downloaden und öffnen | Seite mit **diesem Symbol** scannen | Medien laden, direkt nutzen oder speichern

Apple und das Apple-Logo sind Marken der Apple Inc., die in den USA und weiteren Ländern eingetragen sind. App Store ist eine Dienstleistungsmarke der Apple Inc. | Google Play und das Google Play-Logo sind Marken der Google LLC.

### Vokabeltrainer

**Digitale Karteikarten** sind ein großartiges Sprachlernwerkzeug, um Vokabeln effizienter zu lernen, üben und beherrschen.

*Warum sollte ich digitale Karteikarten verwenden?*

Hier sind einige Vorteile: Sie können

✓ die Wörter für jedes Kapitel lernen,

✓ Ihre individuelle Vokabelliste nach Ihren Bedürfnissen erstellen,

✓ Ihre Wörter jederzeit und überall üben,

✓ Ihren Fortschritt überwachen und Ihre persönliche Vokabelliste entsprechend verwalten,

✓ das Audio anhören und die Aussprache jedes Wortes lernen.

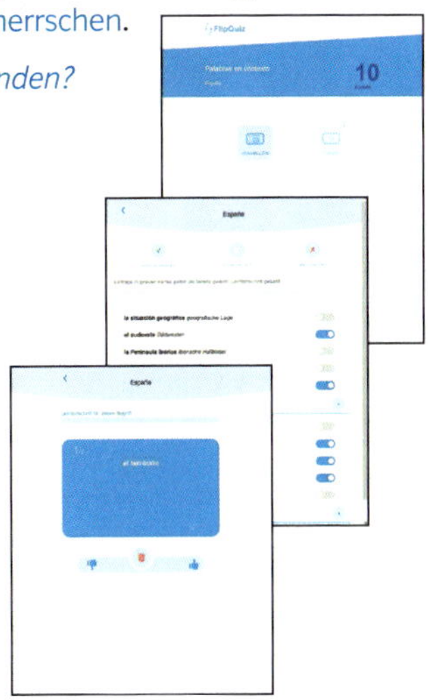

CHILE COSTEÑO
AMARILLO
CHILE
COSTEÑO
CHILE ARBOL
PICOSO
CHILE
MULATO

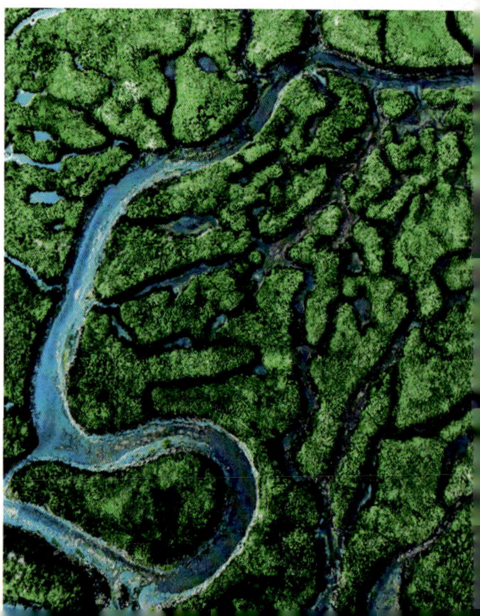

# 1 Información básica

# 1.1 España: datos de interés

## España en el mapa

Cuando pensamos en España quizá lo primero que hacemos es pensar en su **situación geográfica**. Este país del **sudoeste** de Europa, comparte con Portugal, con quien hace frontera al oeste, la **Península Ibérica**. Al este **hace frontera** con Francia y Andorra. Es decir, tiene tres **fronteras terrestres**: Portugal, Francia y Andorra.

Lo que nos puede sorprender es el **área** que **ocupa** porque tiene una **superficie** de 505 957 kilómetros cuadrados que no es poco... Por ejemplo, Alemania tiene "solo" 357 020 km². Más **territorio,** pero menos habitantes... y es que la población española se concentra en las grandes ciudades y, por eso, hay grandes áreas geográficas **despobladas**.

Si se mira el mapa, se puede observar que la costa española es enorme. Sus tres **fronteras marítimas** son el **mar Cantábrico**, el **Mediterráneo** y el océano Atlántico.

Con un **litoral** tan **extenso**, es normal tener una variedad increíble de playas. No hay que olvidar que las islas Baleares y las Canarias son **archipiélagos** que **amplían** la oferta **costera** de la península. ¡Dos mil playas nada menos! Pero cuidado, no todas son iguales.

| | |
|---|---|
| **la situación geográfica** | geografische Lage |
| **el sudoeste** | Südwesten |
| ▸ el norte | Norden |
| ▸ el sur | Süden |
| ▸ el este | Osten |
| ▸ el oeste | Westen |
| **la Península Ibérica** | Iberische Halbinsel |
| **hacer frontera** | angrenzen |
| **la frontera terrestre** | Landgrenze |
| **el área** *(f)* **E** area | Fläche, Gebiet |
| **ocupar algo** | etw. bedecken |
| **la superficie** | Oberfläche |
| **el territorio** | Gebiet |
| **despoblado, despoblada** | unbewohnt |
| ≠ poblado, poblada | |
| ▸ la población | Bevölkerung |
| **la frontera marítima** | Seegrenze |
| **el mar Cantábrico** = el golfo de Vizcaya | Golf von Biscaya |
| **el (mar) Mediterráneo** | Mittelmeer |
| **el litoral** | Küstengebiet |
| **extenso, extensa E** extensive | weit, ausgedehnt, umfassend |
| **el archipiélago** | Archipel, Inselgruppe |
| **ampliar** | erweitern, vergrößern |
| **costero, costera** | Küsten- |
| ▸ la costa | Küste |

**Tipp**
Machen Sie ein Brainstorming zu den Wörtern, die mit einem bestimmten Thema (z. Bsp. Fakten über Spanien) zu tun haben und fertigen Sie damit eine Mind Map an. Anschließend kontrollieren und vervollständigen Sie Ihre Mind Map mit Hilfe des Buches.

Las del norte tienen **aspectos físicos** muy diferentes a las del sur al ser **rocosas** y tener **acantilados**. Las playas del sur son **llanas** y de arena fina. ¡Hay playas para TODOS los gustos!

Si no se busca solo playa, el **relieve** de la España peninsular ofrece una gran variedad de **accidentes geográficos** con **cordilleras**, montañas, **depresiones** y las **mesetas**. Los contrastes son impresionantes. En pocos kilómetros se puede pasar de la meseta castellana a cordilleras con **picos** que pueden **alcanzar** los tres mil **metros de altura**. La montaña más **elevada** está en Tenerife, Canarias. El Teide impacta al visitante con sus 3719 metros de altura.

No hay que olvidar las **zonas fluviales** españolas. Los ríos siempre fueron una fuente de vida para **cultivos** y los habitantes del interior. Se pueden destacar el Duero y el Tajo cuyas aguas **desembocan** en el Atlántico y el Ebro que termina su **recorrido** en el Mediterráneo. De nuevo hay diferencias entre el norte y el sur. Los ríos del norte nacen cerca de la **desembocadura**, son ríos de montaña. Por eso son cortos, pero tienen mucho **caudal**, mientras los del sur son más largos, pero llevan menos agua.

## Y no siempre hace calor...

Ahora que conocemos un poco la geografía española podemos comprender por qué hay tantas diferencias climáticas en este país y por qué no siempre **hace calor**. Principalmente hay "dos Españas": la España verde (o **lluviosa**) al norte de la **cadena montañosa cantábrica** y, al sur de estas montañas, la España **seca**. Por eso, si se quiere viajar en **invierno** a España, pero no **pasar frío**, la costa mediterránea ofrece un clima **templado** y **húmedo**.

En la **zona de interior**, el clima es continental por lo que en invierno las temperaturas son muy **bajas**. También podemos ver **nieve** en las **zonas de alta montaña** aunque también **llueve** mucho.

Si queremos viajar en **verano**, pasaremos mucho calor tanto en la costa mediterránea como en el interior donde las temperaturas son altas y hay pocas **precipitaciones**, no así como en el norte donde las lluvias son **abundantes** y hay que salir de casa con un paraguas en el bolso.

El archipiélago canario ofrece la solución intermedia al disfrutar de un clima subtropical: tanto en verano (**media** de 30 **grados centígrados**) como en invierno (media de 20 grados) el buen tiempo está asegurado.

¿Cuándo quieres venir? En cualquier estación del año, en cualquier rincón del país, ¡la diversión está asegurada!

| | |
|---|---|
| **el aspecto físico** | Erscheinungsbild |
| **rocoso, rocosa** | felsig |
| ▸ la roca | Stein, Felsen |
| **el acantilado** | Steilküste |
| **la frontera marítima** | Seegrenze |
| **llano, llana** = plano, plana | flach, eben |
| **el relieve** | Relief |
| **el accidente geográfico** | Erhebung, Unebenheit |
| **la cordillera** | Gebirgskette |
| **la depresión** | Senke |
| **la meseta** = el altiplano | Hochebene, Plateau |
| **el pico** | Spitze/Gipfel |
| **alcanzar** *(z-c)* | erreichen |
| **la altura** | Höhe |
| ▸ alto, alta, con x metros de altura | hoch; x Meter hoch |
| **elevado, elevada** | hoch |
| **la zona fluvial** | Flussgebiete |
| **el cultivo** | Anbau |
| **desembocar** *(c-qu)* **en algo** ≠ nacer | in etw. (ein)münden |
| ▸ la desembocadura | (Ein)Mündung; Auslauf |
| **el recorrido** | Strecke, Verlauf |
| **la desembocadura** | (Ein)Mündung; Auslauf |
| **el caudal** | Wasser, Wassermasse |
| **hacer calor** | warm sein |
| **lluvioso, lluviosa** | regnerisch |
| ▸ llover *(-ue-)*, la lluvia | regnen, Regen |
| **la cadena cantábrica** | Kantabrische Gebirgskette *(Gebirgszug in Nordspanien)* |
| **montañoso, montañosa** | gebirgig, Gebirgs- |
| **seco, seca** ≠ húmedo, húmeda | trocken |
| **el invierno** | Winter |
| **pasar frío** | frieren |
| **templado, templada** | mild, gemäßigt |
| **húmedo, humeda** | feucht |
| **la zona de interior** ≠ el exterior | Landesinnere |
| **bajo, baja** ≠ alto, alta | niedrig |
| **la nieve** | Schnee |
| **la zona de alta montaña** | Hochgebirgszone |
| **llover** *(ue)* | regnen |
| **el verano** | Sommer |
| **la precipitación** = la lluvia | Niederschlag, Regen |
| **abundante** **E** abundant | reichlich, ausgiebig |
| **la media** | Durchschnitt |
| **el grado centígrado** | Grad Celsius |

# España y su gente

Como ya mencionamos, la población **se reparte** de forma poco homogénea. Aunque es el quinto país más poblado de la unión europea (casi cincuenta millones de habitantes y una **tasa de natalidad** de 1,19), los españoles prefieren vivir en las ciudades. Y es que tan solo un 30 por ciento de los españoles vive en las **zonas rurales**.

El **éxodo rural** tuvo muchas fases, en los sesenta se **emigraba a** países de Europa o a las grandes ciudades como Madrid o Barcelona siempre en busca de un **puesto de trabajo** y un **ascenso** en la **escala económica** y social. Tras la pandemia de corona virus y el teletrabajo, muchos españoles **regresan a** las áreas rurales en busca de una mejor calidad de vida para ellos y sus familias.

Aun así en la provincia de Madrid se halla la mayor **concentración de población** de todo el país 839 habitantes por kilómetro cuadrado, mientras la **densidad de población** en, por ejemplo, Soria es 9,2 hab./km$^2$, diez veces menor que la densidad de España (91,2 hab./km$^2$).

Pero, en general, los españoles tanto en las ciudades como en los pueblos **se caracterizan por** ser personas **abiertas**, **generosas** y **acogedoras** con el viajero. Solo tienes que estar atento y preparado para hablar de todo un poco.

# El transporte

Y es que para disfrutar de esta metrópolis podemos **viajar por aire** (el **aeropuerto** Adolfo Suarez **conecta** la ciudad **con** todo el mundo), **por tierra** en tren (con el **AVE**, la red de ferrocarriles de **RENFE** o los **trenes de cercanías**) que nos llevará a casi todos los lugares de la Comunidad Autónoma.

Si se quiere usar el coche, hay que tener en cuenta que la **red de carreteras** es amplia. En algunos **tramos** de **autopista** hay que pagar **peaje**, pero, en general las **carreteras nacionales** y las **secundarias** son bastante buenas. En todo caso, dentro de la ciudad y en las salidas hay que calcular un tiempo extra por los **atascos**. Aunque la **velocidad máxima** en España es de 120 km/h en las autopistas, puede ser que no consigamos **llegar a tiempo** a nuestro **destino**. Por eso, siempre se recomienda **desplazarse** en **transporte público** (el metro, el **metro ligero** y el bus también funcionan muy bien, incluso por la noche, además se puede viajar con un **abono** o la **tarjeta multi**) sobre todo en las **horas punta**.

| | |
|---|---|
| **repartirse** | verteilen |
| **la tasa de natalidad** ≠ la mortalidad | Geburtenzahl, -rate |
| **la zona rural** | ländliches Gebiet |
| **el éxodo rural** | Landflucht |
| **emigrar a** ≠ inmigrar en | auswandern nach |
| **el puesto de trabajo** | Arbeitsplatz |
| **el ascenso** | Aufstieg |
| **la escala económica** | wirtschaftliches Niveau |
| **regresar a** = volver | zurückkehren |
| **la concentración de población** | Bevölkerungskonzentration, -dichte |
| **la densidad de población** | Bevölkerungsdichte |
| **caracterizarse por** | gekennzeichnet sein durch |
| **abierto, abierta** ≠ cerrado, cerrada | offen |
| **generoso, generosa** ≠ tacaño, tacaña | großzügig |
| **acogedor, acogedora** | gemütlich |
| **viajar por aire** | mit dem Flugzeug reisen |
| **el aeropuerto** **E** airport | Flughafen |
| **conectar con** | verbinden mit |
| **(viajar) por tierra** | auf dem Landweg |
| **el AVE** | *spanischer Hochgeschwindigkeitszug, etwa:* ICE |
| **la RENFE** | *spanische Eisenbahngesellschaft* |
| **el tren de cercanías** | Nahverkehrszug |
| ▸ cerca | nah |
| **la red de carreteras** | Straßennetz |
| ▸ la carretera | Straße |
| **el tramo** | Strecke |
| **la autopista** | Autobahn |
| **el peaje** | Mautgebühr, Autobahn- |
| **la carretera nacional/secundaria** | Bundesstraße/Landstraße |
| **el atasco** = la congestión | (Verkehrs)Stau |
| **la velocidad máxima** **E** velocity | Höchstgeschwindigkeit |
| **llegar a tiempo** | rechtzeitig an einem Ort ankommen |
| **el destino** | Ziel |
| **desplazarse** *(z-c)* | sich (fort)bewegen |
| **el transporte público** | öffentlicher Personennahverkehr |
| **el metro ligero** | Stadtbahn |
| **el abono** | Zeitkarte, Dauerkarte |
| **la tarjeta multi** | elektronisch aufladbare Fahrkarte *(Einzelfahrt, 10er-Ticket, Jahresabo)* |
| **la hora punta** = *(LA)* la hora pico | Hauptverkehrszeit |

# Metrópolis españolas

## Madrid

Cuando se llega a la **capital** de España se siente un ambiente diferente en las calles. Puede ser el sol, el aire o la gente de todos los lugares de España y del mundo que **comparten** una ciudad **llena** de secretos. En esta **metrópoli** de más de tres millones de **habitantes**, el tiempo tiene otro ritmo. **Puede que** sorprenda que los **madrileños** no **se queden** en un bar varias horas. La gente cambia de lugar para tomar una **caña** o comer unas **tapas** mientras se habla mucho.

Las terrazas del centro y de los **barrios** llenas de gente **charlando** y los parques como el del Retiro, son el **pulmón** de la ciudad. Otros lugares famosos son el Kilómetro 0 –centro simbólico del país de donde salen todas las carreteras del país– y la Casa de Correos con el reloj más famoso de España porque **da las campanadas** de las doce de la noche del 31 de diciembre. Con cada una de ellas los españoles toman una **uva** para entrar con suerte en el nuevo año. No se pueden **dejar de** visitar se sea turista o se viva **de continuo** en la ciudad.

El **oso y madroño**, en la Plaza del Sol, es, sin duda, el símbolo de Madrid desde el siglo XIII. Cuenta la leyenda que el oso **representa a** la ciudad desde que Alfonso XI **cazó** un oso cerca de la capital. El madroño representa por su parte el fin de la **disputa** entre la Villa de Madrid y el **Cabildo** de la ciudad por la posesión de unas tierras.

Pero volvamos a la ciudad y sus **edificios**. Podemos pasar de **construcciones** del siglo XVIII en la plaza Mayor a impresionantes **rascacielos** modernos. El primero fue el Edificio España donde empieza una de las **avenidas** más **transitadas** de Madrid: La Gran Vía junto con la otra famosa vía de la ciudad: el Paseo de la Castellana. ¡Y es que en Madrid es imposible **aburrirse**!

| | |
|---|---|
| **la capital** **E** capital | Hauptstadt |
| **compartir algo** | etw. teilen |
| **lleno, llena** ≠ vacío, vacía | voll |
| **la metrópoli** | Metropole, Weltstadt |
| **el, la habitante** | Einwohner(in) |
| **puede que** | es kann sein, dass |
| **madrileño, madrileña** | Madrider, aus Madrid |
| **quedarse en (un sitio)** | an einem Ort bleiben |
| **la caña** | ein Glas (gezapftes) Bier (0,5 l) |
| **las tapas** | Häppchen *(kleine Gerichte, die in spanischen Bars zu Bier und Wein gereicht werden)* |
| **el barrio** | Stadtviertel |
| **charlar** | plaudern |
| **el pulmón** | Lunge |
| **dar las campanadas** | Glockenschlag |
| ▸ la campana | Glocke |
| **la uva** | Traube |
| **dejar de** | aufhören zu |
| **de continuo** | kontinuierlich, ständig |
| **el oso y el madroño** | Bär und Maulbeerbaum |
| **representar a** | vertreten, repräsentieren |
| **cazar** *(z-c)* | jagen |
| ▸ la caza | Jagd |
| **la disputa** | Streit |
| ▸ disputirse | streiten |
| **el Cabildo** | Rathaus |
| **el edificio** | Gebäude |
| **la construcción** | Bau |
| **el rascacielos** *(pl.)* | Wolkenkratzer |
| **la avenida** | Allee, Boulevard |
| **transitado, transitada** | besucht, belebt |
| ▸ transitar *(por un lugar)* | *(irgendwo)* entlanggehen |
| **aburrirse** ≠ divertirse | sich langeweilen |

### Describir una ciudad

La ciudad/Madrid/el pueblo está situado/a al norte/sur/este/oeste de…
Tiene … habitantes por lo que es muy/poco poblado/a.
El clima es templado/húmedo/seco/lluvioso.
Accidentes geográficos importantes: montañas, llanuras, ríos…

## Barcelona

Una metrópoli a **orillas** del Mediterráneo, con un clima de temperaturas **cálidas** en verano y **suaves** en invierno, ideal para visitar en cualquier época del año.

Además de practicar el **castellano**, el **viajero** podrá escuchar la lengua de los catalanes, el **catalán**. Encontrará también una ciudad con edificios modernistas como la Sagrada Familia o el Parque Güell... largas avenidas y paseos que **cruzan** la ciudad como la famosa Rambla... Pero no todo es cultura, las playas y su importante puerto son un complemento perfecto para **descansar** y **disfrutar del** Mediterráneo. ¡Todo en una sola ciudad!

En Barcelona en particular y Cataluña en general, hay también tradiciones para vivir. Una de las más conocidas son las **torres humanas** de hasta ocho pisos: los castells. Y para movernos por la ciudad no solo hay trenes de cercanías, buses y metro sino también **tranvías**. Para llegar a la montaña más cercana a la metrópolis, el Montjuïc, tomamos el **funicular**. Desde allí podemos disfrutar de la naturaleza y de las **vistas** de la ciudad **olímpica**. ¡Un destino **imprescindible**!

## Valencia

Esta ciudad de casi un millón de habitantes **está situada** en la costa Mediterránea, en la Comunidad Valenciana. Después de Madrid y Barcelona es el **área metropolitana** más **poblada** de España. Durante nuestra visita podemos **caminar por** su **casco histórico**, el más **extenso** de España. Monumentos como la Catedral o las Torres de Serrano, donde se **da el pregón** que inicia la famosa fiesta de las **Fallas**, no pueden faltar en la visita. Lo que nos puede sorprender, cuando caminamos por la ciudad, son **letreros** que están escritos en **valenciano**, idioma que también usan sus gentes.

Pero no todo son edificios, también hay **espacio** para la **diversión**. Uno de los **lugares** que hay que visitar es La Ciudad de las Artes y las Ciencias, un **complejo** arquitectónico, cultural y de **entretenimiento** de la ciudad con actividades para niños y mayores. Después de un día de cultura y actividades **lúdicas** podemos descansar en una de las ocho playas de la ciudad. Los valencianos **presumen de** ellas. ¿Cómo no? Tienen 20 km de playas de todo tipo: **tranquilas** y **solitarias**, **ruidosas** y **transitadas**, para hacer deporte, para descansar...

¡Aquí no hay tiempo para el **aburrimiento**! ¡Ven a Valencia y conoce una metrópoli hecha para ti!

| | |
|---|---|
| **la orilla** | Ufer |
| **cálido, cálida** | heiß |
| **suave** | angenehm |
| **el castellano** | Spanisch |
| **el viajero** | Reisende |
| **el catalán** | katalanisch/katalonisch |
| ▸ Cataluña/Catalunya *(cat.)* | |
| **cruzar algo** | etw. durchqueren |
| **descansar de algo** | sich von etw. ausruhen |
| ▸ cansarse | ermüden, müde werden |
| **disfrutar de algo** | etw. genießen |
| **la torre humana** | Menschenturm |
| **el tranvía** | Straßenbahn |
| **el funicular** | Standseilbahn |
| **las vistas** *(pl.)* | Aussicht |
| **olímpico, olímpica** | Olympiastadt |
| **imprescindible** | unerlässlich |
| **estar situado, estar situada en un lugar** | sich an einer Stelle befinden |
| = estar ubicado en | |
| **el área metropolitana** *(! m.)* | Stadtgebiet/Ballungsgebiet |
| **poblado, poblada** | besiedelt |
| **caminar por** | spazieren gehen durch |
| **el casco histórico** | historisches Zentrum |
| **extenso, extensa** **E** extensive | *hier:* groß, ausgedehnt |
| **dar el pregón** | öffentlich ausrufen |
| **las Fallas** *(pl.)* | *Frühlingsfest (mit farbenprächtigen Skulpturen aus Pappmaché, die am letzten Tag angezündet werden)* |
| **el letrero** | Schild |
| **el valenciano** | valencianische Sprache *(Varietät des Katalanischen)* |
| **el espacio** | Raum, Platz *hier:* Zeit |
| **la diversión** | Spaß, Vergnügen |
| ▸ divertirse | sich vergnügen |
| **el lugar** = el sitio | Ort |
| **el complejo** | Gebäudekomplex |
| **el entretenimiento** | Unterhaltung |
| **lúdico, lúdica** | spielerisch, Freizeit- |
| **presumir de** | angeben |
| **tranquilo, tranquila** | ruhig |
| **solitario, solitaria** | einsam |
| **ruidoso, ruidosa** | laut |
| ▸ el ruido | Lärm |
| **transitado, transitada** | besucht |
| **el aburrimiento** | Langeweile |
| ▸ aburrirse | sich langweilen |

# 1.2 Hispanoamérica

## BlogGEO – De viaje por el continente americano

Hispanoamérica es una de mis regiones favoritas para viajar, ya que **se refiere** solo **a** los países de **habla** hispana **situados** en el continente americano entre los océanos **Atlántico** en el este y **Pacífico** en el oeste.

Mi viaje comienza en Norteamérica, más exactamente en México. Me encantan las **alturas** y este país **está formado** en un 85 % **por** un **relieve montañoso**. Así que pronto hice mi primer viaje al **pico** de Orizaba que **se encuentra** a 5636 **metros de altura** sobre **el nivel del mar (msnm)**. Desde su **cima** pude admirar el famoso **volcán** Popocatépetl, uno de los volcanes más activos de México.

Continué mi viaje por el **istmo** de América Central. En Panamá fui a conocer el **canal** que fue construido ahí en 1914 por ser esta la zona más **angosta** de todo el continente americano y así sirve como **vía de navegación** interoceánica entre el **mar Caribe** y el océano Pacífico.

Es increíble que las **Montañas Rocosas**, que vienen desde los Estados Unidos, entren en México con el nombre de **Sierra** Madre Occidental y Oriental, que continúen por **Centroamérica** para, finalmente, convertirse en la **Cordillera de los Andes**, que **recorre** todo el occidente de **América del Sur.**

En estas cordilleras he visto de todo… ya que hay una gran **diversidad** de **superficie**. Ahí se pueden apreciar volcanes, **nevados**, numerosos **altiplanos** y hasta una región **desértica** en la costa del pacífico del sur de Perú y el norte de Chile: el desierto de Atacama donde hay zonas en las que hasta hoy no ha llovido nunca. ¡Es impresionante!

Claro que no solo he estado **escalando** en las alturas, también he disfrutado del Caribe y más exactamente de sus islas y **archipiélagos**. Ahora mismo me encuentro en el archipiélago de Tierra del Fuego y más exactamente en el **cabo de Hornos**, porque pensaba que era la zona más **austral** de América; pero realmente es el **islote** Águila situado en las islas Diego Ramírez. Aquí **se unen** los océanos Atlántico y Pacífico.

|  |  |
|---|---|
| **referirse a algo** **E** to refer to | sich auf etw. beziehen |
| **el habla** | Sprache |
| ▸ hablar | sprechen |
| **situado, situada** | gelegen |
| **el (océano) Atlántico** | Atlantischer Ozean, Atlantik |
| **el (océano) Pacífico** | Pazifischer Ozean, Pazifik |
| **la altura** | Höhe |
| ▸ alto, alta | hoch |
| **estar formado, formada por** | bestehen aus, sich zusammensetzen |
| **el relieve** | Relief |
| **montañoso, montañosa** | gebirgig |
| ▸ la montaña | Berg |
| **el pico** | Gipfel |
| **encontrarse** *(o-ue)* | sich befinden |
| **el metro de altura** | Höhenmeter |
| de gran/poca altura | hoch/niedrig |
| **el nivel del mar** | Meereshöhe, -spiegel |
| **la cima** | Spitze |
| **el volcán** | Vulkan |
| **el istmo** | Landenge |
| **el canal** | Meerenge |
| **angosto, angosta** = estrecho, estrecha | eng, schmal |
| **la vía de navegación** | Schifffahrtsweg |
| **el mar Caribe** | Karibisches Meer, Karibik |
| **las Montañas Rocosas** | Rocky Mountains |
| **la sierra** | Gebirgszug |
| **Centroamérica** = América Central | Mittelamerika |
| **la Cordillera de los Andes** | Anden |
| ▸ la cordillera | Gebirgskette |
| **recorrer** | durchqueren |
| **América del Sur** = Sudamérica | Südamerika |
| ▸ América del Norte | Nordamerika |
| **la diversidad** **E** diversity | Vielfalt |
| **la superficie** | Oberfläche |
| **el nevado** | Schneefläche, schneebedeckter Gipfel |
| ▸ la nieve | Schnee |
| **el altiplano** = una meseta | Hochebene |
| ▸ plano, plana | flach |
| **desértico, desértica** | Wüsten- |
| ▸ el desierto **E** desert | Wüste |
| **escalar** | bergsteigen |
| **el archipiélago** | Inselgruppe, Archipel |
| **el cabo de Hornos** | Kap Hoorn |
| **austral** | südlich |
| **el islote** | Felseninsel |
| ▸ la isla | Insel |
| **unirse** | sich verbinden |

# La hidrografía

### Ríos

La **hidrografía** de Latinoamérica **presenta** en Sudamérica **redes fluviales** de gran importancia. Una de ellas es la del **río** Amazonas que es el primer río más **caudaloso** y el **segundo más extenso** del planeta con una **longitud** de 6518 km. Este río **nace** en Perú, **pasa por** el sur de Colombia y **desemboca en** Brasil. La mayor parte del Amazonas es **navegable** (4300 km) y cruza la **selva lluviosa** más extensa del mundo. Por el contrario, los ríos de América Central son **cortos** y algunos de ellos **sirven de frontera** entre algunos países.

### Lagos

En Suramérica **destaca** el **Lago** Titicaca entre Perú y Bolivia por ser el lago de **agua dulce** más grande de América del Sur y el lago navegable más alto del mundo. Está en la **meseta** del Collado a una **altitud** de 3812 msnm.

### Cataratas

En Hispanoamérica **abundan** las **cataratas** y las **cascadas**; pero las cataratas del Iguazú, que **se sitúan** entre Argentina y Brasil, formadas por 275 **saltos**, fueron elegidas como una de las **siete maravillas naturales** del mundo.

| | |
|---|---|
| **la hidrografía** | Gewässerkunde, hydrografie |
| **presentar algo** | etw. aufweisen |
| **la red fluvial** | Flussnetz |
| **el río** | Fluss |
| **caudaloso, caudalosa** | *(Fluss)* wasserreich |
| **el segundo más extenso** | der zweitgrößte |
| **extenso, extensa** | lang |
| **la longitud** **E** longitude | Länge **FF** lang; *largo, larga* |
| **nacer** *(-zco)* | entspringen |
| **pasar por** | durchgehen |
| **desembocar en** | (ein)münden in |
| **navegable** | schiffbar |
| ▸ la navegación | Schifffahrt |
| ▸ navegar | (mit einem Schiff) fahren |
| navegar en Internet | im Internet surfen |
| **la selva lluviosa** | Regenwald |
| **corto, corta** ≠ largo, larga | kurz |
| **servir** *(e-i)* **de** | etw. festlegen, etw. bestimmen |
| **la frontera** **E** frontier | Grenze |

| | |
|---|---|
| **destacar** *(-qu-)* | Überragen, hervorstechen |
| **el lago** | See |
| **el agua dulce** ≠ salada | Süßwasser |
| **la meseta** = el altiplano | Hochebene |
| **la altitud** **E** altitude | Höhe |
| ▸ alto, alta | hoch |

| | |
|---|---|
| **abundar** | reichlich vorhanden sein |
| **la catarata** | Wasserfall *(größer als cascada)* |
| **la cascada** | Wasserfall *(kleiner als catarata)* |
| **situarse** | sich befinden |
| **el salto** | Wasserfall |
| ▸ saltar | springen |
| **las siete maravillas naturales** | Sieben Weltwunder |

# El clima

## Foro de preparación de viaje

| Autor/a: | Carola |
| --- | --- |
| Asunto: | Haciendo maletas |

**Me voy al sur de Argentina el próximo fin de semana a pasar el verano**

*Carola*

Estoy **haciendo mi mochila** para mi viaje por Suramérica y no sé qué llevar. **Estamos a** julio. Estaré tres meses. Pienso ir a Argentina, Chile, Perú, Ecuador y Colombia.

*Juanca*

Pues, la mejor recomendación que te puedo dar es: Lleva de todo un poco porque puedes encontrarte con **lluvia**, **niebla**, **tempestades**, **calor**, **humedad**. En Latinoamérica hay zonas climáticas muy diferentes. Por un lado, está la región tropical que presenta dos **estaciones**: la **seca** en **verano** y la **húmeda** en **invierno**. En estas regiones la altura es la que **determina** realmente el **clima**.

Vas a ver que **tanto** los contrastes de las estaciones **como** las horas de luz y la **oscuridad varían** según la **proximidad** a la **línea ecuatorial**. Y cuanto más al norte del continente estés, más cerca de la línea ecuatorial te **hallarás**. En Ecuador, Perú y Colombia, por ejemplo, la **salida** y la **puesta de sol** casi no **difieren** durante todo el año. Las temperaturas pueden variar de aproximadamente 30 °C en las costas y a bajo 0 °C en los picos de la Cordillera de los Andes.

En cambio, el clima del **Cono Sur** es parecido al de Europa; pero lo más importante es que por estar en el **hemisferio sur** las estaciones son **al revés. Mejor dicho**, de junio a septiembre es invierno y de diciembre a marzo es verano. Los días son más cortos en invierno y las **temperaturas mínimas** son de unos 8 **grados centígrados**. En la Tierra del Fuego las temperaturas pueden **bajar a** 0 grados centígrados.

Recuerda el proverbio: “No existe el mal tiempo, solo la ropa equivocada.”

| | |
|---|---|
| **pasar el verano** | Sommer verbringen |
| **hacer la mochila** | Rucksack packen |
| **estar a enero/febrero...** | im Januar/Februar sein |

| | |
|---|---|
| **la lluvia** | Regen |
| ▸ llover | regnen |
| **la niebla** | Nebel |
| **la tempestad** | Unwetter, Gewitter |

Tipp: Las palabras que terminan en *-dad* son, por lo general, femeninas: la tempestad, la humedad...

| | |
|---|---|
| **el calor** ≠ el frío | Hitze |
| ▸ calentar | erhitzen |
| **la humedad** | Feuchtigkeit |
| **la estación** | Jahreszeit |
| **seco, seca** ≠ húmedo, húmeda | trocken |
| **el verano** | Sommer |
| **húmedo, húmeda** ▸ la humedad | Feucht |
| **el invierno** | Sommer |
| **determinar algo** **E** to determine | etw. festlegen, etw. bestimmen |
| **el clima** | Klima |

Tipp: Las palabras que terminan en *-ma* son, por lo general, masculinas en español; ya que provienen del griego y son neutras. En español no hay un neutro: el clima, el problema, el diploma...

| | |
|---|---|
| **tanto** *(+ sust.)* **como** | genauso viel ... wie |
| **la oscuridad** | Dunkelheit |
| ▸ oscuro, oscura | dunkel |
| **variar** | variieren, wechseln, sich unterscheiden |
| **proximidad** | Nahe |
| ▸ próximo, próxima | nahe bei |
| **la línea ecuatorial** | Äquatorlinie |
| ▸ el ecuador | Äquator |
| **hallar** = encontrar | finden |
| **la salida del sol** | Sonnenaufgang |
| **la puesta del sol** | Sonnenuntergang |
| **diferir** *(e-i)* **E** differ | abweichen |
| ▸ diferente | anders, unterschiedlich |

| | |
|---|---|
| **el Cono Sur** | *Argentinien, Chile, Paraguay, Uruguay* |
| **el hemisferio sur** | Südhalbkugel |
| **al revés** = al contrario | umgekehrt |
| **la temperatura mínima** | Tiefsttemperatur |
| **el grado centígrado** | Grad Celsius |
| **bajar a** | (Temperatur) fallen |
| ≠ subir a | (Temperatur) steigen |

# La población de Latinoamérica

## La **composición** étnica

*Luis Díaz*

*Yerry Mina*

*Lautaro Martínez*

*Lionel Messi*

- Mira, Antonio, aquí tengo unas fotos de futbolistas latinoamericanos que juegan en equipos europeos.
- Es increíble que con estas pocas fotos ya se pueda ver claramente la gran **heterogeneidad étnica** de la **población** en América Latina.
- Es cierto. Como el fútbol es un deporte para el que no se necesita ningún tipo de **equipo** caro ni nada especial. Solo una **pelota**. Por eso mismo **todo el mundo** puede jugar sin **importar** el **origen social** ni étnico. Esa es la razón por la que se puede ver muy bien **reflejado** el **mestizaje** que existe.
- Sí, y yo he leído que Latinoamérica es uno de los lugares con **mayor** diversidad étnica en el planeta.
- Sé que hay cuatro grandes grupos étnicos: **blancos**, **amerindios**, **mestizos** y **afrodescendientes**.
- Pues, mira al jugador Lionel Messi que es bien blanco, mientras que Lautaro Martínez es mestizo, es decir que tiene la **mezcla** de blanco e indio.
- Yerry Mina es afroamericano o ¿mejor **afrolatinoamericano**?
- Podrías decir **afrocolombiano** para ser más exacta. Pero déjame que te cuente de Luis Díaz. Él es un **indígena** de la **comunidad** Wayú en el norte colombiano. El mundo del fútbol **se fijó en** él cuando jugó en Chile por la Copa Americana de Pueblos Indígenas, en la que jugaban los mejores jugadores de etnia **aborigen**.
- ¡Qué interesante! No lo sabía. Y ahora jugando para el FC Liverpool. Y aunque no tengo ninguna foto de ningún futbolista de origen oriental, y tampoco sé de ninguno… no podemos olvidar que en Latinoamérica también hay muchos **orientales**.

**Info**

La biología genética ha demostrado que la especie humana no posee una división racial, y que más bien todos los seres humanos comparten los mismos rasgos biológicos. Por “grupo étnico” se entiende una comunidad que no solo comparte una ascendencia común, sino además costumbres, territorio, creencias, idioma …

| | |
|---|---|
| **la composición** E composition | Zusammensetzung |
| **la heterogeneidad** | Heterogenität |
| **étnico, étnica** | ethnisch |
| **la población** E population | Bevölkerung |
| ▸ el pueblo | Dorf |
| **el equipo** | Mannschaft |
| **la pelota** | Ball |
| **todo el mundo** | jedermann, alle |
| **importar** ▸ importante | wichtig sein, von Bedeutung sein |
| **el origen social** | Soziale Herkunft |
| **reflejar** E to reflect | Widerspiegeln |
| **el mestizaje** | Mestize, Mestizin, Mischling |
| **mayor** | größer; größte (-r, -s) |
| **el blanco, la blanca** | Weiße(r) |
| **el amerindio, la amerindia** | Ureinwohner(in) |
| **el mestizo, la mestiza** | Mestize, Mestizin, Mischling |
| **el, la afrodescendiente** | afrikanischer Abstammung |
| **la mezcla** ▸ mezclar algo | (Ver)Mischung |
| **el afrolatinoamericano, la afrolatinoamericana** | Schwarzafrikaner(in) |
| **el afrocolombiano, la afrocolombiana** | Afro-Kolumbianer(in) |
| **el, la indígena** | Eingeborene(r), Ureinwohner(in) |
| **la comunidad** | Gemeinde |
| **fijarse en** | sein Hauptaugenmerk auf etw./jdn. richten |
| **el, la aborigen** E aborigine | Ureinwohner(in) |
| **el, la oriental** | Asiate, Asiatin |
| ▸ el oriente | |

# Demografía y urbanización

**Latinoamérica en cifras**

**19** de los países en Latinoamérica tienen el español como lengua oficial.

**El 90 por ciento** del mundo hispanohablante **está compuesto** por hispanoamericanos, con un total de 425 millones.

**47 millones** de españoles y 3 millones de ecuatoguineanos en Guinea Ecuatorial

**2,1 hijos por mujer** es el **promedio** de **natalidad** de América Latina hoy en día, que ha **descendido** en los últimos años debido a la **planificación familiar**.

El **crecimiento demográfico** anual en esta zona es cada vez más bajo. Entre 1985 y 1955 contaba con 8,2 millones de personas y en estos momentos ha llegado a 6 millones de personas al año.

**79 años** es la **esperanza media de vida** en el momento de nacer en Latinoamérica y el Caribe una mujer y la del hombre 73. En Europa es de 78,3 años en promedio.

**9 %** de la población mundial está **distribuida** en Latinoamérica y el Caribe.

**34 hab./km²** es la **densidad** de población de Hispanoamérica. Dos ejemplos extremos de Hispanoamérica son El Salvador con 319 y Bolivia con 10 hab./km². A modo de comparación: Alemania tiene 233 habitantes por km².

**Dos tercios** de la población de Latinoamérica vive en ciudades grandes. Esta **distribución** de la población era y es muy desigual por el **éxodo rural** constante y el **crecimiento urbano**. Sin embargo, este proceso se ha **detenido** y hasta reducido en algunos países. La **desigualdad** de esta distribución **oscila** entre regiones **sobrepobladas** con 22,6 millones de habitantes con una densidad de 6150 habitantes por km², como es el caso de la Ciudad de México, y regiones **subpobladas** con solo cuatro habitantes por km² en el este de Honduras y Nicaragua.

Muchos **campesinos** se han visto obligados a **abandonar** sus tierras para **trasladarse a** las grandes ciudades en busca de mejores **condiciones de vida**, de **educación** y de infraestructuras. Algunas razones para dejar sus tierras son la **desvalorización** de algunos productos en los **mercados mundiales**, la fuerte **represión** de los **terratenientes** o las **guerras civiles**.

Esta **aglomeración urbana** ha llevado a las grandes **diferencias de clases**. Las personas del campo y los inmigrantes **se instalan** en **terrenos** sin autorización y forman grandes **barrios** llamados **cinturón de pobreza**, **villas miseria**, **favelas**, **tugurios**, pueblos jóvenes, etc. Por otro lado, han nacido los barrios de los ricos con grandes casas con **lujos** inimaginables.

|  |  |
| --- | --- |
| **estar compuesto, compuesta por** | bestehen aus |
| **el promedio** | Durchschnitt |
| **la natalidad** ▸ nacer | Geburtenrate |
| **descender** | heruntergehen |
| **la planificación familiar** | Familienplanung |
| **el crecimiento demográfico** | Bevölkerungswachstum |
| ▸ crecer *(-zco)* | wachsen |
| **la esperanza media de vida** | durchschnittliche Lebenserwartung |
| **distribuir** *(i-y)* | verteilen |
| **la densidad** | Dichte |
| **la distribución** **E** distribution | Verteilung |
| **el éxodo rural** | Landflucht |
| **el crecimiento urbano** | Zersiedelung der Landschaft |
| **detenerse** | anhalten |
| **la desigualdad** ≠ igualdad | Ungleichheit |
| **oscilar** | pendeln |
| **sobrepoblado, sobrepoblada** | überbevölkert |
| **subpoblado, subpoblada** | unterbevölkert, wenig bevölkert |
| **el campesino, la campesina** | Bauer, Bäuerin |
| ▸ el campo | Acker, Feld |
| **abandonar algo/a alguien** **E** to abandon sb | etw./jdn aufgeben; etw./jdn verlassen |
| **trasladarse (a)** | sich begeben (in) |
| **las condiciones de vida** | Lebensbedingungen |
| **la educación** **E** education | Ausbildung, Erziehung |
| **la desvalorización** ≠ valorización | Wertminderung |
| ▸ el valor | Wert |
| **el mercado mundial** | Weltmarkt |
| **la represión** | Unterdrückung |
| ▸ reprimir a alguien | jdn unterdrücken |
| **el, la terrateniente** = el, la latifundista | Großgrundbesitzer(in) |
| **la guerra civil** | Bürgerkrieg |
| **la aglomeración urbana** | städtische Ballungsgebiete |
| **la diferencia de clases** | Klassenunterschied |
| **instalarse** | sich niederlassen |
| **el terreno** | Gebiet |
| **el barrio** | (Stadt)Viertel |
| **el cinturón de pobreza** = la villa miseria | Armenviertel |
| **la favela** = el tugurio | Slum |
| **el lujo** | Luxus |

# Bogotá, Medellín, Cali, ...

## Bogotá, una metrópoli colombiana

### Bogotá: la capital

*Superficie: 1775 km²*
*Altitud máxima: 4650 m.s.n.m.*
*Población: 8 millones de habitantes*

Hoy les voy a hablar de Bogotá Distrito Capital, llamada simplemente Bogotá, la capital de la República de Colombia. Se encuentra en el centro del país, en el departamento de Cundinamarca. Está situada en la **sabana** de Bogotá sobre un altiplano, en la Cordillera Oriental de los Andes, que **está a una altitud promedio** de 2630 msnm. Por lo que es la tercera capital más alta **a nivel mundial** después de La Paz y Quito. **Cuenta con** una **superficie** total de 1775 kilómetros cuadrados y con una población de casi 8 millones de habitantes. El proceso de **urbanización acelerado**, como en toda Latinoamérica, causado tanto por la migración del campo como la de otros países, ha hecho que Bogotá crezca y crezca; por lo que los tugurios alrededor de la ciudad también crecen.

### Bogotá: el clima

- ✓ *contaminada*
- ✓ *moderna*
- ✓ *cultural*
- ✓ *interesante*

Por estar a una gran altura sobre el **nivel del mar** tiene clima de **montaña**. Llueve mucho y la **temperatura máxima** es de unos 19 **grados centígrados** y la **mínima** puede llegar a 5°C. Bogotá es la cuarta ciudad más **contaminada** de Latinoamérica. Al año mueren unas 2500 personas a causa de la **polución del agua** o del **aire**, lo que afecta el **sistema respiratorio**.

### Bogotá: zonas verdes y triángulo de oro

*El triángulo de oro: Medellín, Cali, Bogotá*

También tiene **zonas verdes** para descansar del **vaivén** de la ciudad. El Parque Simón Bolívar es el más importante por ser el más **extenso** con 400 **hectáreas.** Este **parque urbano** es el **pulmón** de Bogotá.

Finalmente, podemos ver el **triángulo de oro** que es el nombre informal que se le da al área donde vive más de la mitad de la población total de Colombia: Bogotá, Medellín y Cali.

| | |
|---|---|
| **la sabana** | Savanne |
| **estar a una altitud promedio de** | sich in einer durchschnittlichen Höhe von … befinden |
| **a nivel mundial** | weltweit |
| **contar** *(-ue-)* **con algo** | haben |
| **la superficie** | Oberfläche |
| **la urbanización** | Urbanisierung |
| ▸ urbano, urbana | städtisch, Stadt- |
| **acelerar** | beschleunigen |

| | |
|---|---|
| **el nivel del mar** | Meereshöhe, -spiegel |
| **la montaña** | Berg |
| **la temperatura máxima** ≠ la temperatura mínima | Höchsttemperatur |
| **el grado centígrado** | Grad Celsius |
| **la temperatura mínima** ≠ la temperatura máxima | Tiefsttemperatur |
| **contaminado, contaminada** | verschmutzt |
| ▸ la contaminación | Umweltverschmutzung |
| **la polución del agua** | Wasserverschmutzung |
| **la polución del aire** | Luftverschmutzung |
| **el sistema respiratorio** | Atmungsorgane |

| | |
|---|---|
| **la zona verde** | Grünfläche |
| **el vaivén** *(va y ven)* | Hin und Her |
| **extenso, extensa** | lang |
| **la hectárea** | Hektar |
| **el parque urbano** | Stadtpark |
| **el pulmón** | Lunge |
| **el** pulmón verde | grüne Lunge |
| **el triángulo de oro** | goldenes Dreieck |

## Vivir en Bogotá Distrito Capital

*Estimado Mark:*

Me pides mi opinión sobre la vida en Bogotá y mi respuesta es que es una ciudad llena de **contrastes**. A mí me encanta vivir aquí; aunque sea difícil de entenderlo **a primera vista.**
Es que aquí hay un montón de cosas para hacer y para ver. La **oferta cultural** es bastante **variada**. Imagínate que la UNESCO la **declaró** Ciudad Creativa de la Música en 2012. Es la primera ciudad de Latinoamérica que forma parte de esta Red de Ciudades Creativas de la Música junto con Sevilla, Bolonia, Glasgow y Gante. Hay festivales de Jazz, Salsa, Hip Hop y Rock que se llaman "Al parque", estos son **gratuitos** y **al aire libre**. El de "Rock al Parque" es el más grande de Latinoamérica y el tercero más grande del mundo.
Además, tienes la posibilidad de ir a 45 diferentes **salas de teatro** o de visitar 77 **museos** con **colecciones de arte precolombino**, **contemporáneo**, histórico, **arqueológico**, religioso, tecnológico. Los más famosos son el museo del oro y el museo Botero.
Es increíble que en esta ciudad haya 100 universidades en total y que dos de ellas estén entre las mejores de todo Latinoamérica.
La **vida nocturna** en Bogotá es sorprendente. Comienza ya en la tarde y sigue hasta el **amanecer**. Y La Candelaria, como se conoce el **centro histórico** de Bogotá, está llena de calles con casas coloridas de estilo colonial donde se respira historia.
Lo que no me gusta es la contaminación, el frío, la lluvia, el ruido y el **tráfico**. En Bogotá se sabe cuándo se sale; pero no cuándo se llega a un lugar. No te puedes imaginar cómo es **caminar** por las **aceras** del centro que están casi siempre **repletas** de gente y de **vendedores ambulantes** que venden de todo.
Me ha resultado difícil acostumbrarme a la **desigualdad** social que **salta a la vista** y que es la causa de la **inseguridad**, como en toda gran **urbe**. Lo importante es no andar con **joyas** caras, ni **descuidar sus pertenencias**, no meterse en ciertos **barrios** y así todo funciona sin problema. A pesar de ser el **centro de negocios**, de **gobierno** y de cultura de Colombia, la gente es muy amable y parece tener siempre mucho tiempo cuando se les pregunta algo.
Y lo mejor de todo es que ya me siento casi **bogotana** o rola, como dicen aquí; es que los bogotanos te abren sus brazos no importa de dónde vengas.
Espero verte pronto en Bogotá para mostrarte mis restaurantes favoritos de comida bogotana y para que caminemos o **vayamos en bici** por la **ciclovía** el domingo,

*Marta*

| | |
|---|---|
| **el contraste** | Kontrast |
| **a primera vista** ▸ ver algo | auf den ersten Blick |
| **la oferta cultural** | kulturelles Angebot |
| **variado, variada** ▸ variar | abwechslungsreich |
| **declarar** | erklären |
| **gratuito, gratuita** | kostenlos |
| **al aire libre** | Freilicht…, Open-Air, im Freien |
| **la sala de teatro** | Theater |
| **el museo** | Museum |
| **la colección de arte** | Kunstsammlung |
| **precolombino, precolombina** | präkolumbisch |
| **contemporáneo, contemporánea** | zeitgenössisch |
| **arqueológico, arqueológica** | archäologisch |
| **la vida nocturna** | Nachtleben |
| **el amanecer** ≠ el crepúsculo | Morgengrauen |
| **el centro histórico** | Altstadt |
| **el tráfico E** traffic | Verkehr |
| **caminar** | Zu Fuß gehen |
| **la acera** | Gehweg, Bürgersteig |
| **repleto, repleta** = lleno, llena | vollgestopft, prall gefüllt |
| estar repleto, repleta de algo | voll sein von/mit etw. |
| **el vendedor, la vendedora ambulante** | Straßenverkäufer(in) |
| **la desigualdad** ≠ igualdad | Ungleichheit |
| **saltar a la vista** | ins Auge springen |
| **la inseguridad** ≠ la seguridad | Unsicherheit |
| **la urbe** ▸ urbano, urbana | Großstadt |
| **las joyas** | Schmuck |
| **descuidar algo** ≠ cuidar algo | unbeachtet lassen |
| **la pertenencia** ▸ pertenecer *(-zco)* algo a alguien | Besitz |
| **el barrio** | Stadtviertel |
| **el centro de negocios** | Handelszentrum |
| **el centro de gobierno** | Regierungszentrum |
| **la bogotana, el bogotano** | Einwohner(in) von Bogotá |
| **ir en bici** ▸ la bicicleta **E** bicycle | Fahrrad fahren |
| **la ciclovía** | Radweg |

## El transporte

Aunque Bogotá es una de las ciudades con más habitantes en América Latina aún no tiene metro. Es más, la única ciudad de Colombia que tiene metro es Medellín desde 1985. Sin embargo, la **obra** de las primeras dos de las cuatro **líneas** de este **medio de transporte** se comenzaron en marzo del 2020 y se **proyecta** su **finalización** para el 2028. Por lo tanto, hasta ahora la mayoría de **trayectos** se hacen en **transporte público**. Ya sea en autobuses (colectivo como le llaman en Bogotá) o en el TransMilenio.

Info

TransMilenio: este Sistema de **Transporte Masivo** del Tercer Milenio son **autobuses rápidos** que transportan en **día hábil** a 1,2 millones personas al día desde el año 2000. Tiene 135 **estaciones** con **parqueaderos** para las bicicletas. También cuenta con un sistema de transporte de **teleférico** llamado el TranMiCable que conecta directamente con el TransMilenio.

En Bogotá el 45% se moviliza en TransMilenio, 6% en Sistema Integrado de Transporte Público de Bogotá (SITP), 26% **transporte público colectivo** de buses, busetas y microbuses, 3% en taxi, 7% a pie y 6% en bicicleta. Es que Bogotá pone todo su esfuerzo para que la gente use la bicicleta como **transporte alternativo**. Por un lado, las ciclorutas, pero también existe la jornada del Día Sin Carro y la ciclovía. Esta última existe desde 1974 y con un **éxito rotundo**.

Info

Ciclovía: Todos los domingos y días festivos cierran de 8 a.m. a 2 p.m. algunas vías por las que pasan normalmente **carros**, autobuses y de más para **convertirlas** en el **parque lineal** más grande del mundo, el que solo se puede usar para la **recreación** de **peatones**, ciclistas, **patinadores**. Es un **circuito** de 127.69 kilómetros.

Además, para disminuir la cantidad de horas en el **carro**, el **tráfico**, la **contaminación ambiental** y **sónica** existe en Bogotá como en las grandes ciudades colombianas el "Pico y Placa". Son horarios en los que unos números determinados de **placa** del automóvil no pueden circular.

Y finalmente, vale la pena decir que el **aeropuerto** El Dorado de Bogotá es el número uno en Latinoamérica por el volumen de **carga** y el segundo por el número de **pasajeros**.

| | |
|---|---|
| **la obra** | Bau |
| **la línea** | Linie, Strecke |
| **el medio de transporte** | Verkehrsmittel |
| **proyectar** | planen |
| **la finalización** | Fertigstellung |
| ▸ el fin | Ende, Ziel |
| **el trayecto** | Strecke |
| **el transporte público** | öffentliche Verkehrsmittel |
| **el transporte masivo** | Massenverkehrsmittel |
| **el autobús rápido** | Schnellbus |
| **el día hábil** | Werktag |
| **la estación** **E** station | Haltestelle |
| **el parqueadero** = *(esp)* un aparcamiento | *(LA)* Parkhaus |
| **el teleférico** | Seilbahn |
| **el transporte público colectivo** | öffentlicher Personennahverkehr |
| **el transporte alternativo** | alternative Verkehrsmittel |
| **el éxito rotundo** | voller Erfolg |
| **el carro** = *(esp)* un coche | *(LA)* Auto |
| **convertir** *(e-ie)* **E** to convert | verwandeln in |
| **el parque lineal** | *linearer Park, dessen Länge deutlich größer ist als die Breite* |
| **la recreación** **E** recreation | Haltestelle |
| **el peatón, la peatona** | Fußgänger |
| **el patinador, la patinadora** | Skater |
| **el circuito** **E** circuit | Rundgang |
| **el carro** = *(esp)* un coche | *(LA)* Auto |
| **el tráfico** **E** traffic | Verkehr |
| **la contaminación ambiental** | Umweltverschmutzung |
| **la contaminación sónica** | Lärmverschmutzung, Lärmbelastung |
| **la placa** = *(esp)* la matrícula | *(LA)* Nummernschild |
| **el aeropuerto** **E** airport | Flughafen |
| **la carga** | Ladung |
| **el pasajero, la pasajera** | Fahrgast |

# Barcelona

## Mi página, mis ideas

### Tarjetas de vocabulario en línea

Practica el vocabulario con las tarjetas en línea. Puedes elegir el tema que quieres practicar, escuchar las palabras y repetirlas para mejorar tu pronunciación.

### Actividades en línea

Haz las actividades en línea. Así usas el vocabulario en un nuevo contexto, lo memorizas y tienes una corrección inmediata.

### Vídeo de aprendizaje

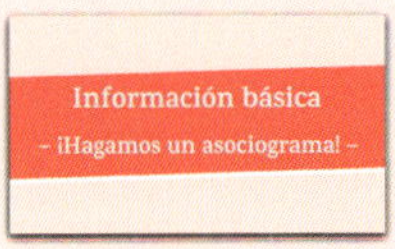


Mira el vídeo para aprender como hacer un asociograma.

### Un asociograma

Completa el asociograma con palabras adecuadas.

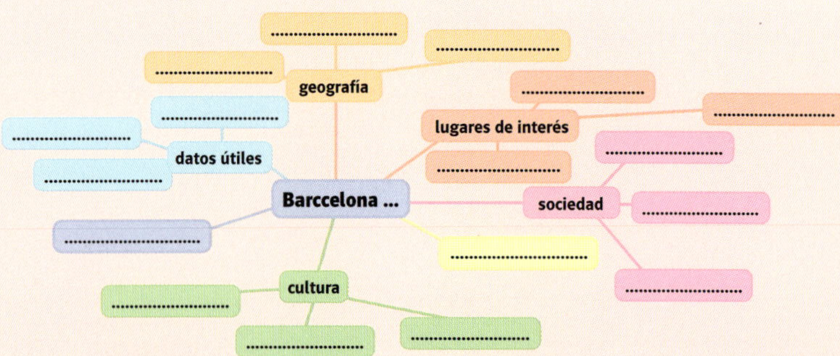

## Barcelona s'il·lumina

El grupo de rock *Los Buhos* te lleva a un viaje a Barcelona. Mira el vídeo una primera vez. Toma apuntes sobre la ciudad.

¿Qué ves? ¿Cómo es la ciudad? ¿Hay lugares que conoces? ¿Has visto algo que apuntaste en tu asociograma?

Mira el vídeo otra vez. Toma apuntes sobre la canción.

¿Cómo es la música? ¿Qué se puede decir del título y de la letra de la canción? ¿Qué aspecto de la vida en Barcelona hay que tener en cuenta?

El vídeo tiene subtítulos. Actívalos y mira el vídeo otra vez.

¿Qué entiendes ahora? ¿Qué sitios de Barcelona se nombran en la canción? ¿Los conoces?

Resume tu primera impresión de Barcelona.

¿Qué te parece la ciudad? Justifica tu respuesta.

¿Qué quieres saber de Barcelona? ¿Qué hay que saber cuando hablamos de las diversas facetas de Barcelona?

Organiza tus ideas y preguntas de forma adecuada.

5
PTA

"GUERNICA" GERNIKARA

# 2 En el pasado

# 2.1 Étapas importantes en la historia de España

## La romanización

Los **romanos** llegaron a la **Península Ibérica** en el año 218 **a. de C.** El **desembarco** romano en Ampurias (en la costa catalana) trajo la presencia del **ejército** romano a España. Las **luchas** del ejército tenían por objetivo **dominar** toda la Península. El fin de la **dominación** romana llegó en el año 414 **d. de C.** cuando entraron los **visigodos** en Barcelona.

| | |
|---|---|
| *711 d. de .C.* | 711 fin del **reinado** visigodo por la **invasión árabe** |
| *414 d. de C.* | 414 d. de C. entran los visigodos en Barcelona |
| *218 a. de C.* | 218 a. de C. desembarco romano en Ampurias |

Durante la **sangrienta conquista** romana hubo muchos casos de resistencia. Uno de los más **destacados** es la ciudad de Numancia que durante 14 años no **se rindió** y antes de perder los ciudadanos **quemaron** la ciudad y **se lanzaron** al fuego. Tras la conquista romana comenzó la romanización con el **emperador** Augusto. La Península **incorpora** la cultura romana. Esto significa: las lenguas celtíberas fueron absorbidas por el latín (su uso significaba **prestigio** y **pertenencia** al mundo de la influencia y de la cultura) con excepciones en el norte (euskera), la religión romana, la ropa, las construcciones, los nombres (nombre y apellidos), la **moneda** y métrica romanas, las **leyes**... Además, la romanización de la península fue rápida por la **permanencia** de muchos soldados en tierras hispanas; los **matrimonios** con mujeres indígenas; la **implantación** de la **administración** romana y el **intercambio comercial** gracias a las numerosas **calzadas romanas.**

## Y llegan los visigodos

Los romanos llevaban en la Península Ibérica más de seiscientos años cuando diversos pueblos bárbaros **amenazaron** sus fronteras. Lograron entrar **suevos**, vándalos y alanos, pero son los visigodos, pueblo germánico, los que consiguen **imponerse a** la sociedad hispano-romana.

El rey Leovigildo **funda** el **reino** visigodo de España y **establece** su **corte** en Toledo. Él y sus sucesores mantienen reinados que buscan la igualdad de **derechos civiles** y de religión (católica). También se crea **conciencia** de pueblo único. Pero al final del siglo VII aparece **fragmentación** y **desequilibrio** a causa de las intrigas en el reino del rey Don Rodrigo (710-712). Se abre el camino a la invasión árabe.

| | |
|---|---|
| **el romano, la romana** | Römer(in) |
| ▸ la romanización | Romanisierung |
| **la Península Ibérica** | Iberische Halbinsel |
| **a. de C. (antes de Cristo)** | vor Christus |
| **el desembarco** | Landung |
| ▸ desembarcar *(c-qu)* | landen |
| **el ejército** | Heer, Armee |
| **la lucha** | Kampf |
| **dominar** | etw./jdn beherrschen |
| ▸ la dominación | Herrschalt |
| **d. de C. (después de Cristo)** | nach Christus |
| **el visigodo, la visigoda** | Westgote(in) |
| **el reinado** | (Vor-)Herrschaft |
| ▸ reinar | herrschen, regieren |
| **la invasión árabe** | arabische Besetzung |
| ▸ invadir | überfallen, einmarschieren |
| **sangriento, sangrienta** | blutig; grausam |
| ▸ la sangre | Blut |
| **la conquista** **E** conquest | Eroberung |
| **destacado, destacada** | bemerkenswert |
| **rendirse** *(-i-)* | sich ergeben |
| **quemar** | niederbrennen |
| **lanzarse** | sich werfen, stürzen |
| **el emperador, la emperatriz** | Kaiser(in) |
| **incorporar a alguien en algo** | eingliedern |
| ▸ la incorporación | Eingliederung |
| **el prestigio** | Ansehen, Prestige |
| **la pertenencia** | Zugehörigkeit |
| **la moneda** | Währung |
| **la ley** | Gesetz |
| **la permanencia** | Verbleib |
| **el matrimonio** | Ehe |
| **la implantación** | Einführung |
| ▸ implantar algo | einführen |
| **la administración** **E** administration | Verwaltung |
| **el intercambio comercial** | Handelsverkehr |
| **la calzada romana** | Römerstraße |
| **amenazar** *(z-c)* **a alguien** | jmd. bedrohen |
| ▸ la amenaza | Bedrohung |
| **los suevos** | Sueben *(westgermanisches Volk)* |
| **imponerse a algo/alguien** *(~ poner)* | sich gegen etw./jdn durchsetzen |
| **fundar algo** | etw. gründen |
| **el reino** | Königreich |
| **establecer** *(-zco)* **algo** | etw. gründen |
| ▸ establecer una corte | (Königsreich)Hof/Gefolge gründen |
| **el derecho civil** | Bürgerrecht |
| **la conciencia** **E** conscience | Bewusstsein |
| **la fragmentación** | Zerstückelung |
| **el desequilibrio** ≠ el equilibrio | Ungleichgewicht |

# El siglo X y siguientes

## La invasión árabe

Era el año 711 cuando los árabes invaden la Península Ibérica quedándose siete siglos. Como tuvieron al principio muchos **éxitos**, **pretendieron** entrar en Francia y seguir la **conquista**, pero allí encuentran **resistencia** y son **derrotados** en Poitiers, en una de las **batallas** más sangrientas de la historia. Así comenzó la **Reconquista**, en los **Pirineos**.

Y en España hubo otra gran derrota de los árabes: la batalla de Covadonga en Asturias. El **terreno** era difícil y desconocido para los árabes y los **astures valientes** que resistían en las montañas. Don Pelayo dirigía al pueblo astur. Su valentía y una fuerte **tempestad dan** la primera **victoria a** la Reconquista (722). En 1492 **cesan** los **enfrentamientos** entre los árabes y los reinos cristianos con la **caída** de la última corte árabe, Granada.

## Biografías interesantes

**¿Quién era Abderramán III?**
El **califa** rubio –se teñía para dar más miedo según dicen– de piel clara que durante cincuenta años logró **elevar** al mayor **esplendor** y **poder** el reino árabe de España, llamado **Al-Ándalus**.

**¿Qué consiguió?**
Hacer de Córdoba una ciudad tan **popular** y **magnífica** como la misma Bagdad. En Córdoba llegaron a vivir hasta medio millón de personas.

**¿Qué pasó tras su muerte?**
Sin él aparecieron las **discordias internas** que **provocaron** la **disgregación** del Califato en pequeños **reinos de Taifas** (hasta 27), a modo de **feudalismo**.

**¿Cómo era?**
Era una persona muy especial. **Se proclama** jefe **supremo** religioso de los **musulmanes** de su reino, se convierte en califa. Es capaz de **romper el lazo** religioso con el Califato de Bagdad e **instaura** el Califato Independiente de Córdoba (929). Tenía las cosas claras y **daba** mucho **valor a** la educación por lo que construyó una biblioteca de 400 000 libros, escuelas (eran pocos los que no sabían leer y escribir en el sur español)… Por todo esto se le conoce a este periodo como el **siglo de oro** de la cultura árabe en España. También destacó por el respeto a las comunidades y **confesiones** religiosas que vivían bajo su poder logrando que las tres culturas: musulmana, judía y cristiana **convivieran** en **paz**.

| | |
| --- | --- |
| **el éxito** | Erfolg |
| **pretender hacer algo** | beabsichtigen etw. zu tun |
| **la conquista** **E** conquest | Eroberung |
| **la resistencia** | Widerstand |
| ▸ resistir algo/a alguien | etw./jmd. widerstehen |
| **derrotar** | schlagen, besiegen |
| ▸ la derrota | Niederlage |
| **la batalla** | Schlacht, Kampf |
| **la Reconquista** | Rückeroberung Spaniens |
| **los Pirineos** | Pyrenäen |

| | |
| --- | --- |
| **el terreno** | Gebiet, Terrain |
| **el astur** | *keltisches Volk im Nordwesten der Iberischen Halbinsel* |
| **valiente** | mutig |
| ▸ el valor | Mut |
| **la tempestad** | Unwetter, Sturm |
| **dar la victoria a alguien** **E** victory | jmd. den Sieg schenken |
| **cesar** = parar | aufhören |
| **el enfrentamiento** | Auseinandersetzung |
| **la caída** | Fall |
| ▸ caer *(caigo)* | fallen |

| | |
| --- | --- |
| **el califa** | Kalif |
| ▸ el califato | Kalifat |
| **elevar algo/a alguien** | etw./jdn erhöhen |
| **el esplendor** | Glanz, Pracht |
| **el poder** | Macht |
| **Al-Ándalus** | *arabische Name der muslimisch beherrschten Teile der Iberischen Halbinsel* |

| | |
| --- | --- |
| **proclamarse** | sich zu etw. erklären |
| **supremo, suprema** | höchste (-r, -s) |
| **el musulmán, la musulmana** | Muslim(e) |
| **romper el lazo** | Bindung (ab)brechen |
| **instaurar algo** | etw. errichten, etw. (be)gründen |
| **dar valor a algo** | auf etw. Wert legen |
| **el siglo de oro** | Goldenes Jahrhundert |
| **la confesión** | Konfession |
| **convivir** | zusammenleben, miteinander leben |
| **la paz** ≠ guerra | Friede |

| | |
| --- | --- |
| **popular** | beliebt |
| **magnífico, magnífica** | großartig |

| | |
| --- | --- |
| **la discordia interna** | innere Unstimmigkeiten, Zwietracht |
| **provocar** *(c-qu)* | Spaltung hervorrufen, provozieren |
| **la disgregación** = desintegración | Auflösung |
| **el reino de Taifa** | Taifa *(Teilreich im islamischen Spanien)* |
| **el feudalismo** | Lehnswesen, Feudalismus |

# 1492

En la **Baja Edad Media** había tres reinos cristianos especialmente importantes: Castilla, Navarra y Aragón-Cataluña. Este periodo finaliza 1476 cuando la llamada **Edad Moderna** comienza con el matrimonio de Isabel de Castilla con Fernando de Aragón-Cataluña. Serán conocidos como los Reyes Católicos.

Estos reyes buscan la **unidad nacional** con la **unión** de sus reinos, la anexión del reino de Navarra, y la conquista de Granada (último reino árabe en la Península). El 2 de enero de 1492 **se dio por acabada** la Reconquista, con el **destierro** de su último rey, Boabdil, después de once años de **cerco** al reino granadino.

También los Reyes Católicos **dictan el decreto** de **expulsión** de los judíos en la Península en 1492. Todo había empezado en 1478 con la fundación de la Inquisición (**tribunal eclesiástico** creado para **castigar** los **delitos** contra la **fe**).

Pero el **suceso** más importante de este reinado es el **descubrimiento** de América. Tras **tomar** Granada, los Reyes Católicos **ultiman las negociaciones** con Colón: éste **se** puede **nombrar gobernador** de todas las tierras que descubra, pero los Reyes tendrán la **responsabilidad** oficial y económica.

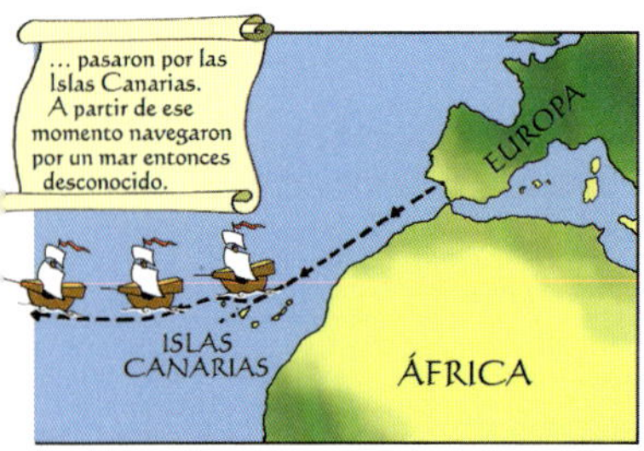


Y Colón sale del puerto de Palos (Huelva) el 3 de agosto de 1492 con una expedíción de tres **carabelas:** La Niña, La Pinta y La Santa María. El viaje lleva a la isla Guanahaní, llamada San Salvador por Colón, en las Antillas, la **madrugada** del 12 de octubre. Cuando los españoles **desembarcan** piensan que están en Asia, pero estaban muy **equivocados**...

| | |
|---|---|
| **la Baja Edad Media** | Frühes Mittelalter |
| **la Edad Moderna** | Moderne |
| **la unidad nacional** | nationale Einheit |
| **la unión** | Verbindung, Zusammenfügung |
| **darse algo por acabado, acabada** | etw. als beendet betrachten |
| **el destierro** | Verbannung |
| ▸ desterrar | verbannen, vertreiben |
| **el cerco** | Belagerung |
| **dictar un decreto** | Gesetz erlassen, verabschieden |
| **la expulsión** | Ausweisung |
| ▸ expulsar | ausstoßen |
| **el tribunal eclesiástico** | kirchliches Gericht |
| **castigar algo/a alguien** | etw./jdn bestrafen |
| ▸ el castigo | Strafe |
| **el delito** | Straftat, Delikt |
| **la fe** | Glaube |
| **el suceso** | Ereignis |
| **el descubrimiento** | Entdeckung |
| ▸ descubrir algo | entdecken |
| **tomar** *(una ciudad)* | einnehmen |
| **ultimar las negociaciones** | Verhandlungen abschließen/ |
| ▸ último, última | letzte (r,s) |
| **nombrarse gobernador** | sich zum Gouverneur/zur Gouverneurin ernennen |
| **la responsabilidad** **E** responsibility | Verantwortung |
| **la carabela** | Karavelle *(2- bis 4- mastiger Segelschifftyp des 14. bis 16. Jahrhunderts)* |
| **la madrugada** | (Morgen)Dämmerung, Tagesanbruch |
| **desembarcar** *(c-qu)* | landen |
| ▸ el barco | Schiff |
| **estar equivocado** = equivocarse | im Irrtum sein, sich irren |

# Biografías de una conquista

Para organizar una expedición al "**Nuevo Mundo**" solo era necesario dinero. Cualquier **particular** podía **reclutar** su propia gente, pero tenía que pagar viaje y **empresa**. Si la **tripulación** lograba llegar a su destino, el territorio **conquistado** estaría bajo la **soberanía** de los reyes españoles. A cambio, los **conquistadores** eran **recompensados** con **honores**, tierras y parte del **botín**.

## ¿Quién era Hernán Cortés?

Portrait of Cortez

Extremeño de familia con dinero. En 1504 dejó sus estudios universitarios para vivir la aventura en el Nuevo Mundo que le llevó a Cuba. Tras un tiempo salió de la isla con una **flota** de 11 **naves**, con unos 600 hombres, algunas **armas de fuego** y 16 caballos. Con todo ello, en 1519 conquista Tenochtitlán, la capital del imperio azteca tras varios enfrentamientos **bélicos** con los **indígenas**. Así conoció a Malinche, una princesa maya que estuvo a su lado durante toda la conquista del Imperio azteca. Ella no fue solo su **intérprete** con la gente del lugar, sino también su **pareja**.

Pero la conquista no terminó aquí. Hubo **revueltas** y **sublevaciones** de indígenas en la llamada "Noche Triste". Cortés y sus hombres se recuperan y **se vuelve contra** la capital que **toma por asalto** gracias a la ayuda de sus **confederados** indios. Primero **hace prisionero** a Cuauhtémoc, el sucesor de Moctezuma, y luego lo **quema** vivo. La capital quedó **sometida** y con ella todo el imperio. Cortés fue nombrado gobernador.

## ¿Quién era Pizarro?

*Francisco Pizarro*

Francisco Pizarro fue también extremeño, pero tuvo una **infancia pobre**. Embarcó bajo las órdenes de Núñez de Balboa, a quien acompañó en el descubrimiento del océano Pacífico (1515). Durante esta expedición recibieron las primeras **noticias** del Perú, país al que se le llamaba "El Dorado" o tierra del oro. Era 1531 cuando Pizarro salió con sus cuatro hermanos, tres naves y unos 200 hombres de Panamá, sin esperar los **refuerzos**, a Perú. Cuando llegó, se encontró el país en medio de una **guerra civil** entre los príncipes Huáscar y Atahualpa además de la **erupción** del volcán Cotopaxi, que los indígenas interpretaron como la **cólera** de los dioses por **oponerse a** la dominación española. Así **se hizo dueño** del país.

| | |
|---|---|
| **el Nuevo Mundo** | neue Welt |
| **el particular** | Privatperson |
| **reclutar a alguien** | jdn rekrutieren |
| **la empresa** | Vorhaben, Unternehmung |
| **la tripulación** | Schiffsbesatzung |
| **conquistado, conquistada** | erobert |
| ▸ conquistar | erobern |
| **la soberanía** | Hoheit(sgewalt), Souveränität |
| **el conquistador, la conquistadora** | Eroberer(in) |
| **recompensado, recompensada** | belohnt |
| ▸ recompensar a alguien | jdn belohnen |
| ▸ la recompensa | Belohnung |
| **los honores** *(pl.)* | Auszeichnungen |
| **el botín** | (Kriegs)Beute |
| **la flota** | Flotte |
| **la nave** = el navío | Schiff |
| **el arma de fuego** *(f)* | Schusswaffe |
| **el enfrentamiento bélico** | kriegerischer Zusammenstoß |
| **el/la indígena** | Eingeborene(r), Ureinwohner |
| **el/la intérprete** | Dolmetscher(in) |
| **la pareja** | Gefährte(in) |
| **la revuelta** | Revolte, Krawall |
| **la sublevación** | Aufstand |
| **volverse contra algo/alguien** | sich gegen etw./jdn wenden |
| **tomar por asalto** | in einem Handstreich einnehmen |
| **el confederado, la confederada** | Verbündete(r) |
| **hacer prisionero** | jdn gefangen nehmen |
| **quemar algo/a alguien** | etw./jdn verbrennen |
| **sometido, sometida** | unterliegen |
| ▸ someter *(~ meter)* algo/a alguien | etw./jdn unterwerfen |
| **la infancia pobre** | aus armem Elternhaus, Kindheit |
| ▸ la infancia ≠ la vejez | Kindheit |
| **la noticia** | Nachricht, Hinweis |
| **el refuerzo** | Verstärkung |
| ▸ la fuerza | Kraft, Stärke |
| **la guerra civil** | Bürgerkrieg |
| **la erupción** | Ausbruch |
| **la cólera** | Jähzorn, Wut |
| | FF Cholera *(Krankheit)*; el cólera |
| **oponerse a algo/alguien** *(~ poner)* | sich etw./jdm widersetzen |
| **hacerse dueño de algo** | sich einer Sache bemächtigen |

## ¿Qué significó la **colonización**?

- **Imposición** de las estructuras económicas, las instituciones, las formas de vida y las creencias propias de los reinos españoles.
- Las consecuencias: **destrucción** de la cultura **autóctona** y **explotación** de los indígenas (trabajos en la "mita", un sistema de **trabajo forzado** de carácter feudal, en el cual los indígenas eran **siervos** de los conquistadores y a cambio **recibían** su **protección**).

## ¿Quién era Fray Bartolomé de las Casas?

No todos los españoles estaban de acuerdo con los malos tratos a los indígenas. Hubo voces de **autocrítica**, especialmente la de Fray Bartolomé de las Casas, quien **denunció** los **abusos** de los españoles contra los indígenas.

> ***"por un cristiano que los indios matasen, habían los cristianos de matar cien indios.***
> ***Y porque toda la gente que huir podía se encerraba en los montes y subía a las sierras huyendo de hombres tan inhumanos, tan sin piedad y tan feroces bestias, extirpadores y capitales enemigos del linaje humano, ense"***

Citas de Fray Bartolomé de las Casas

| | |
|---|---|
| **la colonización** | Kolonisierung |
| **la imposición** | Auferlegung |
| **la destrucción** **E** destruction | Zerstörung |
| ▸ destruir *(y-i)* algo | zerstören |
| **autóctono, autóctona** | alteingesessen, einheimisch |
| **la explotación** | Ausbeutung |
| **el trabajo forzado** | Zwangsarbeit |
| **el siervo, la sierva** | Sklave, Sklavin, Diener(in) |
| **recibir protección** | unter Schutz stehen |
| **la autocrítica** | Selbstkritik |
| **denunciar algo** | etw. öffentlich verurteilen |
| ▸ la denuncia | Klage |
| **el abuso** | Missbrauch |
| **huir** | weglaufen |
| **encerrarse** *(-ie-)* | *hier:* sich verstecken |
| **el monte** | Gebirge |
| **la sierra** | Gebirge |
| **inhumano, inhumana** **E** inhuman | unmenschlich |
| **la piedad** | Gnade |
| **feroz** | grausam, gefährlich |
| **la bestia** | Biest, Ungeheuer |
| **extirpar** | ausrotten |
| **el linaje** **E** lineage | Abstammung |

Tipp:

Verben, die auf *-uir* enden (aber nicht auf *-guir*) ändern bei manchen Personen das *-i-* in ein *-y-*:

yo destruyo,
tú destruyes
él/ella destruye
**nosotros destruímos**
**vosotros destruís**
ellos/ellas destruyen

Weitere Verben mit diesem Muster:

*concluir* (schlussfolgern),
*contribuir* (beitragen),
*destruir* (zerstören), *disminuir* (verkleinern),
*huir* (flüchten),
*incluir* (beinhalten),
*substituir* (ersetzen) …

# Reinados del siglo XVI al siglo XIX

## Siglos XV al XVIII

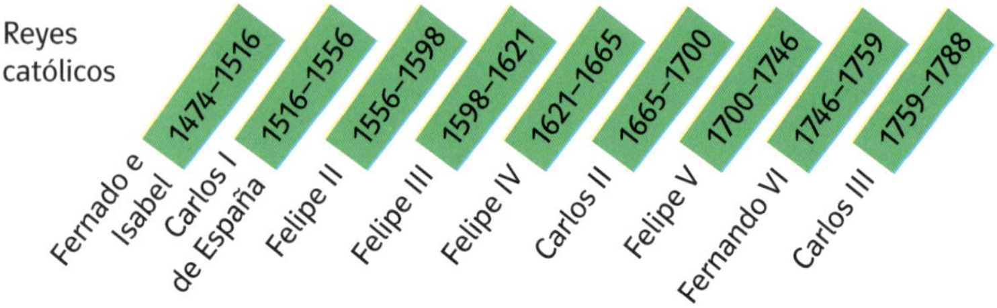


España tiene una gran tradición monárquica. Después de los Reyes católicos comienza una nueva dinastía, la de los Habsburgo, con su **nieto** Carlos I de España y V de Alemania que **tenía bajo su cargo** ambos países. El hijo de Carlos I, Felipe II reúne en Lisboa a la **Armada Invencible** para destruir a los piratas que atacan las naves españolas **procedentes** de las Américas. La expedición fue un **fracaso** total.

Los reyes del siglo XVII llevaron a España a una **decadencia** gradual. Los **dominios** de Felipe II eran tan **extensos** que se decía que "no **se ponía el sol**". Estos **territorios** fueron **disminuyendo** a lo largo de todos los **reinados**. Tras la muerte de Carlos II la **corte** de España se convirtió en centro de intrigas y **pretendientes** porque murió sin **descendencia.** En su testamento deja como **heredero** a Felipe **Borbón**, nieto de Luis XIV (1700). Pero la **sucesión** no fue sencilla. La **Guerra de Sucesión** duró hasta 1713 y al final Felipe V es **proclamado** rey. Comienza el reinado de la casa de Borbón en España.

## El siglo XIX

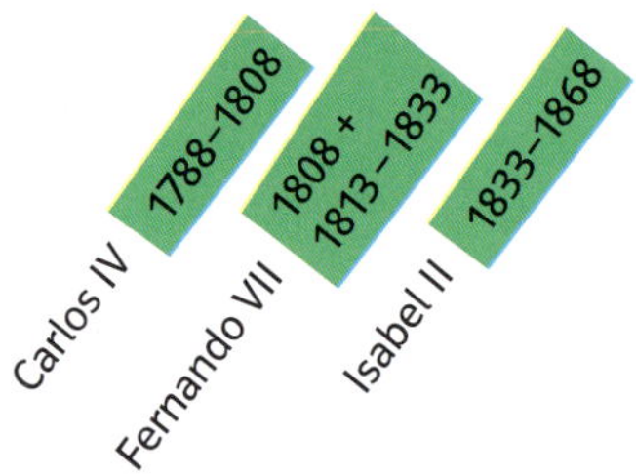


Con los borbones en el poder España **sufre** la **ocupación** del ejército francés que incluso **ordena la expulsión** de toda la familia **real** (un periodo de **vacío de poder** que ocupan las **Juntas**). Los españoles reaccionan con el **levantamiento** del "2 de mayo" (1808). Fue el inicio de **la guerra de la Independencia** (1808–1814) cuyo final fue la expulsión del **invasor** extranjero y el **regreso** de Fernando VII del exilio.

Pero Fernando **fallece** y los dos **aspirantes** al **trono** Carlos, su hermano, e Isabel, su hija, inician una guerra de sucesión: La **guerra Carlista**. Los Carlistas defienden la religión católica y el absolutismo y **se enfrentan** a los Isabelinos o liberales. Finalmente reinará Isabel II hasta 1868.

| | |
|---|---|
| **el nieto** | Enkel |
| **tener algo/a alguien bajo cargo** | *für etw./jdn die Verantwortung haben* |
| **la Armada Invencible** | *unbesiegbare spanische Flotte* |
| **procedente** | aus |
| ▸ proceder de | kommen aus |
| **el fracaso** | Versagen, Misserfolg |
| ▸ fracasar | scheitern |
| **la decadencia** | Dekadenz |
| **el dominio** | Herrschaft |
| **extenso, extensa** | umfangreich |
| **ponerse el sol** | Sonne untergehen |
| ▸ la puesta de sol | Sonnenuntergang |
| **el territorio** **E** territory | Gebiet |
| **disminuir** *(y-i)* | verringern |
| **el reinado** | Herrschaft |
| **la corte** | Königsreich |
| **el pretendiente** | Thronanwärter(in) |
| **la descendencia** | Nachkommenschaft |
| **el heredero, la heredera** | Erbe, Erbin |
| **el borbón** | *aus dem Haus Bourbon* |
| **la sucesión** | Nachfolge |
| **la Guerra de Sucesión** | Erbfolgekrieg |
| **proclamar** | ausrufen (zu) |
| **sufrir** | leiden |
| **la ocupación** | Besatzung |
| ▸ ocupar algo | etw. besetzen |
| **ordenar** | anfordern |
| **la expulsión** | Vertreibung |
| **real** | königlich, Königs- |
| **el vacío de poder** | Machtvakuum |
| ▸ el vacío | Leere, Vakuum |
| **las Juntas** | Ausschuss, Junta |
| **el levantamiento** | Aufstand |
| **la guerra de la Independencia** | Unabhängigkeitskrieg |
| **el invasor, la invasora** | Eindringling, Eroberer(in) |
| **el regreso** | Rückkehr |
| **fallecer** = morir | sterben |
| **el, la aspirante al trono** | Thronanwärter(in) |
| **la Guerra Carlista** | Karlistenkrieg |
| **enfrentarse a alguien** | sich gegenüberstehen |

# La Segunda República

*Bandera republicana*

La Segunda República Española (1931–1939) La **elección** del **Jefe del Estado** y del Jefe del **Gobierno estuvo en manos** del pueblo.

El 14 de abril de 1931, se inicia la **Segunda República**, después del **exilio voluntario** del rey Alfonso XIII. La crisis económica de 1929 es a nivel mundial y como consecuencia **surgen** dictaduras en muchos países. Paradójicamente en la sociedad española hay un **espíritu democrático**. Esta mentalidad se aprecia en el **cambio social** que lleva a la **oligarquía burguesa**, la aristocracia y a los terratenientes a **perder el control** político aunque conserva aún el poder económico. La Iglesia **se instala en el poder** aunque la mayoría de los republicanos son **anticlericales**.

# Las comunidades autónomas

## En la República

Se **proclama la República** en Cataluña y en el País Vasco donde los nacionalismos son muy poderosos. Los catalanes **acceden a** la **autonomía** en 1932. La **cooficialidad** del catalán introducida por el **Estatuto de autonomía** de Cataluña permitió el uso del catalán en la administración y en la enseñanza.

El País Vasco también tendrá su estatuto de autonomía, pero nunca **se llevó a la práctica**. Las demás regiones tuvieron proyectos de estatuto que no se **aprobaron**.

## Desde la Guerra Civil

La **Guerra Civil** española y el **periodo franquista** (1939–1975) trajo la **anulación** de las **libertades** políticas. La **transición democrática** y la **entrada en vigor** de la nueva **Constitución** española de 1978, en la que se **reconoce** la existencia de **comunidades autónomas** dentro de España y de nuevo la cooficialidad de otras lenguas autonómicas: derecho a no ser **discriminado** por razones lingüísticas y garantiza la **validez** y usos de ambas lenguas en la administración pública.

| | |
|---|---|
| **la elección** | Wahl |
| **el jefe/la jefa del Estado** | Staatsoberhaupt |
| ▸ el Estado | Staat |
| ▸ el estado | Zustand |
| **el Gobierno** | Regierung |
| ! el gobierno | Führung, Leitung |
| **estar en manos de alguien** | in jds Händen liegen |
| ! la mano | Hand |
| **la Segunda República** | Zweite Republik |
| **el exilio** | Exil |
| **voluntario, voluntaria** **E** voluntary | freiwillig |
| **surgir** *(g-j)* = nacer (-zco) | entstehen, aufkommen |
| **el espíritu democrático** | demokratischer Geist |
| **el cambio social** | gesellschaftlicher Wandel |
| **la oligarquía burguesa** | bürgerliche Oligarchie |
| **perder el control** | Kontrolle verlieren |
| **instalarse en el poder** | sich an die Macht setzen |
| **anticlerical** | kirchenfeindlich |
| **proclamar la República** | Republik ausrufen |
| **acceder a algo** ▸ el acceso | Zugang haben zu etw. |
| **la autonomía** | Selbstverwaltung |
| **la cooficialidad** | in den Status einer Amtssprache erhoben sein |
| **el Estatuto de autonomía** | Autonomiestatus |
| **llevarse algo a la práctica** | in die Tat umsetzen, ausführen |
| **aprobar** *(o-ue)* **algo** | etw. billigen, gutheißen |
| **la Guerra Civil** | Bürgerkrieg |
| **el periodo franquista** | Zeit des Franco-Regimes |
| **la anulación** | Abschaffung |
| **la libertad** | Freiheit |
| **la transición democrática** | *Zeitraum des Übergangs zur Demokratie in Spanien* |
| ▸ la democracia | Demokratie |
| **la entrada en vigor** | In Kraft treten |
| **la Constitución** **E** constitution | Verfassung |
| ! la constitución | Gründung, Bildung, Konstitution |
| **reconocer** *(-zco)* | etw. anerkennen |
| ≠ **negar algo** | etw. leugnen |
| **la comunidad autónoma** | autonome Region *(entspricht etwa einem deutschen Bundesland)* |
| **discriminar a alguien** | jdn. wegen etw. diskriminieren |
| **la validez** | Gültigkeit |

# La Guerra Civil

**El diario de la mañana**

**Calvo Sotelo asesinado**

*Margarita Prieto Álvarez* *Madrid, 19 de julio de 1936*

Ayer, el **diputado** Calvo Sotelo fue **asesinado**. Pese a todos los esfuerzos, ni los partidos de izquierda ni de derecha han logrado solucionar los problemas. La **tensión** política y social es **insostenible** en España y este asesinato es la **chispa** que ha provocado el **alzamiento** militar de ayer. El general Franco es uno de los **sublevados**. Llegó a Madrid desde Marruecos con su ejército. Contó con ayuda para **pasar con sus tropas** el **estrecho** de Gibraltar: una **escuadrilla** de aviones enviados por Mussolini. ¿Por qué Madrid? Hasta ayer, los republicanos seguían contando con la capital, con los grandes **focos industriales** de Cataluña y del País Vasco, con la **cuenca minera** de Asturias y con las **comarcas agrícolas** de Valencia y Murcia. Pero los nacionalistas se extienden ya por casi toda la Península…

**La voz del pueblo**

**Franco anuncia el fin de la guerra**

*Ricardo Menéndez Pérez* *1 de abril de 1939*

Y es que hoy tras **hechos bélicos decisivos** como la **campaña** de Madrid y su **caída** en **manos** del ejército nacionalista, la batalla de Guadalajara (**apoyo** de Mussolini y Hitler), la guerra del Norte (**bombardeo** de Guernica por la **aviación** alemana) y el **frente** del Este (en enero de 1939 caen Barcelona y Tarragona) Franco comunica a todo el país el fin definitivo de tres años de guerra.

**La Región**

**Los familiares de las 268 500 víctimas siguen buscando**

*Marta Robles Vega* *Talavera de la Reina, 5.10.2010*

Y es que España vivió entre julio de 1936 a abril de 1939 uno de los **acontecimientos** más tristes y trágicos de su historia. Todavía hoy se sufren sus consecuencias, sobre todo, los familiares de las 268 500 víctimas. Parte de ellas, en concreto 25 000, eran **fuerzas** extranjeras **aliadas** de uno y otro **bando**: las **Brigadas Internacionales** de parte del Gobierno republicano y los Gobiernos de Alemania, Italia y Portugal de parte del **ejército** sublevado. La búsqueda continúa…

| | |
|---|---|
| **el diputado, la diputada** | Abgeordnete(r) |
| **asesinado, asesinada** | ermordet |
| **la tensión** | Spannung |
| **insostenible** | unerträglich |
| **la chispa** = el desencadenante | Funke, Auslöser |
| **el alzamiento** = el levantamiento | Aufstand, Erhebung |
| **el sublevado, la sublevada** | Rebell, Rebellin |
| ▸ sublevarse | rebellieren, sich auflehnen |
| **pasar con las tropas** | mit den Truppen durchziehen |
| **el estrecho** | Meerenge |
| **la escuadrilla** | Geschwader |
| **el foco industrial** | Industriezentrum |
| **la cuenca minera** | Bergbaurevier, -gebiet |
| **la comarca agrícola** | landwirtschaftliche Gegend, Agrargebiet |
| **el hecho** | Ereignis |
| **bélico, bélica** | kriegerisch, Kriegs- |
| **decisivo, decisiva** | entscheidend |
| **la campaña** | Feldzug |
| **caer en manos de alguien** | in die Hände von jdm geraten |
| **el apoyo** = la ayuda | Hilfe, Unterstützung |
| **el bombardeo** | Bombardierung |
| ▸ la bomba | Bombe |
| **la aviación** | Luftwaffe |
| **el frente** | Front |
| **!** la frente | Stirn |
| **el familiar, la familiar** | Familienangehörige/r, Verwandte, Verwandter |
| **la víctima** **E** victim | Opfer |
| **el acontecimiento** | Ereignis, Geschehen |
| **las fuerzas** *(pl.)* | Streitkräfte |
| **aliado, aliada** | alliiert |
| **el bando** | Mannschaft |
| **las Brigadas internacionales** | Internationale Brigaden *(von der Kommunistischen Internationale rekrutierte und ausgebildete militärische Freiwilligenverbände (Milizionäre)* |
| **el ejército** | Heer, Armee |

# El Franquismo en España

## Blog de historia del Instituto Severo Ochoa

Los alumnos de 2° de la ESO escriben la historia

### Después de la guerra llega el franquismo

El llamado "Régimen de Franco" o Franquismo **asoló** España durante 40 años. Fue una dictadura con concentración de **poderes** y **supresión** de libertades políticas y **sindicales**. Durante este periodo de **represión**, los españoles tuvieron que aprender a vivir bajo normas **severas** y sin **libertad de expresión.** La migración del campo a la ciudad fue una constante que hizo más fuerte en los años 60 cuando se **impulsó** la industrialización. Hubo también emigración a países europeos. Los emigrantes enviaban **ahorros** desde sus **países de residencia** a sus familias y se abrieron las fronteras al turismo. El periodo de **aislamiento** en el que vivía España se terminaba al abrirse al exterior. La **imagen** de España estaba cambiando. Pero también existía cada vez más oposición al Régimen organizados en distintos frentes, sobre todo **estudiantiles** y **obreros**. ¡Spain is different!

*Sergio Álvarez 2° B*

### ¡Adiós dictadura! ¡Bienvenida democracia!

Pero Franco sabía que no iba a vivir para siempre por lo que el dictador pensó en el nieto de Alfonso XIII como su **sucesor**. España era desde 1947 una **monarquía hereditaria**. El príncipe Juan Carlos I de Borbón **sería el encargado** de continuar gobernando el país bajo los **principios morales** del Régimen.

Y en 1975 muere Franco. El nuevo rey **optó por** reformar el sistema político franquista y **apostar por** la democracia. Para ello, confió en un joven político Adolfo Suárez. Con Suarez como Presidente del Gobierno llegó la **legalización** de partidos políticos y de sindicatos, **decretos** de amnistía, supresión de **tribunales** especiales, **reconocimiento** de las instituciones **propias** del País Vasco y Cataluña. Todo ello condujo a la Constitución de 1978.

*Alba Prieto 2°A*

# La Constitución de 1978

El seis de diciembre es festivo en España. Para muchos no está tan claro que en 1978 una **comisión** de parlamentarios fue la encargada de la **elaboración** de la nueva Constitución que cambiaría la vida de los españoles y les regalaría una **fiesta laboral** a nivel nacional. No fue un trabajo fácil. El texto constitucional fue **votado** y **aprobado** por las **Cortes** y **sometido a referendo del pueblo** el 6 de diciembre de 1978.

| | |
|---|---|
| **asolar** | etw. verwüsten |
| **los poderes** | Mächte |
| **la supresión** | Aufhebung |
| **sindical** | gewerkschaftlich |
| ▸ el sindicato | Gewerkschaft |
| **la represión** | Unterdrückung |
| **severo, severa** | streng |
| **la libertad de expresión** | freie Meinungsäußerung |
| **impulsar** = estimular | antreiben, vorantreiben |
| **los ahorros** | Ersparnisse |
| ▸ ahorrar algo | etw. sparen |
| **el país de residencia** | Herkunftsland |
| **el aislamiento** | Isolierung |
| **la imagen** **E** image | Bild |
| **estudiantil** | studentisch |
| **obrero, obrera** | Arbeits- |
| **el sucesor, la sucesora** | Nachfolger(in) |
| **la monarquía hereditaria** | Erbmonarchie |
| **ser el encargado/la encargada de alguien o algo** | Verantwortung für jnd/etw. haben |
| **el principio moral** | moralischer Grundsatz |
| **optar por** | etw. wählen |
| **apostar por** | sich entscheiden für |
| **la legalización** | Legalisierung |
| **el decreto** | Gesetz, Dekret |
| **el tribunal** | Gericht |
| **el reconocimiento** | Anerkennung |
| **propio, propia** | eigene/r/s |
| **la comisión** | Ausschuss |
| **la elaboración** | Ausarbeitung |
| **la fiesta laboral** | gesetzlicher Feiertag |
| **votado, votada** | gewählt |
| ▸ el voto | Wahl, Stimme |
| ▸ votar = elegir (-i-,g-j) | etw./jdn wählen |
| **aprobar** *(o-ue)* **algo** | etw. genehmigen, etw. annehmen |
| **las Cortes** | spanisches Parlament |
| **someter algo a referendo del pueblo** | einem Volksentscheid unterziehen |

### ¿Qué significa la Constitución para ti?

Es la base de todo. Deja claro que España es un **Estado** social y democrático **de derecho** y que los valores como la libertad, la **justicia**, la **igualdad** y el pluralismo político son la base de las leyes. Para mí el punto más importante es que la soberanía nacional **reside en** el pueblo. Nosotros somos los que **elegimos** el gobierno con nuestro voto. La Constitución reconoce y garantiza el derecho a la **autonomía** de las **nacionalidades**. Las comunidades autónomas pueden organizarse en **municipios**, en provincias y gracias a la Constitución estas **entidades gozan de** autonomía para su propia **gestión**.

*Ana Fernández 2°B*

### La transición a la democracia

Y es que no es fácil pasar de un **régimen dictatorial** a una democracia. Por eso hay que tener claro que la elección del rey del nuevo presidente del país fue decisiva para **otorgar** una libertad muy esperada por los españoles. En 1977 pudieron **acudir** a las urnas para decidir quién **asumiría** el poder del Estado. Fue un día vivido con miedo y alegría. El primer paso hacia una democracia que llegaría definitivamente en 1982 cuando en el referéndum los españoles eligieron por mayoría a un partido socialista y joven. La transición había terminado, la democracia llegaba para quedarse.

*Iker Martínez 2°A*

# La Memoria Histórica

La foto nos muestra el mirador de la memoria en Cáceres, un monumento para las víctimas de la Guerra Civil. Era necesaria una ley para poder hacer **excavaciones** en **fosas comunes**, para **desenterrar** los restos de las víctimas de **ambos bandos** y para conocer la verdad: la Ley de la Memoria Histórica aprobada ya en 2007 y completada por la Ley de Memoria Democática en 2022. Era y es fundamental dar a estas víctimas una **sepultura digna** al mismo tiempo que **sacar a la luz** lo ocurrido y lo sufrido por los **fallecidos** y sus familias. Otro objetivo es **devolver** la dignidad y **hacer justicia** con las víctimas del golpe de Estado franquista, la Guerra Civil y la posterior dictadura. Ya no es posible que haya símbolos franquistas en las calles de las ciudades y existe el derecho a una **indemnización** para los **beneficiarios** de quienes fallecieron entre 1968 y 1977 en **defensa** de las libertades.

| | |
|---|---|
| **el Estado de derecho** | Rechtsstaat |
| **la justicia** | Gerechtigkeit |
| ▸ justo, justa | gerecht, fair |
| **la igualdad** ≠ desigualdad | Gleichheit |
| **residir en algo** | bei etw. liegen |
| **elegir** *(-i-; g-j)* **a alguien** | jdn wählen |
| **la autonomía** | Unabhängigkeit |
| **la nacionalidad** | Nationalität |
| **el municipio** | Gemeinde(bezirk) |
| **la entidad** | Körperschaft |
| **gozar de** *(z-c)* **algo** | etw. genießen |
| **la gestión** | Verwaltung |
| **el régimen !** *(pl.)* los regímenes | Regierung Herrschaft |
| **dictatorial** | diktatorisch |
| **otorgar** | erteilen |
| **acudir** = ir | gehen zu |
| **asumir** | übernehmen |
| **la excavación** | Ausgrabung |
| **la fosa común** | Massengrab |
| **desenterrar algo/a alguien** | jdn/etw. ausgraben |
| **ambos** | beide |
| **el bando** | Lager |
| **la sepultura** | Grab |
| **digno, digna** | würdevoll |
| ▸ la dignidad | Würde |
| **sacar a la luz** | aufdecken, zum Vorschein bringen |
| ≠ ocultar algo | etw. verbergen |
| **el fallecido, la fallecida** = muerto | Verstorbene(r) |
| **devolver algo a alguien** | jdm etw. zurückgeben |
| **hacer justicia** | jdm Gerechtigkeit widerfahren lassen |
| **la indemnización** | Entschädigung |
| **el beneficiario, la beneficiaria** | Nutznießer(in) |
| ▸ el beneficio | Nutzen, Vorteil |
| **la defensa** | Verteidigung |
| ▸ defender *(-ie-)* | verteidigen |

# El papel de la monarquía hoy

www.elperiodicosemanal.es

## Artículo de opinión

La muerte de Franco significó no solo el final de una dictadura, sino también el **regreso** de la monarquía bajo la estructura de una monarquía parlamentaria.

La figura del **rey emérito** Juan Carlos I ha vivido muchas épocas de apoyo por parte de los españoles e incluso de **orgullo**. Los reyes nos han representado en el extranjero y han formado parte de la imagen de España. Aun así, ha habido muchas **voces críticas** sobre la necesidad y el coste de una monarquía para un país que sigue sufriendo una crisis económica casi continua y altas **tasas de paro**.

Algunos **comportamientos** por parte del rey Juan Carlos I y de algunos **miembros** de la familia real tuvieron como consecuencia la **abdicación** del **monarca** y la sucesión del trono **en beneficio de** su hijo: Felipe de Borbón o Felipe VI, un rey que quiere traer **nuevos aires** de modernidad y **austeridad** a la monarquía. Un ejemplo de cambio de mentalidad en la monarquía fue su matrimonio con una **plebeya**, Leticia Ortiz. Leticia gana **adeptos** porque compra en ZARA y no le gusta el **despilfarro** ni las fiestas sociales de la **realeza** europea. No se puede olvidar que Leticia **era de izquierdas**, además está **divorciada**… Una mujer de hoy que no hace lo que le **imponen**.

La **sucesión** monárquica está **asegurada**. Felipe y Leticia tienen dos hijas. La mayor, Leonor, será la próxima reina aunque para ello fuera necesario hacer cambios en los **derechos de sucesión**. Hoy en día la igualdad llega también a la **corona**.

El papel de la corona como representantes de España en el exterior es el más importante aunque tiene otros como **jefe de Estado**, por ejemplo. Desde el punto de vista de muchos españoles **decepcionados** con la monarquía española, Felipe VI y su familia hace esfuerzos para mostrar la importancia de la realeza europea pero sin perder el contacto con la **ciudadanía** y teniendo en cuenta la situación económica actual. ¿Será **suficiente**?

*12/09/2023 Sonia Gutiérrez del Amor*

| | |
|---|---|
| **el artículo de opinión** | Meinungsartikel |
| **el regreso** | Rückkehr |
| **el rey emérito** | ehemaliger König |
| **el orgullo** | stolz |
| **la voz crítica** | kritische Meinung |
| **la tasa de paro** | Arbeitslosenquote |
| **el comportamiento** | Verhalten |
| **el miembro** | Mitglied |
| **la abdicación** | Rücktritt |
| **el, la monarca** | Monarch(in) |
| **en beneficio de** = en favor de alguien | zugunsten von jdm |
| ▸ el beneficio | Nutzen, Vorteil |
| **los nuevos aires** *(pl.)* | neuer Wind |
| **la austeridad** | Sparmaßnahmen |
| **el plebeyo, la plebeya** | Bürgerliche(r) |
| **el adepto, la adepta** = seguidor | Anhänger(in), Follower(in) |
| **el despilfarro** | Verschwendung |
| **la realeza** | Königshaus |
| **ser de izquierdas** | links sein |
| **divorciado, divorciada** | geschieden |
| ▸ el divorcio | Scheidung |
| **imponer** = obligar | verpflichten, aufzwingen |
| **la sucesión** | Folge, Nachfolge, Erbfolge |
| **asegurado, asegurada** | gesichert |
| ▸ seguro, segura | sicher |
| **el derecho de sucesión** | Erbschaftsanspruch |
| **la corona** | Krone |
| **decepcionado, decepcionada** | enttäuscht |
| **la ciudadanía** | Staatsbürgerschaft |
| ▸ el ciudadano, la ciudadana | Bürger(in) |
| **suficiente** | genug, ausreichend |

# 2.2 Étapas importantes en la historia de Latinoamérica

## La cultura precolombina

Cuando los conquistadores llegaron a América, se encontraron con la cultura **precolombina** que eran **civilizaciones** ricas y complejas:

***300 a. de C. – 900 d. de C.***

Los mayas **edificaron** grandes ciudades y templos comparables a las pirámides **egipcias**. Su **Gobierno** era teocrático o **sacerdotal**, **adoraban a** un dios supremo y a otras **divinidades inferiores**, **ofreciéndoles sacrificios humanos**. Tenían grandes conocimientos en astrología, por lo que desarrollaron un calendario y pudieron **predecir eclipses solares** y **lunares**.

Los mayas crearon un sistema de escritura y de **aritmética** propio.

***1100 d. de C.***

Los incas tenían grandes **conocimientos militares** y **bélicos**, lo que les ayudó a convertirse en la civilización con mayor **extensión territorial** de América. Machu Picchu es un ejemplo que **representa** la arquitectura de la civilización inca que contaba con técnicas avanzadas de ingeniería.

**Fundaron** Cuzco.

***1320 d. de C.***

Los aztecas

Por medio de **alianzas militares** y **enfrentamientos** militares **expandieron** su territorio y poder. Fundaron la ciudad de Tenochtitlán en el siglo XIV (1325)

***1521 d. de C.***

Ocupación y **destrucción** de Tenochtitlán, hoy Ciudad de México, después de la muerte del cacique Moctezuma II por parte del conquistador Hernán Cortés.

***1532 d. de C.***

La civilización inca fue la última de las grandes civilizaciones de América precolombina hasta que los españoles **bajo el mando de** Francisco Pizarro asesinaron a Atahualpa, el Rey inca y **conquistaron** Cuzco.

***1540 d. de C.***

Los conquistadores **destruyeron** la cultura maya que ya estaba **debilitada**.

| | |
|---|---|
| **precolombino, precolombina** | präkolumbisch *(Zeit vor der Entdeckung Amerikas durch Kolumbus)* |
| **la civilización** | Zivilisation, Kultur |
| **edificar** *(c-qu)* **algo** | etw. (er)bauen |
| ▸ un edificio | Gebäude |
| **egipcio, egipcia** | ägyptisch |
| **el Gobierno** | Regierung |
| **!** el gobierno | *Führung, Leitung* |
| **sacerdotal** | priesterlich |
| ▸ un sacerdote | Priester |
| **adorar a alguien E** to adore | jdn anbeten |
| **la divinidad inferior** | niedere Gottheit |
| **ofrecer** *(-zco)* **sacrificios humanos** | Menschenopfer bringen |
| **predecir** *(≈ decir)* **algo** | etw. vorhersagen |
| **el eclipse solar** ▸ el sol | Sonnenfinsternis |
| **el eclipse lunar** ▸ la luna | Mondfinsternis |
| **la aritmética** | Arithmetik |
| **el conocimiento militar** | militärische Kenntnisse |
| **el conocimiento bélico** | Kriegskenntnisse |
| **la extensión territorial** | Gebietserweiterung |
| **representar algo E** to represent | etw. darstellen |
| **fundar algo** | etw. gründen |
| **la alianza militar** | Militärbündnis |
| **el enfrentamiento** | Konfrontation |
| ▸ enfrentar a alguien | sich jdm gegenüberstellen |
| **expandir E** to expand | erweitern, expandieren |
| **la destrucción** | Zerstörung |
| ▸ destruir *(-y-)* algo ≠ la construcción | etw. zerstören |
| **bajo el mando de** | unter der Führung von |
| **conquistar E** to conquer | erobern |
| **destruir** *(-y-)* **algo** | etw. zerstören |
| **debilitar algo/a alguien** | etw./jdn schwächen |
| ▸ débil | schwach |

# La colonización de la América española

¿Sabías que la conquista de América fue una **ocupación territorial transitoria** con el objetivo de **extraer** violentamente para sí, de este territorio, sus **riquezas** y **recursos naturales**; mientras que la **colonización** fue la ocupación **permanente** por medio de un proceso de **aculturación** con el objetivo de **poblar** este territorio?

¿Sabías que la colonización de América **surge** por la necesidad de nuevas **rutas comerciales** y para **expandir** la religión católica?

¿Sabías que la colonización en América comienza **a finales del** siglo XV con la llegada de Cristóbal Colón en 1492?

¿Sabías que la colonización española de América empezó en el Caribe continuando con las tres culturas la azteca, maya e inca?

¿Sabías que la ciudad colonial más antigua del Nuevo Mundo es Santo Domingo en República Dominicana?

¿Sabías que la colonización de América española se caracterizó por **imposiciones** culturales, religiosas, políticas y económicas?

¿Sabías que al **imponer** el castellano como única lengua desaparecieron muchas de las lenguas americanas?

¿Sabías que los españoles impusieron el cristianismo como única religión y evangelizaron a los indígenas?

¿Sabías que durante la colonización de la América española se trajeron **esclavos** africanos para trabajar las **tierras** y las minas, ya que muchos nativos habían muerto o no eran los suficientemente fuertes?

¿Sabías que muchos nativos murieron por enfermedades traídas por los españoles y por el **arduo** trabajo que tuvieron que **desempeñar**?

¿Sabías que en un poco más de un siglo la Corona Española conquistó y **adquirió** tantas riquezas que también otros países como Francia, Inglaterra, Portugal, Holanda, se unieron en la **expansión** de la colonización de América?

¿Sabías que la colonización en América va hasta el 13 de agosto de 1898 al perder España sus últimas **posesiones** en América?

| | |
|---|---|
| **la ocupación** | Besetzung, Besatzung |
| **territorial** | Gebiets- |
| **transitorio, transitoria** | vorübergehend |
| **extraer** *(~ traer) algo* | etw. herausziehen, abbauen, fördern |
| **la riqueza** | Reichtum |
| ▸ rico, rica | reich |
| **los recursos naturales** | Bodenschätze |
| **la colonización** | Kolonisierung |
| **permanente** | dauerhaft |
| **la aculturación** | kulturelle Anpassung, Akkulturation |
| **poblar** ▸ la población | besiedeln |
| **surgir** *(g-j)* = nacer *(-zco)* | entstehen, aufkommen |
| **la ruta comercial** | Handelsroute |
| **expandir** **E** to expand▸ la expansión | erweitern, expandieren |
| **a finales de** | am Ende von |
| ▸ el fin | Ende |
| **la imposición** ▸ imponer | Zwang |
| **imponer** *(≈ poner)* | aufdrängen, erzwingen |
| **el esclavo, esclava** | Sklave, Sklavin |
| **la tierra** | Land, Boden |
| **arduo, ardua** | mühsam, beschwerlich |
| **desempeñar** | ausführen, ausüben |
| **adquirir algo** | etw. erwerben |
| **la expansión** | Expansion |
| ▸ expandir | erweitern, ausdehnen |
| **la posesión** | Kolonien; Besitz |
| ▸ poseer algo | etw. besitzen |

# La independencia y origen de los Estados nacionales

¿Me reconoces? Me llamo Simón José Antonio de la Santísima Trinada Bolívar Palacios. Soy más famoso como Simón Bolívar o como el **Libertador**. Nací el 24 de julio de 1783 en Caracas. Mis padres eran españoles muy ricos, pero lamentablemente quedé **huérfano** a los 9 años. Lo peor de todo es que por ser **criollo**, es decir, por haber nacido en América, aunque mis padres eran españoles, yo no tenía los mismos **derechos**, ni podía ocupar **cargos** importantes que los **peninsulares**, como les llamaban a mis **compatriotas** nacidos en España, sí podían.

**Luché** durante veinte años por la **independencia** de España como **líder** de muchas **campañas**. En aquella época las colonias españolas en América estaban bajo el control del Rey de España. Como este no podía estar en todas partes, había un **virrey** que **gobernaba** en un **virreinato** en nombre de la **monarquía** española. En el siglo XVIII estas tierras estaban repartidas en cuatro virreinatos: el virreinato de Nueva España en lo que hoy es México, el virreinato del Perú, el Virreinato de Nueva Granada en lo que es hoy Colombia, Venezuela, Panamá y Ecuador y el Virreinato del Río de la Plata.

Viajé varias veces a España y aprendí sobre la **ilustración** y bajo este **marco** ideológico comencé a **cuestionar** la política que España **establecía** en sus colonias. Por la Revolución francesa que inició en 1791 y porque España estaba debilitada, Napoleón **invadió** España en 1808. El Rey de España Carlos IV y su hijo Fernando VII **abdicaron** a favor de Napoleón quien le **cedió** el **trono** a su hermano. Claro que en las colonias no **reconocimos** a un francés como Rey. La falta de **poder** en las colonias nos ayudó a continuar con la independencia y la América española empezó a **fragmentarse**; pero en 1814 Fernando VII **retomó** el poder y quiso volver a **someternos**; lo que no aceptamos: por el contrario, esto nos dio, a mí y a otros criollos, más fuerza para seguir luchando. Logramos la independencia entre 1810 y 1898, Colombia fue la primera en 1810. Todas las otras naciones se independizaron entre 1810 y 1825. Por último, en 1898 se independizó Cuba. En total eran ya 17 nuevas naciones independientes.

Mi **sueño** era unificar a los Estados Unidos Suramericanos y comencé con la Gran Colombia que unía a Colombia, Ecuador, Panamá y Venezuela; pero no funcionó porque muchos de mis **aliados se convirtieron en** mis enemigos. La mujer de mi vida, Manuela Sáenz, no solo luchó por la Independencia; sino que me **salvó** la vida en 1828. Por eso es conocida como la Libertadora del Libertador. En 1830 morí de tuberculosis pobre y culpado de haber querido solamente el poder.

| | |
|---|---|
| **el Libertador** | Befreier *(hier: Simón Bolívar)* |
| **el huérfano, huérfana** | Waisenkind |
| **el criollo, la criolla** | Kreole, Kreolin |
| **el derecho** | Recht |
| **el cargo** | Amt, Posten |
| **peninsular** | Halbinsel-, peninsularisch |
| **el compatriota, la compatriota** | Landsleute |
| **luchar** | kämpfen |
| **la independencia E** independence | Unabhängigkeit |
| **el, la líder E** leader | Führer(in) |
| **la campaña** | Feldzug |
| **el virrey, la virreina** | Vizekönig(in) |
| **gobernar** | Regieren |
| ▸ el gobierno | Regierung |
| **el virreinato** | Vizekönigreich |
| **la monarquía** | Monarchie |
| **la ilustración** | Aufklärung |
| **el marco** | Rahmen |
| **cuestionar** | infrage stellen |
| **establecerse** *(-zco)* | errichten, aufstellen |
| **invadir algo** ▸ la invasión | etw. überfallen, einmarschieren |
| **abdicar** | abdanken |
| **ceder algo a alguien** | jdm etw. abtreten, jdm etw. überlassen |
| **el trono** | Thron |
| **reconocer** *(-zco)* **algo** | etw. anerkennen |
| ≠ negar algo | *etw. leugnen* |
| **el poder** | Macht |
| **fragmentar** | zerstückeln |
| **retomar** *(≈ tomar)* **algo** | etw. wieder aufnehmen |
| **someter** *(≈ meter)* **algo/a alguien** | unterdrücken |
| **el sueño** | Traum |
| **aliado, aliada** | aliiert |
| **convertirse en algo** | verwandeln in etw. |
| **salvar a alguien** | jdn retten |

# Formación de Estados nacionales

En el siguiente mapa se puede ver tanto la división colonial como la de los cuatro **virreinatos** en las colonias españolas.

Después de que de los Virreinatos hubieran sido **fragmentados** (1810–1824) y de que las colonias españolas hubieran **logrado** la Independencia (1810–1898), el continente vivió un periodo de instabilidad. Para lograr la **consolidación** de estas nuevas Repúblicas hubo guerras por motivos **limítrofes**, expansionistas o, simplemente, civiles. Por ejemplo, Bolivia luchó y sigue luchando contra Perú y Chile por la salida al mar desde la Guerra del Pacífico (1879–1884) en la que perdió 400 kilómetros de costa. La Gran Colombia se fragmentó en tres naciones en 1830: Colombia, Venezuela y Ecuador. Por otro lado, Estados Unidos de América **expandieron** su **territorio** por México. Pues, hasta un 54 % de los Estados Unidos América actual perteneció a España en 1800. En 1903 el continente y Colombia se partieron en dos con la construcción del Canal Interoceánico de Panamá por parte de los Estados Unidos. Hasta 1903 Panamá y Colombia eran un solo país.

# Cambio de formas de gobierno

Latinoamérica se ha caracterizado por tener constantes cambios de gobierno y por tener sistemas políticos inestables. Después de la independencia, los gobiernos que **dominaron** eran los **liberales** y los **conservadores**. Los que **dirigían** estos gobiernos eran **terratenientes**, miembros de la iglesia y militares. Los liberales querían **acabar con** el poder de la iglesia católica, con las **clases sociales** y con la **esclavitud**. Los conservadores, por su parte, creían que un cambio significaría inestabilidad. A esta fase de gobiernos democráticos le sigue una fase de **dictaduras militares** durante el siglo XX en Cuba, Paraguay, Chile, Argentina y Panamá. Durante este periodo hubo **torturas**, **secuestros** y **asesinatos** para lograr garantizar el **poder**. En 1960 Fidel Castro y el Che Guevara impusieron un régimen orientado hacia la URSS. A finales del siglo XX la mayoría de los países tienen **gobernantes elegidos** democráticamente. Actualmente se está viviendo una ola de **gobiernos de izquierda** en los países hispanoamericanos.

| | |
|---|---|
| **el virreinato** | Vizekönigreich |
| **fragmentar** | zerstückeln |
| **lograr algo** = conseguir *(-i-/gu-g)* algo | etw. erreichen |
| **la consolidación** | Festigung, Verstärkung |
| **limítrofe** | angrenzend |
| ▸ el límite | Grenze |
| **expandir** **E** to expand | erweitern, expandieren |
| **el territorio** **E** territory | Gebiet |
| **dominar algo/a alguien** | etw./jdn beherrschen |
| **el, la liberal** | Liberale(r) |
| **el conservador, la conservadora** | Konservative(r) |
| **dirigir algo** | etw. leiten, führen |
| **el, la terrateniente** | Großgrundbesitzer(in) |
| **acabar con algo** | etw. zunichtemachen |
| **la clase social** | Gesellschaftsschicht |
| **la esclavitud** | Sklaverei |
| ▸ el esclavo, la esclava | Sklave, Sklavin |
| **la dictadura militar** | Militärdiktatur |
| **la tortura** **E** torture | Folter |
| **el secuestro** | Entführung |
| **el asesinato** | Mord |
| ▸ el asesino, la asesina | Mörder(in) |
| **el poder** | Macht |
| **el gobernante** ▸ el gobierno | Regierende(r) |
| **elegir** *(-i-; g-j)* **a alguien** | jdn wählen |
| ▸ la elección | Wahl |
| **el gobierno de izquierda** ≠ gobierno de derecha | Linksregierung |

# ¿Cómo vivir con el pasado?

Mi página, mis ideas

## Tarjetas de vocabulario en línea

Practica el vocabulario con las tarjetas en línea. Puedes elegir el tema que quieres practicar, escuchar las palabras y repetirlas para mejorar tu pronunciación.

## Actividades en línea

Haz las actividades en línea. Así usas el vocabulario en un nuevo contexto, lo memorizas y tienes una corrección inmediata.

## Vídeo de aprendizaje

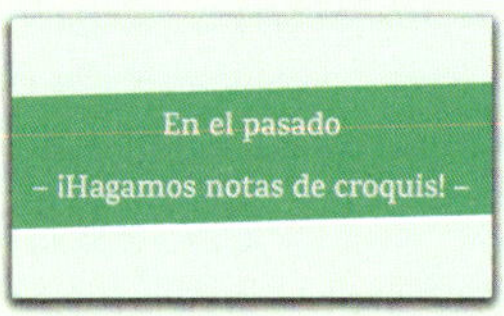


Mira el vídeo para aprender como trabajar con notas de croquis *(Sketchnotes)*.

## ¿Qué sabes sobre el Franquismo en España?

Prepara unas notas de croquis sobre el Franquismo en España. Si no sabes nada sobre el Franquismo, haz una pequeña investigación en internet antes de empezar.

## ¡Analiza!

Analiza el cómic con la ayuda de las preguntas siguientes.

¿Dónde estamos? ¿A quién vemos? ¿Qué hacen las personas en el cómic? ¿Sobre qué tema hablan? ¿Por qué?

¿Por qué el hombre de la izquierda está triste por la muerte de Franco? ¿Qué impresión tienes de este hombre? ¿Por qué?

¿Qué diferencias hay entre el hombre de la izquierda y el hombre de la derecha? ¿Por qué?

## ¡Explica!

Mira el vídeo sobre el mausoleo de Franco y después explica la declaración.

**"El problema no es donde está enterrado Franco. El problema es donde todavía está vivo Franco."**

## ¡Comenta!

¿Qué piensas tú, es mejor dejar la historia en paz y seguir adelante o es fundamental conmemorarla y discutirla?

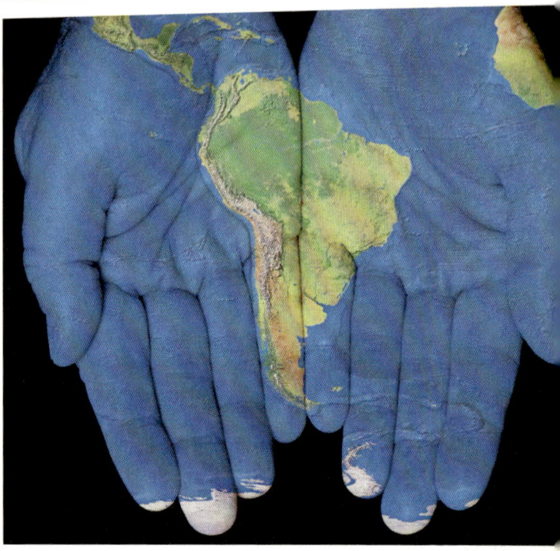

# 3 Hoy en día

# 3.1 El mundo hispanohablante

## La terminología

Los **términos** para hablar del mundo **hispanohablante** son un poco confusos. Lo mejor es aclararlo con la ayuda del Diccionario de la Lengua Española: *https://dle.rae.es*. Estos son los resultados, en parte:

- **América**, **conjunto** de los países del segundo continente más **extenso** del mundo.
- **Latinoamérica**, conjunto de los países americanos cuya lengua y cultura son, sobre todo, **latinas**, como la española, la portuguesa y la francesa.
- **Iberoamérica**, conjunto de los países americanos que **formaron parte de** los **reinos** de España y Portugal.
- **Sudamérica**, conjunto de los países del Sur del continente americano.
- **Hispanoamérica**, conjunto de países donde español es **lengua oficial**.

Queda aún más claro qué término **hace alusión a** qué regiones, mirando un mapa para cada uno de los términos:

INFO

¿Qué lengua hablamos?, ¿español o **castellano**? En el Diccionario de la lengua española ponen lo siguiente:

**español**, m. Lengua **romance** que se habla en España, gran parte de América, Filipinas, Guinea Ecuatorial y otros lugares del mundo. Especialmente cuando se quiere distinguir de alguna otra **lengua vernácula** de España, como el catalán, gallego o vasco.

**castellano**, m. **Variedad** del español que se habla en la parte norte de los territorios del antiguo reino de Castilla.

Según el Diccionario panhispánico de Dudas: *https://www.rae.es/dpd/***español** es más **recomendable** por no ser **ambiguo**, y por su uso internacional: Spanish, espagnol,

| | |
|---|---|
| **el término** | (Fach)Ausdruck, Wort, Begriff |
| ▸ la terminología | Terminologie, Fachwortschatz |
| **hispanohablante** | Spanisch sprechend |
| **el conjunto** | Gesamtheit |
| ▸ junto a (ella/la puerta) | neben, an |
| ▸ junto con (su madre) | mit |
| **extenso, extensa** **E** extensive | weit |
| **latino, latina** **E** latin | lateinisch |
| ▸ el latín | Latein |
| **formar parte de algo** | zu etw. gehören |
| ▸ la parte | Teil |
| **el reino** | (König)Reich |
| ▸ el rey, la reina | König(in) |
| **la lengua oficial** | Amtssprache |
| **hacer alusión a algo** | etw. andeuten, auf etw. anspielen |
| **el castellano** | Spanisch |
| ▸ hablar castellano | Spanisch sprechen |
| **romance** *(adj.)* | romanisch **FF** Romanze (*Liebschaft*); un armorío, una relación |
| **la lengua vernácula** | Amtssprache |
| **la variedad** **E** variety | Varietät, sprachliche Variante |
| **recomendable** **E** to recommend | empfehlenswert |
| **ambiguo, ambigua** **E** ambiguous ≠ claro, clara | zweideutig |

# El español como lengua

10 razones para aprender español

- Hay más de 500 millones **hablantes nativos** en todo el mundo.
- Existen hablantes del español en cinco continentes.
- Es la lengua oficial de 21 países.
- Es la segunda **lengua materna** del mundo por números de hablantes después del **chino**.
- Es el idioma más **popular** en internet.
- Es la segunda lengua más usada en las diferentes plataformas digitales de las **redes sociales** y la tercera en Internet hoy en día.
- 24 millones de alumnos aprenden español como **lengua extranjera**.
- Estados Unidos **cuenta con** 40 millones de hispanohablantes, una multitud de periódicos, varias **cadenas de radio** y televisión con emisiones totalmente en español.
- **Se extiende por** todo el **planeta** y se habla en lugares muy **distantes**; pero mantiene una **uniformidad** en el **idioma culto** y **escrito** que permite la **comprensión** entre todos sus hablantes sin mayor dificultad.
- Es la lengua perfecta para viajar, conocer gente, su cultura, su literatura, su gastronomía, su música y muchísimas otras cosas más.

| | |
|---|---|
| **el hablante nativo, la hablante nativa** | Muttersprachler(in) |
| **la lengua materna** | Muttersprache |
| **el chino** | Chinesisch |
| **popular** *(adj.)* **E** popular | beliebt |
| **las redes sociales** | soziale Netzwerke |
| **la lengua extranjera** | Fremdsprache |
| ▸ el extranjero | Ausland |
| ▸ el extranjero, la extranjera | Ausländer(in) |
| **contar** *(-ue-)* **con algo/alguien** | etw./jdn haben |
| **la cadena de radio** | Radiosender |
| **extenderse** *(-ie-)* **por algo E** to extend | sich über etw. ausbreiten, sich über etw. verbreiten |
| **el planeta** *! (masc.)* | Planet |

Viele spanische Wörter, die auf *-ma* oder *-ta* enden, kommen aus dem Griechischen und sind deshalb männlich, obwohl sie auf *-a* enden: *el problema, el tema, el planeta, el poeta, el trauma, el poema usw.*

| | |
|---|---|
| **distante** *(adv.)* ≠ cerca | entfernt, abgelegen |
| ▸ la distancia | Entfernung, Abstand |
| **la uniformidad** | Einheitlichkeit |
| ▸ uniforme | einheitlich |
| **el idioma culto** | Hochsprache, Standardsprache |
| **el idioma escrito** | Schriftsprache |
| **la comprensión E** comprehension | Verständigung |
| ▸ comprender algo | etw. verstehen |

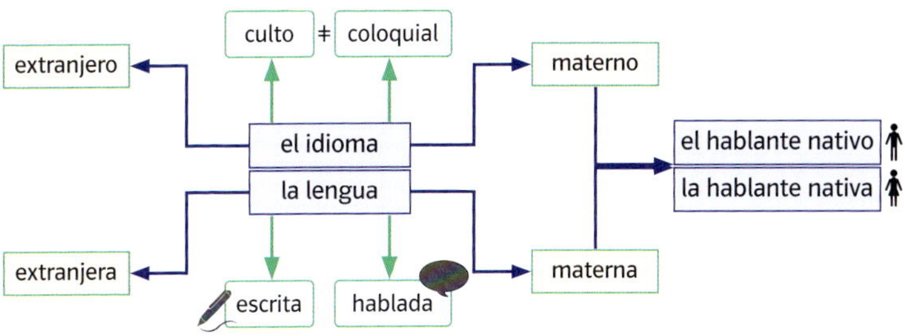

# El bilingüismo

**España, un país plurilingüe** –El español o castellano es la lengua oficial de toda España. Además, actualmente, existen cinco **lenguas cooficiales**: el **catalán**, el **valenciano**, el **aranés**, el **gallego** y el **vasco**. Las cuatro primeras **se derivan**, al igual que el español, **del** latín; el vasco, también llamado euskera, es de origen desconocido. Estas lenguas son oficiales, como el español, en las **Comunidades Autónomas** donde se hablan. En ellas, se ha promovido el **bilingüismo** en las escuelas, en el uso **burocrático** y **cotidiano** desde finales de los años 70. Lo que fue **rotundamente prohibido** durante el **franquismo**.

El catalán es la segunda lengua más hablada en España con casi 10 millones de hablantes en Europa.

**Hispanoamérica, una gran riqueza lingüística** –En la mayoría de países de Hispanoamérica se hablan varias **lenguas indígenas**. Algunas de las más conocidas son: el náhuatl hablado principalmente en México y Guatemala, el quechua, sobre todo en Perú y Bolivia, el aimara en Argentina, Bolivia, Chile, Perú y el guaraní, hablado especialmente en Paraguay.

En varios países de Hispanoamérica el español es la única lengua oficial, pero en otros son dos, tres o más las lenguas oficiales. Así es que en Panamá el español es la única lengua oficial, en Paraguay hay dos lenguas oficiales: el español y el guaraní, en Perú aparece el español como lengua oficial junto al quechua y al aimara. En Bolivia, además del español, el quechua, el guaraní y el aimara, se **reconocen** 34 lenguas indígenas como oficiales.

| | |
|---|---|
| **plurilingüe** *(adj.)* | mehrsprachig |
| **las lenguas cooficiales** | gemeinsame Amtssprachen |
| **el catalán** | Katalanisch |
| **el valenciano** | Valencianisch |
| **el aranés** | Aranesisch |
| **el gallego** | Galizisch |
| **el vasco** = el euskera | Baskisch |

Hallo und herzlich willkommen!
En catalán: Hola i benvingut.
En valenciano: Cálida bienvenida.
En gallego: Ola e benvido.
En vasco: Kaixo. Ongi etorri.

| | |
|---|---|
| **derivarse de algo** | aus etw. hervorgehen, von etw. ableiten |
| **la Comunidad Autónoma** | autonome Region *(entspricht etwa einem Bundesland)* |
| **el bilingüismo** | Zweisprachigkeit, Bilingualismus |
| ▸ bilingüe | zweisprachig |
| **burocrático, burocrática** | bürokratisch |
| **cotidiano, cotidiana** = a diario | (all)täglich |
| **prohibir algo rotundamente** | etw. strikt verbieten |
| **el franquismo** | Franco-Regime *(Diktatur Francos in Spanien von 1936/39 bis 1975)* |

Als Franquismus oder Franco-Regime wird die faschistische Diktatur unter Francisco Franco bezeichnet, die sich nach dem Ende des spanischen Bürgerkriegs 1939 etablierte und bis 1977 andauerte. Erst nach dem Tod des spanischen Diktators 1975 konnte die spanische Bevölkerung wieder eine Regierung wählen. Diesen Zeitraum nennt man *transición*.
Mehr Informationen finden Sie in Kap. 2.1 *El Franquismo en España S. 58.*

| | |
|---|---|
| **la riqueza** ≠ la pobreza | Reichtum |
| ▸ rico, rica | reich |
| **la lengua indígena** | indigene Sprache |
| ▸ el/la indígena | der Ureinwohner, die Ureinwohnerin |
| **reconocer algo** *(-zco)* | etw. anerkennen |

# 3.2 Política en España

## España, una monarquía parlamentaria

Buenas tardes, hoy tenemos con nosotros a Ramón Fernández profesor de Secundaria en el Instituto madrileño "La Pedriza". Nos va a explicar de forma sencilla la estructura política del gobierno español.

–¿Señor Fernández, qué es realmente una **monarquía parlamentaria**?

–Buenas tardes y gracias por la invitación. Pues simplemente significa que existe una monarquía, con un rey o una reina, pero con funciones simbólicas. El **poder** lo tiene el parlamento y el **gobierno** del país.

–Es decir, la **soberanía** nacional **reside en** el pueblo español ya que los **ciudadanos** eligen a sus **representantes** a través de su voto en **elecciones**… ¿o me equivoco?

–¡Así es! Y todo gracias a la **Constitución** de 1978 que **fija** la estructura del Estado español actual.

–Pero, ¿por qué es tan importante la Constitución incluso hoy en día?

–Este "pequeño" libro **proclama** que España es un **Estado social y democrático de derecho**. No hay que olvidar que España vivió casi cuarenta años bajo una **dictadura**…

–Por ejemplo, el pluralismo político o la **libertad de expresión** eran derechos y libertades de los ciudadanos que por fin eran **defendidos**…

–Efectivamente. También una novedad era la **separación de los** tres **poderes** (**legislativo**, **ejecutivo** y **judicial**) al igual que la **división territorial** en **Comunidades Autónomas** (**CC. AA.**).

–Parece increíble. Antes de la Constitución el país no estaba dividido como ahora. Pero, ¿quién **se encarga de** interpretar y defender el **cumplimiento**?

–El **Tribunal Constitucional.** Sin este **órgano (constitucional)** a veces sería difícil **aplicar** esta norma básica y fundamental.

–Y como España es una **democracia**, los españoles **elegimos** a nuestros representantes cada 4 años en las elecciones.

–Sí. Solo si se es español y mayor de 18 años inscrito en el **censo electoral** tiene **derecho a voto** tanto en las elecciones legislativas (nacional), autonómicas o **municipales**.

–Muchas gracias, señor Fernández. ¡Ahora sí que lo tengo claro!

| | |
|---|---|
| **la monarquía parlamentaria** | parlamentarische Monarchie |
| **el poder** | Macht |
| **el gobierno** | Regierung |
| **la soberanía** | Souveränität |
| **residir en algo** | bei etw. liegen |
| **el ciudadano, la ciudadana** | Bürger(in) |
| ▸ la ciudadanía | Bürgerschaft |
| **el, la representante** | Stellvertreter(in) |
| **las elecciones** *(pl.)* | Wahl |
| ▸ elegir *(e-i)* | etw./jdn wählen |
| **la Constitución** **E** constitution | Verfassung |
| **!** la constitución | *Gründung, Bildung, Konstitution* |
| **fijar algo** | etw. vorgeben |
| **proclamar algo** | etw. bekannt geben |
| **el Estado Social y democrático de derecho** | Sozialstaat |
| **la dictadura** | Diktatur |
| **la libertad de expresión** | Meinungsfreiheit |
| **defender** *(-ie-)* **algo** | etw. verteidigen |
| ▸ la defensa | Verteidigung |
| **la separación de los poderes** | Gewaltenteilung |
| **legislativo** | Legislative |
| **ejecutivo** | Executive |
| **judicial** | Judikative |
| **la división** | Aufteilung |
| ▸ dividir algo | etw. teilen |
| **territorial** | Gebiets- |
| **la Comunidad Autónoma (CC.AA.)** | Autonome Region |
| **encargarse de algo** | sich um etw. kümmern |
| **el cumplimiento** | Erfüllung der Anforderungen |
| **el Tribunal Constitucional** | Verfassungsgericht |
| **el órgano (constitucional)** | (Verfassungs-)Organ |
| **aplicar** *(c-qu)* | anwenden |
| **la democracia** | Demokratie |
| **elegir** *(e-i-j)* | etw./jdn wählen |
| **el censo electoral** | Wählerliste |
| **el derecho a voto** | Stimmrecht |
| **municipal** | Gemeinde- |

## El papel de la Corona

19 de junio

Felipe VI celebra hoy un año más como **Jefe del Estado**. Después de estos años se valora en él la función **moderadora** en el funcionamiento de las instituciones del Estado que ha tenido que **ejercer**. Además de representar a España en el mundo. Entre sus competencias está también la **transmisión** formal de las propuestas: del presidente del Gobierno, del presidente del **Congreso de los Diputados** y de los Ministros.

El apoyo a la democracia de la monarquía ya quedó claro en 1981 cuando su padre, Juan Carlos I, **abortó** el **golpe de Estado** y con Felipe continúa.

## El poder legislativo: Las Cortes

Día de las puertas abiertas para estudiantes de Secundaria para conocer el sistema parlamentario español, es decir, las Cortes Generales a partir de la visita a sus dos cámaras: el Congreso de los Diputados y el Senado.

Los jóvenes que vayan al Palacio de las Cortes en la capital, verán cómo los 350 diputados del Congreso **debaten** leyes. Esta cámara tiene tanto poder que puede incluso investir un presidente de gobierno o hacerle una **moción de censura** que provoque su **dimisión**.

Paralelamente, el Palacio del Senado abrirá sus puertas a los alumnos de diversos institutos que podrán ver a 256 senadores (208 elegidos por **sufragio universal** y 48 elegidos por las **asambleas** legislativas de las CC. AA.) en acción. Estos representantes **territoriales** deben cuidar de los intereses autonómicos. Además, tienen el **derecho a veto** o **modificar** las leyes que examina el Congreso.

## Un puzle de partidos políticos

Ya queda poco para las elecciones generales. La diversidad de partidos políticos es una realidad en la España de hoy. Atrás queda el **bipartidismo** de antaño en el que dos partidos (el Partido Popular (PP) y el Partido Socialista Obrero Español (PSOE) eran casi las únicas **fuerzas políticas**. Y es que hay partidos para todos los gustos. Los españoles con **ideología de izquierda** están representados por una **coalición** de partidos de similar ideología, Unidas Podemos (UP) y si por contrario es un partido nacionalista de **ideología de derechas** lo que se busca, Vox le representará. Pero también los partidos autonómicos tienen algo que decir en las Cortes Generales como el partido catalán, Convergencia y Unión (CiU). ¿Quién o quiénes gobernarán España? ¡Pronto sabremos!

| | |
|---|---|
| **la Corona** | Krone |
| **el, la Jefe del Estado** | Staatschef(in) |
| **moderador, moderadora** | mäßigend |
| **ejercer algo** | etw. ausüben |
| **la transmisión** | etw. übermitteln |
| ▸ transmitir una propuesta | Vorschlag unterbreiten |
| ▸ transmitir una queja | Beschwerde vorbringen |
| **el Congreso de los diputados** | Abgeordnetenkammer |
| **abortar algo** = hacer fracasar algo | etw. vereiteln |
| **el golpe de Estado** | Putschversuch |
| **debatir algo E** to debate sth | etw. besprechen |
| ▸ el debate | Verhandlung |
| **la moción de censura** | Misstrauensantrag |
| ▸ censurar a alguien | jdn beurteilen |
| **la dimisión** | Rücktritt |
| ▸ dimitir | zurücktreten |
| **el sufragio universal** | allgemeines Wahlrecht |
| **la asamblea** | Versammlung |
| ▸ convocar *(c-qu)* una asamblea | Versammlung einberufen |
| **territorial** | Staatsgebiet, regional |
| **el derecho a veto** | Vetorecht |
| ▸ tener derecho a veto | Vetorecht haben |
| **modificar** = cambiar | ändern. |
| **el bipartidismo** | Zweiparteiensystem |
| **la fuerza política** | politische Kraft |
| **la ideología de izquierda/de derechas** | linke/rechte Ideologie |
| **la coalición** | Koalition |

**Aprender vocabulario puede ser divertido**
Para aprender un nuevo vocabulario sobre un tema menos interesante para ti haz que sea divertido. ¡Con imaginación es posible!
Por ejemplo:
Puedes hacer una rima con las nuevas palabras: «el sufragio universal también puede ser territorial.»
O una canción con la música de tu cantante favorito: Los políticos van a debatir en el congreso de los diputados si hay coalición o dimite el presidente.
¿Se te ocurren otras ideas?

# El poder ejecutivo: El Gobierno

## Artículo de opinión

*Palacio de la Moncloa en Madrid*

Los españoles decidimos democráticamente en las urnas a quienes nos representan en el gobierno. Pero, ¿quiénes lo forman? Pues el **Presidente**, los **Vicepresidentes** y los Ministros. Entre todos organizan y dirigen al país, toman decisiones a partir de un programa de gobierno elegido por los **grupos parlamentarios**.

Pero como la confianza es buena pero el control para el buen uso y no el abuso es, desde mi punto de vista mejor, me parecen fundamentales las figuras del **Defensor del Pueblo** y del **Tribunal de Cuentas**. Estas dos instituciones controlan al Gobierno en el **ejercicio** de sus funciones. Yo así puedo dormir más tranquilo.

## El poder judicial

Hace poco tuve que participar en un **juicio** y me di cuenta de lo poco que conozco el sistema judicial español.

Conozco de las película policiacas cómo la policía **defiende al** pueblo de los crímenes **investigando**, **interrogando a** los **presuntos** criminales cuando se ha cometido un **delito.**

Todo el mundo **tiene derecho a** un juicio justo y por eso, los **acusados** tienen derecho a la **defensa** de un **abogado** aunque no tengan recursos económicos. En este caso se les **asigna** un **abogado de oficio** que defiende los intereses de su cliente ante el juez y el **fiscal.**

Lo que yo no sabía es que hay tres tribunales diferentes dependiendo del tipo de delito que se **cometa**: **penales**, **civiles** o la **Audiencia Nacional**. En mi caso, denunciamos a un vecino que hacía mucho ruido por la vía penal y el juez dictó **sentencia**: pago de una **multa**.

No todo es como en las películas donde el juez **dicta una orden de arresto**, fija una **fianza** o exige **prisión preventiva** para evitar su **fuga**. Por desgracia, nuestro vecino sigue viviendo en el mismo sitio y escuchando música hasta muy tarde.

A pesar de todo una experiencia muy… interesante.

| | |
|---|---|
| **el presidente, la presidenta** | Vorsitzende, Vorsitzender |
| **el vicepresidente, la vicepresidenta** | stellvertretender Vorsitzender, strellvertretende Vorsitzende |
| **el grupo parlamentario** | Fraktion |
| **el Defensor del Pueblo** | Ombudsmann |
| **el Tribunal de Cuentas** | Rechnungshof |
| **el ejercicio** | Ausübung |
| ▸ ejercer algo | etw. ausüben |
| **el juicio** | Prozess |
| **defender algo/a alguien** | etw./jdn verteidigen |
| **investigar algo** | etw. untersuchen |
| **interrogar** *(g-gu)* **a alguien** | jdn befragen |
| ▸ el interrogatorio | Befragung |
| **presunto, presunta** | angebliche (-r, -s) |
| **el delito** | Verbrechen |
| **tener derecho a** | berechtigt sein |
| **el acusado, la acusada** | Angeklagter, Angeklagte |
| **la defensa** | Verteidigung |
| **el abogado, la abogada** | Anwalt, Anwältin |
| **asignar** | zuweisen. |
| **el abogado de oficio, la abogada de oficio** | Pflichtverteidiger(in) |
| **el, la fiscal** | Staatsanwalt, Staatsanwältin |
| **cometer un delito** | Verbrechen begehen |
| **penal** | strafbar |
| **civil** | zivil |
| **la Audiencia Nacional** | *Obergericht für zentrale Fragen* |
| **la sentencia** | Urteil |
| **la multa** | Geldstrafe |
| **dictar una orden de arresto** | Haftbefehl erlassen |
| ▸ dar una orden de arresto | jdm einen Befehl erteilen |
| **la orden ¡** *(pl.)* **las órdenes** | Befehl |
| ! el orden | *Ordnung* |
| **la fianza** | Kaution |
| ▸ fijar una fianza | eine Kaution festlegen |
| **la prisión preventiva** | Untersuchungshaft |
| **la fuga** | Flucht |
| ▸ fugarse *(g-gu)* | fliehen, flüchten |

## Las instituciones de España

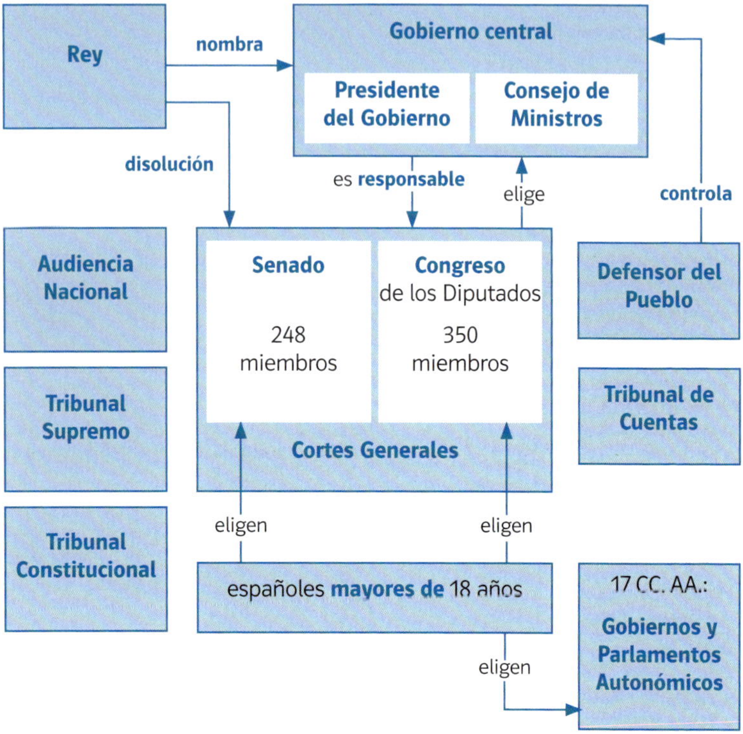

| | |
|---|---|
| **el rey, la reina** | König, Königin |
| **nombrar a alguien** | jdn ernennen |
| ▸ el nombramiento | Ernennung |
| **el Gobierno central** | Bundesregierung |
| **el/la Presidente del Gobierno** | Präsident(in) |
| **el Consejo de Ministros** | Ministerrat |
| **la disolución** | Auflösung |
| **controlar algo** | etw. kontrollieren |
| **ser responsable de** | verantwortlich sein für |
| **elegir** *(e-i)* | wählen |
| **la Audiciencia Nacional** | Obergericht für zentrale Fragen |
| **la Tribunal Supremo** | Oberster Gerichtshof |
| **el Tibunal Constitucional** | Verfassungsgericht |
| **el Senado** | Senat |
| **el Congreso** | Kongress |
| **las Cortes Generales** | spanisches Parlament |
| **mayor de** ≠ menor de | älter als |
| ▸ la mayoría de edad | Volljährigkeit |
| **el Defensor del Pueblo** | Ombudsmann |
| **el Tribunal de Cuentas** | Rechnungshof |
| **Gobiernos y Parlamentos autonómicos** | Regierungen und Parlamente der Autonomen Gemeinschaften |

**Cortes Generales**

Funciones:
Elaborar leyes
Aprobar presupuestos
Controlar al gobierno
Elegir al presidente

**Defensor del Pueblo**

Funciones:
Defender los derechos y las libertades públicas de los ciudadanos
Supervisa la actividad de las administraciones públicas españolas

**Tribunal de Justicia**

| Tribunal Supremo | Tribunal Constitucional |
|---|---|

Formado por:
Jueces y magistrados

Funciones :
Hacer cumplir las leyes
Juzgar a quienes no las cumplen
Tribunales más importantes :
Tribunal Supremo
Tribunal Constitucional

**Gobierno**

Formado por:
El presidente y los ministros

Función:
Dirigir el Estado (gobernar)
Ejecutar las leyes aprobadas
Las relaciones internacionales

# La división territorial española

## Las Comunidades Autónomas

Hoy seis de diciembre celebramos de nuevo el día de la Constitución española, desde su **aprobación** en 1978. Un día **declarado** fiesta nacional en todas las comunidades autónomas. **Pero...**

**¿por qué?**

Porque entre otras cosas a partir de la constitución se inició un proceso de **descentralización** política y **administrativa** llevando a dividir España en 17 Comunidades Autónomas y dos **Ciudades Autónomas**: Ceuta y Melilla.

**¿qué significó la división para la organización de las CC. AA.?**

Cada una de las CC. AA. tiene identidad y autonomía política. Es decir, **dispone** de un **Estatuto de Autonomía**, su propio gobierno y competencias propias, algunas las comparten con la **administración** autonómica y central. Pero en definitiva tiene una estructura similar al gobierno central (Parlamento autonómico con poder legislativo en las competencias exclusivas de la CCAA y Gobierno Autonómico con poder ejecutivo que está formado por el Presidente autonómico y los **Consejeros**)

|  |  |
|---|---|
| **la aprobación** | Zulassung |
| **declarar algo** | zu etw. erklären |
| **la descentralización** | Dezentralisierung |
| **administrativo, administrativa** | verwaltungstechnisch |
| **la Ciudad Autónoma** | autonome Stadt |
| **disponer de algo** = tener, contar con | etw. haben |
| **el Estatuto de Autonomía** | Autonomiestatut |
| **la administración** **E** administration | Verwaltung |
| **el Consejero, la Consejera** | Ratsmitglied |

Lerntipp:

Haz uno o varios mapas mentales con todas las palabras que has aprendido hasta ahora. Elige la primera palabra, da igual cual. Por ejemplo: la administración y hazla crecer con familias de palabras, profesiones, instituciones…

### ¿son todas las CC. AA. iguales?

No. Las CC. AA. se dividen en provincias y **municipios**. Algunas son comunidades **uniprovinciales**, como, por ejemplo, Madrid, Murcia y La Rioja. Las CC. AA. con varias provincias tienen instituciones de Gobierno independientes: son las **Diputaciones Provinciales**; en las Islas Canarias se llaman los **Cabildos** y en las Islas Baleares, los **Consejos Insulares**. Dentro de las provincias hay municipios que tienen sus **órganos de Gobierno** en los **ayuntamientos**. Estos órganos son elegidos por sufragio universal cada cuatro años y están presididos por el **alcalde** y por los **concejales**.

### ¿existen también diferencias entre el gobierno central y las comunidades? ¿por ejemplo en la seguridad ciudadana?

También hay diferencias. Las **Fuerzas y Cuerpos de Seguridad del Estado** están formados a nivel nacional por el **Cuerpo Nacional de Policía** (CNP) y la **Guardia Civil** que dependen del Gobierno central. A nivel autonómico existen los Mossos d'Esquadra en Cataluña, la Ertzaina en el País Vasco y la Policía Foral de Navarra que dependen de las Comunidades Autónomas además de las **policías locales**.

| | |
|---|---|
| **el municipio** | Gemeinde |
| **uniprovincial** | mit einer Provinz |
| **la Diputación Provincial** | Provinzialrat |
| **el Cabildo** | *Provinzialrat auf den Kanaren* |
| **el Consejo Insular** | *Provinzialrat auf den Balearen* |
| **el órgano de Gobierno** | Regierungsbehörde, -stelle |
| **el ayuntamiento** | Gemeinderat, Stadtrat; Rathaus |
| **el alcalde, la alcaldesa** | Bürgermeister(in) |
| **el concejal, la concejala** | Stadtrat, Stadträtin |
| **las Fuerzas y Cuerpos de Seguridad del Estado** | staatliche Sicherheitskräfte und Polizei |
| **el Cuerpo Nacional de Policía** | staatliche Polizei *(dem Innenministerium unterstellt)* |
| **la Guardia Civil** | Guardia Civil *(kasernierte Polizei)* |
| **la policía local** | örtliche Polizei |

# El terrorismo en España

Los españoles dan su **testimonio** sobre cómo vivieron el **terrorismo**.

**El nacionalismo y su versión radical: ETA**

La España actual con sus Comunidades Autónomas fue en parte gracias a los **movimientos nacionalistas** de Cataluña, País Vasco y Galicia que **resurgieron** con fuerza en el siglo XIX.

Pero no todas las **formaciones políticas** o sociales estaban de acuerdo con el **régimen** de **autonomía** que habían conseguido. En el País Vasco, ETA, la **organización independentista** vasca (Euskadi ta Askatasuna – El País Vasco y Libertad) nacida en los años 60, utilizó la **lucha armada** para conseguir una nación vasca independiente y luchar contra la dictadura franquista. Buscaba crear una nación vasca formada el actual País Vasco español, Navarra y el País Vasco francés.

ETA **perpetró atentados** contra las **Fuerzas Armadas**, concejales de partidos no nacionalistas del PP o PSOE, así como personajes del mundo de la cultura: profesores de universidad, **artistas**, **periodistas** y **jueces**. Uno de ellos mi padre.

Viví el proceso de la banda terrorista desde su creación hasta el **desarme** tras la **tregua** permanente anunciado en enero del 2011. Tres **encapuchados** grabaron un video en el que se **anunció** un **alto al fuego** permanente, general y **verificable**. Vivir sin miedo, pero 850 personas perdieron la vida en **atentados** terroristas.

Sus familias seguimos llorándolas.

*Angel Gutierrez, 83 años*

| | |
|---|---|
| **el testimonio** | Zeugenaussage |
| **el terrorismo** | Terrorismus |
| **el nacionalismo** | Nationalismus |
| **el movimiento nacionalista** | nationalistische Bewegung |
| **resurgir** *(g-j)* | wiederaufleben, wieder auftauchen |
| **la formación política** | politische Zusammensetzung |
| **el régimen** (*Pl.* **los regímenes)** | Regierungsform, Regierungssystem |
| **la organización independentista** | Unabhängigkeitsorganisation |
| **la lucha** = la batalla | Kampf |
| ▸ luchar por algo | für etw. kämpfen |
| **armado, armada** | bewaffnet |
| **!** el arma *(f)* | *Waffe* |
| **perpetrar un atentado** = cometer un atentado | Attentat verüben |
| **las Fuerzas Armadas** | Streitkräfte |
| **el, la artista** **E** artist | Künstler(in) |
| ▸ el arte | Kunst |
| **el, la periodista** | Journalist(in) |
| **el juez, la jueza** | Richter(in) |
| **el desarme** | Entwaffnung |
| **la tregua** | Waffenstillstand, Ruhepause |
| ▸ decretar una tregua | Waffenstillstand anordnen |
| **el encapuchado, la encapuchada** | Vermummte(r) |
| **anunciar algo** **E** to announce sth | etw. ankündigen |
| **el alto el fuego** | Waffenstillstand, Feuerpause |
| **verificable** | überprüfbar, verifizierbar |
| ▸ ser verificable | nachprüfbar sein |
| **el atentado** | Attentat |

## El terrorismo **islamista** en España

La existencia de grupos terroristas islamistas en España era una realidad. Ya en 1985 **se produjo** un atentado contra el restaurante madrileño El Descanso. En este restaurante solían comer **militares** estadounidenses. En el atentado murieron 18 personas y más de 100 **resultaron heridas**. En la década de los 90 se establecieron los primeros grupos islamistas radicales en España; estos grupos, principalmente **de origen argelino** o **sirio**, **captaban miembros** entre los **inmigrantes**.

Pero el 11 de septiembre de 2001 hubo un atentado en los EE.UU que supuso antes y un después del control antiterrorista puesto que se incrementaron las **medidas** antiterroristas en todo el mundo y se **bloquearon** todas sus **cuentas corrientes** para cortar su financiación. Todos nos quedamos en silencio ante el televisor. Este día el mundo **se detuvo**.

*Juan Mariñas, 59 años*

## 11M

Ese 11 de marzo de 2004 yo iba en uno de los cuatro trenes que **explotaron**. Iba con mi madre al médico y lo que menos esperábamos era vivir los peores momentos de nuestras vidas. Durante 4 minutos **ocurrieron** 10 explosiones casi simultáneas en cuatro trenes madrileños. Nosotras tuvimos suerte y sobrevivimos

Más tarde **me enteré** que la policía había **detonado** de forma controlada, dos bombas más que no habían **estallado** y otro **artefacto** con el pudieron **descubrir** a los miembros del comando terrorista islamista en Leganés, Madrid. Los terroristas hicieron **estallar** el piso el que se habían **atrincherado** con ellos dentro.

Lo que también recuerdo fue la cantidad de gente que **acudió** a **donar sangre** en los **servicios sanitarios** completando en pocas horas los **bancos de sangre** de todos los hospitales. La gente salió a **manifestarse** a la calle en todas las ciudades…

Nadie podía imaginarse que las «Brigadas de Abu Hafs Al-Masri Al-Qaida» eran los responsables de la masacre. Todos miraban a ETA que **desmintió ser la autora** del atentado. Al Qaida **revindicó** su acción en un e-mail a un diario árabe. Las razones eran que España había **participado** en la **ocupación** de Irak. Aunque la participación de España en la guerra de Irak había **provocado el rechazo** de la mayoría del pueblo español. Aún hoy tengo miedo de viajar en tren.

*Alicia Hernández, 27 años*

| | |
|---|---|
| **islamista !** *(masc. + fem.)* | islamistisch |
| **producirse** *(-zco)* | erfolgen |
| **el, la militar** | Soldat(in) |
| **resultar herido/herida** | verletzt werden |
| ▸ herir *(e-i)* | verletzen |
| **de origen** | Herkunft |
| **argelino, argelina** | algerisch |
| **sirio, siria** | syrisch |
| **captar a alguien** | jdn für sich gewinnen |
| **el, la miembro** | Mitglied |
| **el, la inmigrante** | Einwanderer, Einwanderin |

| | |
|---|---|
| **la medida** | Maßnahme |
| **bloquear algo** | etw. sperren |
| **la cuenta corriente** | Bankkonto |
| **detenerse** | innehalten |
| ▸ detener algo, detener a alguien | jdn/etw. von etw. abhalten |

| | |
|---|---|
| **explotar** | explodieren |
| **ocurrir** = suceder, pasar | geschehen |

| | |
|---|---|
| **enterarse** | berichten |
| **detonar algo** | etw. detonieren lassen, sprengen |
| **estallar** | explodieren |
| ▸ hacer estallar | sprengen |
| **el artefacto** = bomba | Sprengkörper |
| **descubrir E** discover | entdecken |
| **estallar** | explodieren |
| **atrincherarse en algún lugar** | sich irgendwo verschanzen |

| | |
|---|---|
| **acudir** = ir a un lugar | zu einem Ort hingehen |
| **donar sangre** | Blut spenden |
| **los servicios sanitarios** | Sanitätsdienst |
| **el banco de sangre** | Blutbank |
| **manifestarse** | demonstrieren |
| ▸ la manifestación | Demonstration **FF** la demostración; Beweis |

| | |
|---|---|
| **desmentir** *(e-i)* | widerlegen |
| **ser el autor, la autora de algo** | Täter von etw. sein |
| **reivindicar algo** | sich zu etw. bekennen |
| **participar** | Beteiligung |
| ▸ la participación | an etw. teilnehmen |
| **la ocupación** | Besatzung |
| **!** la ocupación | *Beruf* |
| **provocar** *(c-qu)* **el rechazo** | Ablehnung verursachen |

# 3.3 La diversidad política en Hispanoamérica

## Formas de gobierno en Hispanoamérica

Como las naciones de Hispanoamérica han pasado por muchas crisis, **formas de gobierno** y **cambios políticos** que no siempre han representado la **voluntad popular**, ha habido **líderes** de las revoluciones de las **clases medias**, trabajadores y campesinos que han defendido diferentes ideologías (**populismo**, nacionalismo, socialismo...). En busca de un cambio ha habido dos **olas** de **gobiernos de izquierda** en la región. La primera fue entre 2000 y 2011, comenzando con Hugo Chávez en Venezuela.

Aunque hoy en día la mayor parte de los países hispanohablantes viven en democracia, solo el 1,3 % vive en una democracia completa. Estos son Costa Rica y Uruguay. El resto vive en una democracia **defectuosa**. La república es la forma de gobierno más **común**. Cuba tiene una **República Socialista Unitaria** lo que **significa** que su **objetivo** es el socialismo.

Actualmente, como podemos observar en el mapa que está a la derecha, la nueva ola de gobiernos de izquierda **va en aumento**. Desde 2018 América Latina ha elegido líderes políticos de izquierda por razones que podrían ser la pandemia que llevó a mayores **problemas económicos** y lo que a su vez **aumentó** aún más la **desigualdad social**.

Al ver el mapa hay **tener en cuenta** que tres de los países dicen ser de izquierda, pero no son democráticos. Estos son: Venezuela, Cuba y Nicaragua. En 2022 **suben al poder** otros tres candidatos de izquierda en Chile, en Honduras y el más nuevo de todos y el **único** en su país es Gustavo Petro en Colombia.

| | |
|---|---|
| **la forma de gobierno** | Regierungsform |
| ▸ gobernar *(-ie)* | regieren |
| ▸ el gobernador, la gobernadora | Gouverneur(in) |
| **el cambio** | Wechsel |
| **político, política** | politisch |
| **la voluntad popular** | Volkswille |
| **el/la líder** | Führer(in), Führung |
| ▸ los/las líderes | Führer(innen) |
| **la clase media** | Mittelklasse |
| **el populismo** | Populismus *(Politik, die die Gunst der Massen zu gewinnen sucht)* |
| ▸ popular | populär, beliebt |
| **la ola** | Welle |
| **el gobierno de izquierda** | linke Regierung |
| **defectuoso, defectuosa** | fehlerhaft, schadhaft |
| **común** | gewöhnlich, üblich |
| **la República Socialista Unitaria** | Einheitliche Sozialistische Republik |
| **significar algo** | etw. bedeuten |
| **el objetivo** | Ziel |
| **ir en aumento** | wachsen |
| **los problemas económicos** | finanzielle/wirtschaftliche Schwierigkeiten |
| **aumentar** = crecer (-zco) | zunehmen, wachsen |
| **la desigualdad social** | gesellschaftliche Ungleichheit |
| **tener en cuenta** | bedenken, beachten |
| **subir al poder** | Machtübernahme, an die Macht kommen |
| **único, única** | einzige (-r, -s) |

# Un vistazo a la historia política de Chile

### Machuca (2004)

Salvador Allende fue **elegido** como presidente democrático en 1970. Durante su gobierno socialista comunista hubo una **reforma agraria** que **acabó con** los **latifundios**, **nacionalizó** 91 industrias y llevó a cabo **reformas sanitarias**, **educativas** y sociales.

La película Machuca tiene lugar en 1973. Dos chicos, Gonzalo de familia **burguesa** y Pedro de familia **humilde**, se encuentran en un **prestigioso** colegio. Gonzalo porque tiene el dinero y Pedro por las reformas de Allende. Ellos están unidos por una gran amistad hasta el **golpe de Estado** de Pinochet cuando Allende muere. El final de la película es cuando los militares llegan al barrio ilegal de Pedro y **matan** o **detienen** a sus habitantes.

### Allende en su laberinto (2014)

La película *El Laberinto de Allende* **echa un vistazo a** lo que **sucedió** dentro del Palacio de la Moneda, en Santiago de Chile, el 11 de septiembre de 1973 cuando Allende fue **derrocado** con el golpe de Estado del general Augusto Pinochet. Vivimos las últimas horas en la vida del presidente Salvador Allende quien se negó a **dimitir**, no se dejó **asesinar** y prefirió **suicidarse** dejando una **grabación** de **despedida**.

Entonces, el ejército **asumió el Gobierno**. Este es el comienzo del **régimen militar dictatorial** apoyado por la CIA, **compañías multinacionales**, la oligarquía y las **clases medias** chilenas. Pinochet logró aumentar el **crecimiento económico**, pero al mismo tiempo, **tuvo el control del** país y de los medios de comunicación. Hubo una fuerte **represión** política que terminó con miles de **detenidos desaparecidos**, asesinados, **torturados** y **exiliados**.

| | |
|---|---|
| **elegido, elegida** | gewählt |
| ▸ elegir *(-i-, g-j)* | wählen |
| **la reforma agraria** | Bodenreform |
| **acabar con algo** | etw. zunichtemachen/jdn fertigmachen |
| **el latifundio** | Großgrundbesitz |
| **nacionalizar** *(z-c)* **algo** | etw. verstaatlichen |
| **la reforma sanitaria** | Gesundheitsreform |
| **la reforma educativa** | Ausbildungsreform |
| **burgués, burquesa** | bürgerlich |
| **humilde** | bescheiden, einfach |
| **prestigioso, prestigiosa** | renommiert |
| **el golpe de Estado** | Staatsstreich |
| dar un golpe de Estado | Staatsstreich durchführen |
| **matar a alguien** | jdn töten, umbringen |
| **detener a alguien** *(≈ tener)* | jdn festnehmen |
| **echar un vistazo a** | einen Blick auf etw. werfen |
| **suceder** | geschehen |
| **derrocar** *(c-qu)* **a alguien** | jdn stürzen |
| **dimitir** | zurücktreten |
| **asesinar a alguien** | jdn. ermorden |
| **suicidarse** | sich das Leben nehmen |
| **la grabación** | Tonaufnahme |
| **la despedida** | Abschied |
| **asumir algo** | etw. übernehmen |
| **asumir el Gobierno** | Regierung übernehmen |
| **el régimen militar dictatorial** | autoritäres Militärregime |
| **la compañía multinacional** | internationales Unternehmen |
| **la clase media** | Mittelschicht |
| **el crecimiento económico** | Wirtschaftswachstum |
| **tener el control de algo** | die Kontrolle über etwas haben |
| **la represión E** repression | Unterdrückung |
| **el detenido, la detenida** | Verhaftete(r) |
| ▸ detener a alguien | verhaften, festnehmen |
| **el desaparecido, la desaparecida** | Vermisste(r) |
| desaparecer *(-zco)* | verschwinden |
| **el torturado, la torturada** | Folteropfer |
| **el exiliado, la exiliada** | Exilant(in), im Exil lebend |

**La película *¡NO!* (2012)**

Desde 1980 hasta el 2022 **rigió** en Chile la misma **constitución** que se **creó** durante la dictadura de Pinochet. El **plebiscito** nacional de 1988 fue un referéndum en el que se decidía si Pinochet seguía en el poder hasta 1997 o "No". La película NO –con Gabriel García Bernal como protagonista– narra la historia del plebiscito de 1988 que **puso fin a** la dictadura militarista de Pinochet. La película **se enfoca** en la campaña por el "No", es decir, por el cambio, por la democracia y por hacer que los chilenos **vencieran** el miedo causado por todo lo que **sufrieron** durante 15 años. El "No" **ganó** con un 54%. El mensaje positivo fue: "Chile, la alegría ya viene."

## La transición a la democracia

**¿Qué es la transición a la democracia?**

Es el momento en que en Chile se **restablece** el gobierno democrático después de la dictadura militar de Augusto Pinochet.

- **¿Cuándo y cómo comenzó esa dictadura?**

En 1973 con un golpe de Estado que **derrocó** a Salvador Allende.

- **¿Qué es un plebiscito?**

Es una **consulta** ciudadana, la gente tiene la oportunidad de decidir. Pinochet **elaboró** una Constitución Política en 1980 en la que **establece** convocar en 1988 un plebiscito para decidir si seguía en el poder o no.

- **¿Qué decidieron los chilenos?**

El 5 de octubre los chilenos dijeron "No" al régimen de Pinochet.

- **Año de las primeras elecciones democráticas en Chile**

En 1989 Patricio Aylwin fue elegido presidente de Chile **por mayoría.**

- **Reformas del proceso de transición a la democracia**

Se **llevan a cabo** reformas económicas para reducir la pobreza. Se pone fin al régimen autoritario, se investigan y juzgan las **violaciones de los derechos humanos cometidas** durante el **régimen dictatorial.**

- **¿Qué papel juega Gabriel Boric?**

Boric empezó representando el **movimiento estudiantil** en 2010 y hoy no solo es el presidente más joven de Chile, sino también el más votado de la historia.

| | |
|---|---|
| **regir** *(-i-, g-j)* | regieren |
| **la constitución** | Konstitution |
| **crear algo** **E** to create sth | erschaffen |
| **el plebiscito** | Volksbefragung |
| **poner fin a algo** | einer Sache ein Ende setzen |
| **enfocarse en algo** | sich auf etw. fokussieren |
| ▸ el enfoque | Fokus |
| **vencer** *(c-z)* | besiegen |
| **sufrir** **E** to suffer | leiden |
| **ganar** | gewinnen |
| **la transición** | Übergang |
| **restablecer** *(-zco)* **algo** | etw. wiederherstellen |
| ▸ el restablecimiento | Wiederherstellung |
| **derrocar** *(c-qu)* **a alguien** | jdn stürzen |
| **la consulta** | Befragung |
| **elaborar algo** | etw. herstellen |
| **establecer** *(-zco)* **algo** | etw. festlegen, festsetzen |
| **por mayoría** ≠ la minoría | mehrheitlich |
| **el proceso de transición** | Übergang zur Demokratie |
| **llevar algo a cabo** | etw. durchführen |
| **la violación de los derechos humanos** | Menschenrechtsverletzung |
| **cometer** *(≈ meter)* | begehen |
| ▸ cometer un crimen | Verbrechen begehen |
| **el régimen dictatorial** | didaktorisches Regime |
| **el movimiento estudiantil** | Studentenbewegung |
| ▸ mover *(-ue-)* algo | etw. bewegen |
| **estudiantil** | Studenten-, studentisch |
| ▸ el, la estudiante | Student(in) |

# La República Argentina

## Juan Domingo Perón (1895–1974)

Uno de los presidentes argentinos más **emblemáticos** por ser la **única** persona que fue elegida tres veces presidente de Argentina y porque, además, fue el primero en ser elegido por **sufragio** femenino. **Subió al poder** por primera vez en 1946, fue **reelegido** en 1951, primeras elecciones con el voto femenino. **Derrocado** por un **golpe militar** en 1955, por lo que tuvo que **huir**. Regresó en 1972. Ganó, por última vez, las elecciones de 1973. Fue presidente hasta su muerte. **Fundador** del Peronismo, el movimiento popular más importante de Argentina que sigue **vigente** en Argentina hoy en día.

Perón estuvo casado tres veces. Su primera esposa **falleció** al igual que su segunda esposa, María Eva Duarte, quien **tuvo un papel** político **decisivo** en el gobierno de Perón. La tercera esposa María Estela Martínez Cartas fue vicepresidenta durante su tercer periodo gubernamental y lo **sucedió** después de su muerte. Dos años después, fue derrocada por un golpe militar en 1976.

## Evita Perón (1919–1952)

María Eva Duarte de Perón fue actriz y política. Conoció a Juan Perón en 1944 y entonces comenzó a participar en la política. Eva **se convirtió en** la **primera dama** y llegó a ser más famosa que su marido gracias a su **labor** social de ayuda a los más pobres y **desamparados**.

Eva **presidía** una **fundación** social que repartía alimentos, **artículos de primera necesidad**, organizaba hospitales, escuelas, **orfanatos**. En 1949 fundó el Partido Peronista Femenino y en el 51 se **llevaron a cabo** las primeras **elecciones presidenciales** en que las mujeres pudieron **ejercer** su **derecho a voto** obtenido en 1947 por una ley conocida como ley Evita. En 1952 murió Eva Perón y se convirtió en un símbolo de **caridad** y de feminismo en Argentina. Por todo ello hoy se pueden ver obras de teatro, películas biográficas, la serie Santa Evita y un musical con Madonna sobre esta gran mujer.

| | |
|---|---|
| **emblemático, emblemática** | vorzeigbar, repräsentativ |
| **único, única** | einzige (-r, -s) |
| **el sufragio** | Stimme, Wahlrecht |
| **subir al poder** | an die Macht gelangen |
| **reelegir** *(-i-, g-j)* **a alguien** **E** to reelect sb | jdn wiederwählen |
| **derrocar** *(c-qu)* **a alguien** | jdn stürzen |
| **el golpe militar** | Militärputsch |
| **huir** *(-y-)* | fliehen |
| **el fundador, la fundadora** | Gründer(in) |
| **vigente** | in Kraft sein, gültig sein |
| **fallecer** *(-zco)* = morir *(-ue-)* | sterben |
| **tener un papel** | Rolle spielen |
| **decisivo, decisiva** | entscheidend |
| **suceder a alguien** | jdm nachfolgen |
| ▸ el sucesor, la sucesora | Nachfolger(in) |
| **convertirse** (-ie-) **en algo** | werden |
| **la primera dama** | First Lady |
| **la labor** | Arbeit |
| **el desamparado, la desamparada** | Obdachlose(r), Schutzlose(r) |
| **presidir algo** | etw. leiten |
| **la fundación** | Stiftung |
| **el artículo de primera necesidad** | Bedarfsartikel |
| **el orfanato** | Waisenhaus |
| **llevar a cabo** | etw. durchführen |
| **la elección** **E** election | Wahl |
| ▸ elegir *(-i-, g-j)* algo/a alguien | etw./jdn wählen |
| **presidencial** | Präsidentschafts- |
| ▸ el presidente, la presidenta | Präsident(in) |
| **ejercer** *(-z-)* | ausüben |
| ejercer un cargo | Amt bekleiden |
| **el derecho a voto** | Wahlrecht |
| tener derecho a voto | Wahlrecht haben |
| **la caridad** | Nächstenliebe, Wohltätigkeit |
| el acto de caridad | Benefizveranstaltung |

## El Peronismo

El Peronismo es un **movimiento político** y social fundado por Juan Domingo Perón en 1946. En esos momentos Argentina era uno de los países más importantes en Sudamérica, tanto por su **peso** político internacional como económico.

Este **movimiento de masas** estaba basado en la **justicia** social, los derechos de los trabajadores y la protección de la industria nacional. La frase que lo define muy bien es: "Queremos una Argentina socialmente justa, económicamente libre, y políticamente **soberana**". Por otra parte, era un gobierno autoritario por lo que hubo duras **represiones** contra cualquier tipo de **oposición** o antiperonistas.

## La dictadura argentina y la Guerra de las Malvinas

*Jorge Videla, Emilio Massera y Orlando Agosti en 1976*

Como se pudo leer en uno de los titulares de los periódicos del día, Isabel **cayó**. Después del **golpe militar** del 24 de marzo de 1976, que **derrocó** a María Estela Martínez Cartas, la tercera esposa y **sucesora** de Perón conocida bajo el nombre de Isabel, Argentina vivió una **dictadura sangrienta** llamada **Proceso de Reorganización Nacional.**

El Proceso, como también se le llama, era un Estado burocrático-autoritario o dictadura que comenzó con la toma del poder por la Junta Militar formada por un representante de cada una de las tres **Fuerzas Armadas: Ejército, Armada y Fuerza Aérea**. El primer periodo de la junta estuvo compuesto por Videla perteneciente al Ejército, Massera representando la Marina y Agosti la Aviación. Entre 1976 y 1983 se **cometieron crímenes** contra la humanidad, **secuestros**, **asesinatos**, **torturas**, **violaciones**, **desapariciones**, **robos de niños**... Se calcula que 30 000 personas **desaparecieron**.

| | |
|---|---|
| **el movimiento** | Bewegung |
| **político, política** | politisch |
| **el peso** | Gewicht |
| **el movimiento de masas** | Massenbewegung |
| ▸ mover *(-ue-)* algo | etw. bewegen |
| **la justicia** | Gerechtigkeit |
| **soberano, soberana** | souverän |
| **la represión** | Unterwerfung, Unterdrückung |
| **la oposición** **E** opposition | Widerstand |
| **caer** *(-go, -y-)* | stürzen |
| **el golpe militar** | Militärputsch |
| **derrocar** *(c-qu)* **a alguien** | jdn stürzen |
| **el sucesor, la sucesora** | Nachfolger(in) |
| ▸ suceder a alguien | jdm nachfolgen |
| **la dictadura** | Diktatur |
| **sangriento, sangrienta** | blutig |
| ▸ sangre | Blut |
| **el Proceso de Reorganización Nacional** | *nationaler Reorganizationsprozess in Argentinien* |
| **las Fuerzas Armadas** | Streitkräfte |
| **el Ejército** | Heer, Armee *(staatl. Organ)* |
| **la Armada** | Kriegsmarine *(staatl. Organ)* |
| **la Fuerza Aérea** | Luftstreitkräfte *(staatl. Organ)* |
| **cometer** *(≈ meter)* **un crimen** | Verbrechen. begehen |
| **el secuestro** | Entführung |
| ▸ secuestrar a alguien | jdn entführen |
| **el asesinato** | Mord |
| ▸ el asesino, la asesina | Mörder(in) |
| ▸ asesinar a alguien | jdn ermorden, umbringen |
| **la tortura** **E** to torture | Folter |
| ▸ torturar a alguien | jdn foltern |
| **la violación** **E** violation | Vergewaltigung |
| **la desaparición** | Verschwinden |
| ▸ desaparecer *(-zco)* | verschwinden |
| **el robo de niños** | Kindesentführung |
| ▸ robar algo a alguien | jdm etw. stehlen |
| **desaparecer** *(-zco)* ≠ aparecer | verschwinden |

Las Malvinas, llamadas *Falkland Islands* en inglés, son un **archipiélago** que está a 500 km de la costa argentina. Es un territorio no autónomo lo que significa que no tiene un gobierno **propio** y que está lejos del país que lo **administra**, en este caso del Reino Unido que lo administra desde 1833.

En 1982, durante la dictadura en Argentina, la Junta Militar ordenó la **ocupación** de estas islas y otras más para **reclamar** su **soberanía**. Las Fuerzas Armadas Argentinas **invadieron** el 2 de abril Stanley, la capital, y **establecieron** su gobierno militar, **obligando** al gobierno británico a **dejar el poder**.

La guerra tuvo lugar en mayo y junio de 1982. Las Fuerzas Armadas británicas **desembarcaron** en Stanley y Argentina **se rindió** el 14 de junio. La **derrota** por parte de Argentina **empujó el final** de la dictadura en Argentina y la Junta **entregó** el poder el 10 de diciembre de 1983 para que el gobierno fuera elegido libremente por el pueblo. Para el Reino Unido esta victoria significó la **reelección** de Margaret Thatcher en 1983.

| | |
|---|---|
| **el archipélago** | Archipel |
| **propio, propia** | eigene (-r, -s) |
| **administrar** | verwalten |
| **la ocupación** | Besatzung |
| **reclamar algo** | etw. verlangen |
| **!** la reclamación | *Reklamation; Klage, Beschwerde* |
| **la soberanía** | Souveranität |
| ▸ soberano, soberana | souverän |
| **invadir E** to invade | überfallen |
| **establecer** *(-zco)* **algo** | etw. festlegen, festsetzen |
| **obligar a alguien** | jdn. zwingen |
| **dejar el poder** | sich zurückziehen, abziehen |
| **desembarcar** *(c-qu)* | landen |
| ▸ el barco | Boot |
| **rendirse** *(e-i)* | sich ergeben |
| **la derrota** | Niederlage |
| ▸ derrotar a alguien | schlagen, besiegen |
| **empujar el final** | Ende einleiten |
| **entregar** *(g-gu)* | abgeben, übergeben |
| **la reelección** | Wiederwahl |
| ▸ reelegir *(-i-, g-j)* a alguien **E** to reelect sb | jdn wiederwählen |

Lerntipp: Beim Konjugieren eines Verbs müssen alle Zeiten und Personen mit demselben Laut des Infinitivs konjugiert werden. Schauen wir mal ein Verb an, das auf **-car** endet, wie z. B. desembar**car**:

K

**der Laut K wird so geschrieben: ca, que, qui, co, cu.**

**Vorsicht:**

| **pretérito indefinido** | **subjuntivo presente e imperativo negativo** | **imperativo** |
|---|---|---|
| **desembarqué** | **desembarque** | - |
| **desembarcaste** | **desembarques** | **desembarca** |
| **desmbarcó** | **desembarque** | **desembarque** |
| **desembarcamos** | **desembarquemos** | **desembarquemos** |
| **desembarcastéis** | **desembarquéis** | **desembarcad** |
| **desembarcaron** | **desembarquen** | **desembarquen** |

Und jetzt die Konjugation eines Verbs, das auf **-gar** endet, wie z. B. entre**gar**:

**der Laut G wird so geschrieben: ga, gue, gui, go, gu.**

G

## Caminos hacia la democracia

La **derrota** en la guerra de las Malvinas, los problemas económicos por la hiperinflación y la crítica situación social causaron una crisis interna dentro de la **Junta Militar**. Decidieron **devolver** el poder a la democracia; pero antes la Junta **aprobó** la **Ley de Pacificación Nacional** en la que se **absolvía** de toda culpa de sus **delitos** o **actos terroristas** a los miembros de la Junta Militar.

La democracia comienza realmente el 30 de octubre de 1983 cuando Raúl Alfonsín fue elegido presidente en el primer gobierno democrático después de siete años de dictadura. Desde entonces, este histórico 30 de octubre se **celebra** en toda Argentina.

Como el camino a la democracia **trajo consigo** la **investigación** de la violación de derechos humanos que se **cometieron** durante los años de la dictadura, durante el gobierno de Alfonsín se **derogó** la Ley de Pacificación, se buscó la verdad de los casos de violaciones humana y se realizaron **juicios**. Lamentablemente, Alfonsín tuvo que **afrontar** no solo el **retorno** a la democracia, sino que el país sufría una hiperinflación de 37,6% y la **deuda externa** había subido un 36,4%, por lo que **renunció** en 1989 a pocos meses de cumplir su mandato.

La democracia ha **subsistido** en estas últimas cuatro décadas con una presidente y siete presidentes después de Alfonsín.

En 1977, ya bajo la dictadura, se formó la asociación Madres de la Plaza de Mayo. Todas estas mujeres buscaban a sus hijas e hijos **desaparecidos** y a los **responsables** de estos crímenes. Cada jueves a las 3:30 de la tarde se encontraban en la Plaza de Mayo en Buenos Aires con un **pañuelo** blanco en la cabeza.

Después de 45 años estas madres, hoy abuelas, no **se rinden** y siguen buscando a sus hijos y nietos por todos los medios, **en todo el sentido de la palabra**.

| | |
|---|---|
| **la derrota** | Niederlage |
| ▸ derrotar a alguien | jdn besiegen |
| **la Junta Militar** | Militärjunta |
| **devolver** *(-ue-) (≈ volver)* | zurückgeben |
| **aprobar** *(-ue-)* **algo** | etw. genehmigen |
| ≠ rechazar *(z-c)* algo | *etw. ablehnen* |
| **la Ley de Pacificación Nacional** | Nationales Befriedungsgesetz |
| **absolver** *(-ue-)* **E** to absolve | freisprechen |
| **el delito** | Straftat |
| **el acto terrorista** | Terroristische Handlung |
| **celebrar E** to celebrate **algo** | etw. feiern |
| **traer consigo** | etw. mich sich bringen |
| **la investigación E** investigation | Ermittlung, Untersuchung |
| **cometer** *(≈ meter)* **algo** | begehen |
| **derogar algo** | etw. aufheben, außer Kraft setzen |
| **el juicio** | Gerichtsverfahren, Prozess |
| **afrontar algo** | etw. entgegentreten |
| **el retorno** | Rückkehr |
| **la deuda externa** | Auslandsverschuldung |
| ▸ adeudar algo a alguien | jdm etw. schulden |
| **renunciar** | zurücktreten |
| **subsistir** | fortdauern, anhalten |
| **el desaparecido, la desaparecida** | Vermisste(r) |
| ▸ desaparecer *(zc)* | verschwinden |
| **el, la responsable E** responsible | Verantwortliche(r) |
| **el pañuelo** | Halstuch, Kopftuch, Taschentuch |
| **rendirse** | sich ergeben |
| **en todo el sentido de la palabra** | im wahrsten Sinne des Wortes |

# República bolivariana de Venezuela

¿Por qué se fueron de Venezuela?

Pues, por muchas **razones**; pero sobre todo la hiperinflación, la **inseguridad**, la **delincuencia** y la **escasez** de **alimentos** y de medicinas.

Es que la **inestabilidad** política no parece **cesar**.

¿Por qué tantos problemas?

Porque no teníamos ninguna esperanza… pero sí, hambre y desempleo.

Pues, mira, Venezuela es un país rico en **recursos naturales** y, además, en 1910 se descubrió **petróleo**. Venezuela pasó a ser el mayor exportador de petróleo en el mundo y con ello se pudo pagar la deuda externa. Venezuela se convirtió en un país de **envidiar** y un país de inmigración, incluyendo a los europeos. ¿Te imaginas? Lamentablemente, el **nivel de vida** no mejoró, ya que se **descuidaron** otros sectores de la economía. Por eso mismo, Venezuela importaba todo lo que no producía. Además, la exportación del petróleo hizo que hubiera más **desigualdad** porque unos cuantos se hicieron muy ricos y muchos otros quedaron en pobreza extrema.

En los años 60 el precio del petróleo subió; pero en los 70 comienza a bajar. Entonces, Venezuela **toma prestado** dinero, pensando que va a poder pagarlo más tarde con el petróleo; pero el precio de este sigue bajando y la deuda externa sigue creciendo. Los venezolanos comenzaron a protestar de manera violenta por su mala situación. Una de las protestas más violentas, el 27 de febrero de 1989, se le conoce con el nombre de El Caracazo, que dejó más de 300 muertos.

¿Conoces a Hugo Chávez? Mira, este es él. Pues, en 1992 hace un **intento** de **golpe de Estado**; pero este **fracasa** y es **encarcelado**. En los 90 Venezuela se encuentra en completa pobreza a lo que se le suma la corrupción, la **devaluación** de la moneda y la inflación. Es en este momento que Chávez, que ya está fuera de la cárcel, se presenta a las elecciones presidenciales en 1998 con un plan socialista.

| | |
|---|---|
| **la razón** | Grund |
| **la inseguridad** ≠ la seguridad | Unsicherheit |
| **la delincuencia** | Kriminalität |
| **la escasez** | Knappheit |
| **el alimento** | Nahrungsmittel |
| **la inestabilidad** ≠ la estabilidad | Instabilität |
| **cesar** | aufhören |
| **el recurso natural** | Bodenschätze, natürlicher Rohstoff |
| **el petróleo** | (Erd)öl |
| **envidiar algo de alguien** | jdn um etw. beneiden |
| **el nivel de vida** | Lebensstandard |
| **descuidar** ≠ cuidar | vernachlässigen |
| **la desigualdad** | Ungleichheit |
| ▸ igual/desigual | gleich/verschieden |
| la desigualdad de clases | Klassenunterschied |
| **tomar prestado algo de alguien** | von jdm etw. (ent)leihen |
| **el intento** | Versuch |
| ▸ intentar algo | etw. versuchen |
| **el golpe de Estado** | Staatsstreich |
| dar un golpe de Estado | Staatsstreich durchführen |
| **fracasar** | scheitern |
| **encarcelar a alguien** | jdn. inhaftieren |
| ▸ la cárcel | Gefängnis |
| **la devaluación** | Abwertung |
| ▸ el valor | Wert |

**Lerntipp:** Las palabras terminadas en *-dad* son femeninas:

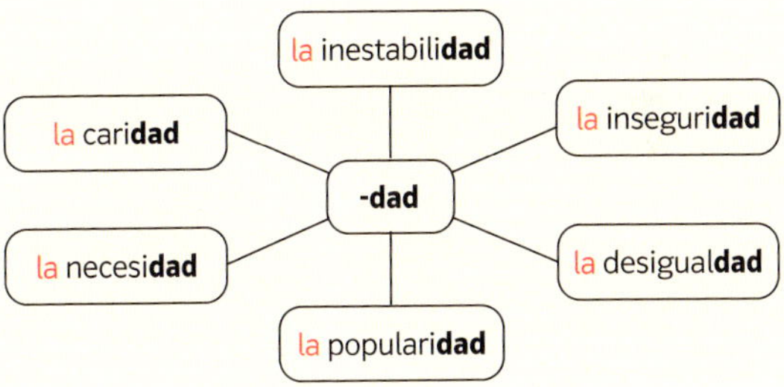

Chávez decía que Venezuela tenía mucho petróleo y que el país estaba como estaba porque el sistema político era corrupto. Además, **prometió repartir** la poca riqueza que quedaba.

Chávez ganó y con ello Venezuela se repartió entre chavistas y antichavistas. Chávez, con la ayuda del **aumento** del precio del petróleo, ganó de su lado a los más pobres, dándoles **subsidios**. Lo que le ayudó a ganar las siguientes elecciones. En 2002 la **oposición** trató de derrocarlo por la fuerza y con una **huelga** general que **paralizó** el país durante 63 días; pero Chávez continúo en el **poder** y, es más, fue reelegido por tercera vez en 2007. En 2012, aunque Chávez ya tenía cáncer, vuelve a ganar las elecciones por cuarta vez. Poco después Chávez muere y el candidato chavista, Nicolás Maduro, gana las elecciones. Este no tenía, ni tiene el carisma ni la **popularidad** de Chávez. Además, el alto precio del petróleo hizo aumentar la inflación y el **desempleo** y no pudo pagar la deuda externa.

Maduro, para mejorar la situación y contando con el futuro aumento del precio del petróleo, **imprimió** dinero y esto **trajo consigo** una hiperinflación que llegó a los dos millones por ciento. ¿Te lo puedes imaginar? Es como si tú tienes un millón y medio en el banco, y de pronto sólo **vale** menos de uno. Esta crisis ha hecho que Venezuela viva una era de violencia entre el gobierno y sus **opositores**, con muertes, encarcelamientos y pobreza. Es por esto que nosotros y más de 6 millones de venezolanos hemos tenido que irnos de nuestro país. La mayoría ha emigrado a países de Latinoamérica y del Caribe; sobre todo a Colombia, Perú y Ecuador.

En 2016 la oposición propuso un referendum para **destituir** a Maduro con el **respaldo** de 7,5 millones de votantes; pero este fue **bloqueado**. Al terminar el **mandato** de Maduro en 2019, la oposición nombró a Juan Guaidó presidente; pero Maduro siguió en el poder. Hoy en día algunos países **reconocen** a Guaidó y otros a Maduro como presidente.

Lee estas dos historias de migrantes venezolanos:

*"Yo jugaba en una liga profesional de sóftbol, y cuando decidí migrar a Perú no sabía cómo iba a llevar todo mi equipamiento si sólo me permitían viajar con una maleta. Pero al final pensé: si esto es lo que más me hace feliz, ¿por qué dejarlo?"*

*"Un **chamo** peruano me vio durmiendo en la calle, se me acercó y me dijo: te regalo mi **casaca**, la vas a necesitar más que yo."*

| | |
|---|---|
| **prometer** *(≈ meter)* **algo a alguien** | jdm etw. versprechen |
| **repartir** | verteilen |
| ▸ partir | (weg)gehen |
| **el aumento** | Steigerung |
| ▸ aumentar | vergrößern |
| **el subsidio** | Beihilfe |
| **la oposición** | Widerstand |
| **la huelga** | Streik |
| **paralizar E** to paralyze **algo/a alguien** | jdn/etw.lähmen |
| **el poder** | Macht |
| garantizar el poder | sich an der Macht halten |
| **la popularidad** | Popularität, Beliebtheit |
| **el desempleo** = el paro | Arbeitslosigkeit |
| **imprimir algo** | etw. drucken |
| **traer algo consigo** | etw. mitbringen |
| **valer** *(valgo)* | Wert sein |
| **el opositor, la opositora** | Gegner(in) |
| **destituir** | absetzen, entlassen |
| **el respaldo** | Unterstützung |
| **bloquear algo/a alguien** | blockieren |
| ▸ el bloque | Block |
| **el mandato** | Mandato |
| **reconocer** *(-zco)* **algo/a alguien** | jdn/etw. anerkennen |
| **el chamo** = el chico | Bursche |
| **la casaca** | Joppe, Gehrock |

# Centroamérica

Diversidad política de Centroamérica hoy

https://es.wikipedia.org › wiki › A...

## América Central - Wikipedia, la enciclopedia libre

Centroamérica se divide políticamente en siete países: Guatemala, Belice, Honduras, El Salvador, Nicaragua, Costa Rica y Panamá. **Gentilicio**: centroamericano Idiomas regionales: Ver lista Población: 50 690 000 hab. **superficie**: 522 760 $km^2$

https://notipoligua.com › noticias› G...

## Guatemala - noticias política

Siete años llenos de **esperanza** para Guatemala. Después de luchar contra la corrupción y cuando parecía llegar a un Estado de derecho, las élites **recuperaron** el control y la **persecución** contra todos aquellos que luchan en contra de la corrupción retornó.

https://nicarevista.gt › política› N...

## Nicaragua - actualidad política

El gobierno de Daniel Ortega en Nicaragua muestra **represión**, violencia, **enjuiciamiento** y encarcelamiento para los opositores. Por la misma razón han sido detenidos miembros de la iglesia y **emisoras** católicas han sido cerradas.

https://politicaelsalvador.sv › política› N...

## El Salvador - actualidad política

Nayib Bukele, presidente de El Salvador, es el primero en hacer del Bitcoin la moneda oficial del país. La baja de la criptomoneda ha significado un desastre económico para el país. Además, Bukele se ha propuesto a terminar con las **maras**, o **pandillas** centroamericanas, que han sido las responsables de la violencia desde hace décadas no solo en El Salvador. En muy poco tiempo ha detenido a tantos que en las cárceles ya no caben. Bukele ha comenzado a **callar** a sus opositores.

https://politicamos.hn › noticias› hond...

## Honduras- política y más

Xiomara Castro, elegida en 2022, es la primera **mujer presidenta** de la República. Castro es la esperanza para **ponerle fin** a la corrupción, al narcotráfico y **empoderar** a las mujeres con su programa feminista.

| | |
|---|---|
| **el gentilicio** | Einwohnerbezeichnung |
| ▸ la gente | Leute |
| **la superficie** | Oberfläche |
| **la esperanza** | Hoffnung |
| ▸ esperar | hoffen |
| **recuperar algo** | etw. zurückerobern |
| ▸ la recuperación | Zurückgewinnung |
| **la persecución** | Verfolgung |
| ▸ perseguir algo/a alguien | verfolgen |
| **la represión** **E** repression | Unterdrückung |
| **el enjuiciamiento** | Beurteilung |
| ▸ el juicio | Urteil |
| **la emisora** | Sender |
| **las maras** | Jugendbanden aus Armenvierteln in Mittelamerika |
| **la pandilla** | Bande |
| **callar a alguien** | jdn zum Schweigen bringen |
| **la mujer presidenta** | Präsidentin |
| **ponerle fin a algo** | etw. ein Ende setzen |
| **empoderar a alguien** **E** to empower | jdn ermächtigen |
| ▸ el poder | Macht |

# 3.4 Relaciones internacionales

## España internacional

Las **relaciones** internacionales **se llevan a cabo** por medio de organizaciones internacionales que **van más allá de** las fronteras de un país. Este es un juego de memoria de tres cartas: **emblemas**, **abreviaturas** y funciones. Lo puedes copiar, recortar y jugar.

| | |
| --- | --- |
| **Organización de las Naciones Unidas**<br>**ONU**<br>**Fundada** en 1945 | Organización internacional que tiene el fin de **mantener** la paz en el mundo y defender los **derechos humanos**, entre otros. |
| **Organización Mundial del Comercio**<br>**OMC**<br>Fundada en 1995 | **Se ocupa de** las **normas** que **rigen** entre los países y ayuda a productores, exportadores e importadores |
| **Fondo de las Naciones Unidas para la infancia**<br>**UNICEF**<br>Fundada 1946 | Su **objetivo** son los niños. Trabaja por la **supervivencia**, educación, **desarrollo** y **protección** infantil, etc. |
| **Organización Mundial de la Salud**<br>**OMS**<br>Fundada en 1948 | Organismo de las ONU creado con el objetivo de **alcanzar** un alto grado de **salud física**, mental y social. |
| **La Unión Europea**<br>**UE**<br>Fundada en 1993 | Es la unión política y económica entre 27 países europeos. **Vela** por la paz, el comercio libre, la protección de derechos humanos, ... |
| **El Mercado Común del Sur**<br>**MERCOSUR**<br>Fundado en 1991 | Su objetivo, crear un área de libre comercio sin restricciones **arancelarias** y no arancelarias. |

| | |
|---|---|
| **la relación** | Beziehung |
| **llevarse a cabo algo** | etw. durchführen |
| **ir más allá de (la frontera)** | über (die Grenzen) hinausgehen |
| **el emblema** | Emblem, Wahrzeichen |
| **la abreviatura** | Abkürzung |
| ▸ breve | kurz |
| **fundar algo** | etw. Gründen |
| ▸ el fundador, la fundadora | Gründer(in) |
| **mantener** (≈ *tener*) | aufrechterhalten |
| **los derechos humanos** | Menschenrechte |
| **ocuparse de algo** | sich mit etw. beschäftigen |
| **la norma** | Richtlinie, Norm |
| **regir** (*-i- g-j*) | regieren |
| **el objetivo** = la meta | Ziel |
| **la superviviencia** | Überleben |
| ▸ vivir | leben |
| **el desarrollo** | Entwicklung |
| ▸ desarrollarse | sich entwickeln |
| **la proteccción** **E** protection | Schutz |
| ▸ proteger (*g-j*) | schützen |
| **alcanzar algo** (*z-c*) = lograr | etw. erreichen |
| **la salud** | Gesundheit |
| **físico, física** | körperlich |
| **velar** | wachen über |
| **arancelario, arancelaria** | Zoll- |

# España y la Unión Europea

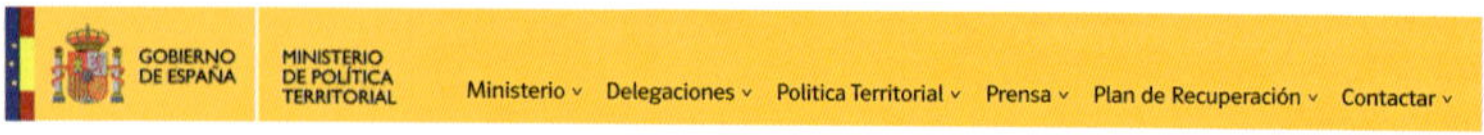


Inicio > Política Territorial > Internacional > Organismos internacionales

España **es miembro de** organizaciones internacionales importantes como la **OMS** en 1951, la **OMC** en 1995, la ONU en 1955, incluyendo a varios de sus **organismos** especializados como Unicef y la Unesco, y también de la UE.

Inicio > Política Territorial > Internacional > Unión europea

La **apertura política** de España hacia el exterior comenzó con su **adhesión** a la Comunidad Europea el 1 de enero de 1986. Con ello España dejó atrás la **época franquista** y **prefranquista** que la **tenían aislada** del resto de Europa.

La **implementación** del euro fue el verdadero **inicio** de la **Unión Económica y Monetaria** (UEM) en 1998. En 2002, en España, como en once más de los **países comunitarios** de la UE, cambiaron sus **monedas** y **billetes** –las pesetas en España, los marcos alemanes en Alemania– y así, por fin, **entró en circulación** el euro. El euro ha **traído consigo beneficios esenciales** como la **eliminación** de los costes de cambio, la creación de un **mercado transparente** en la comparación de precios, una mayor **estabilidad monetaria**, aunque también ha **contribuido al aumento** de la inflación.

La UE ha podido estar presente **solidariamente** en las diferentes crisis que ha sufrido España en los últimos años, como lo fue la crisis económica del 2008 y la crisis sanitaria causada por el COVID, que se produjo de manera muy asimétrica en los países de la UE.

| | |
|---|---|
| **ser miembro de algo** ▸ **E** to be a member of | bei/von etw. Mitglied sein |
| **la OMS** | Weltgesundheitsorganisation (WHO) |
| **la OMC** | Welthandelsorganisation |
| **el organismo** | *hier:* Organisation |
| **la apertura política** | politische Öffnung |
| ▸ abrir algo | etw. öffnen |
| **la adhesión** | Beitritt |
| **la época franquista** | *Diktatur Francisco Francos in Spanien von 1936/39 bis 1975* |
| ▸ el franquismo | |
| **la época prefranquista** | *Zeit vor der Machtergreifung von Franco* |
| **tener aislado, aislada a alguien** | jdn isolieren |
| ▸ el aislamiento | Isolation |
| **la implementación** **E** implementación | Einführung |
| **el inicio** = el comienzo | Beginn |
| **la Unión Económica y Monetaria (UEM)** | Wirtschafts- und Währungsunion |
| **el país comunitario** | *(EU)* Mitgliedsland |
| **la moneda** | Münze; Währung |
| **el billete** | Banknote, Geldschein |
| **entrar en circulación** | in Umlauf kommen/sein |
| **traer consigo** | mit sich bringen |
| **el beneficio** **E** benefit | Nutzen, Vorteil |
| **esencial** | wesentlich |
| **la eliminación** | Beseitigung, Entfernung |
| ▸ eliminar algo | etw. beseitigen |
| **el mercado** | Markt |
| **transparente** **E** transparent ≠ intransparente | durchschaubar |
| **la estabilidad monetaria** ≠ inestabilidad | Währungsstabilität |
| **contribuir** *(-y-)* **a algo** | zu etw. beitragen, bei etw. mithelfen |
| **el aumento** = el crecimiento | Anstieg, Anwachsen |
| **solidariamente** | solidarisch |

## España e Hispanoamérica

Inicio > Política Territorial > Internacional > Hispanoamérica

La historia, la lengua y la identidad cultural **compartidas** entre Hispanoamérica y España son razones por las que el **flujo migratorio bidireccional** va en aumento. Además, España es, después de Los Estados Unidos, el segundo **inversor** en Hispanoamérica. España **fortalece** aquí su economía en **sectores estratégicos**, como son la banca, los **seguros** y la telefonía, entre otras.

Desde que España **forma parte de** UE, esta y **juega un papel central** en las relaciones entre Hispanoamérica y la UE.

## España y Alemania

Inicio > Política Territorial > Internacional > Alemania

**Según datos** del 2021 había 187.865 españoles registrados en Alemania y 139.811 alemanes en España. Esto se debe tanto a las estrechas **relaciones amistosas** como económicas que existen entre estos países. Alemania es el segundo mayor socio comercial de España, después Francia.

▶ Gráfico 1. **Población española residente en Alemania (Registro Central de Extranjeros)**

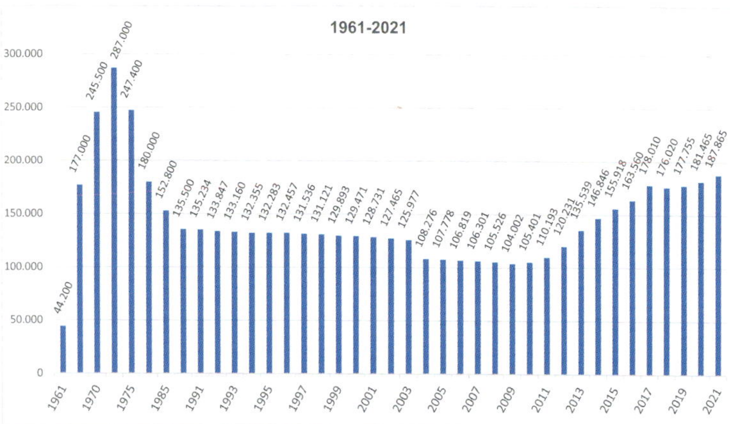


*Fuente: Oficina Federal de Estadística alemana*

La **Fundación Goethe España** y el Instituto Cervantes son **entidades** que **intensifican** tanto ambas lenguas, como las relaciones culturales entre Alemania y España. DAAD (Deutscher Akademischer Austausch Dienst) y Erasmus son entidades que **respaldan** los intercambios universitarios.

| | |
|---|---|
| **compartido, compartida** | *hier:* gemeinsame (-r, -s) |
| ▸ compartir algo | etw. teilen |
| **el flujo migratorio** | Wanderungsstrom |
| **bidireccional** | in beide Richtungen |
| **el inversor, la inversora** | Anleger(in) |
| ▸ invertir en algo | in etw. investieren |
| **fortalecer** *(-zco)* **algo/a alguien** | jdn/etw. stärken |
| ≠ debilitar algo/a alguien | jdn schwächen |
| **el sector estratégico** | strategischer Bereich |
| **el seguro** | Versicherung |
| **formar parte de algo** | gehören zu, Teil sein von etw. |
| **jugar** *(-ue-)* **un papel central** | zentrale Rolle spielen |
| **según** | gemäß, laut |
| **el dato** | Angabe, Zahl |
| **la relación amistosa** | freundschaftliche Beziehung |
| **la Fundación Goethe España** | Goethe Institut in Spanien |
| **la entidad** | Körperschaft |
| **intensificar algo** | etw. verstärken, intensivieren |
| **respaldar algo/a alguien** | etw./jdn unterstützen |
| ▸ la espalda | Schulter |

# Latinoamérica internacional

## Relaciones entre Hispanoamérica y sus vecinos

Aunque los países hispanohablantes de América comparten más o menos la misma historia, lengua, cultura y hasta parecidos problemas **económicos**, políticos y sociales, siguen siendo muy diferentes entre sí. Han intentado **unificarse**, **inspirados en** la Unión Europea que tampoco es tan homogénea, **sin éxito**. Se han creado varios organismos con este **propósito**; pero solo han **logrado** unir bloques de países y no toda la región.

- Empezando en 1960 con la ALALC (Asociación Latinoamericana de Libre Comercio),
- pasando por otras como el MERCOSUR,
- la CAN (La Comunidad Andina), una **zona de libre comercio** desde 1993 que reúne a Bolivia, Colombia, Ecuador y Perú,
- la AP (Alianza del Pacífico) **formada por** Chile, México, Perú y Colombia con la intención de integrar la región para **conseguir** un mayor **crecimiento** y **desarrollo** de la economía,
- la CELAC (Comunidad de Estados Latinoamericanos y Caribeños) creada en 2011 intenta **avanzar** en la unificación e **integración** de toda Hispanoamérica.

Un factor que no permite la unificación es, tal vez, los conflictos **territoriales** que se **interponen**, como es el caso de Chile y Bolivia por la salida al mar. Otro factor podría ser que Latinoamérica **presta** más **atención a** EE.UU. y Europa que a sus vecinos. Por lo que existen **convenios**, como la OEA (Organización de los Estados Americanos), **fundada** en 1948, que **tiene como meta** lograr los **objetivos compartidos** de los 35 países del Caribe, de América del Norte, del Centro y del Sur y el Tratado de **Libre Comercio** de América del Norte (TLCAN) entre México, EE.UU. y Canadá que **entró en vigor** en 1994.

## Relaciones entre Hispanoamérica y Europa

Tanto por motivos históricos, políticos como económicos, es que apenas en los años 80 Hispanoamérica y Europa comienzan sus relaciones no solo comerciales. España sirvió de puente entre los dos continentes.

Desde 2000 existe un tratado de libre comercio entre la UE y México (TLCUEM) que facilita la exportación e importación de **ambos** lados. La Asociación Europea de Libre Comercio (AELC) también ha negociado **acuerdos** comerciales que han **entrado en vigencia** entre los países que la conforman: con Chile en 2004, con Perú en 2010, con Colombia en 2011, con Costa Rica y Panamá en 2014 y con Ecuador en 2018.

La relación entre Europa y Latinoamérica no es solo económica; sino también personal y cultural.

| | |
|---|---|
| **económico, económica** | Wirtschafts- |
| ▸ la economía | Wirtschaft |
| **unificarse** | sich verbinden |
| ▸ unir (dos elementos) | etw. verbinden |
| **inspirados, inspiradas en** | inspiriert von |
| **sin éxito** | erfolglos |
| **el propósito** | Absicht |
| **lograr algo** = alcanzar | etw. erreichen |
| **la zona de libre comercio** | Freihandelszone |
| **formado, formada por** | gebildet von |
| **conseguir** *(-i-)* **algo** = alcanzar | etw. erreichen |
| **el crecimiento** = el aumento | Anstieg, Anwachsen |
| ▸ crecer | wachsen |
| **el desarrollo** | Entwicklung |
| **avanzar** *(z-c)* | vorankommen |
| **la integración** | Vernetzung |
| **territorial** | Land-, Gebiets- |
| ▸ la tierra | Erde, Land |
| **interponer** *(≈ poner)* | im Weg stehen |
| **prestar atención a algo** | etw. beachten, aufmerksam sein |
| **el convenio** = el acuerdo | Abkommen |
| **fundar algo** | etw. gründen |
| **tener como meta** | als Ziel haben |
| **la meta** = el objetivo | Ziel |
| **el objetivo compartido** | gemeinsames Ziel |
| **el libre comercio** | freier Handel |
| **entrar en vigor** | in Kraft treten |
| **ambos, ambas** | beide |
| **el acuerdo** = el convenio | Abkommen |
| **entrar en vigencia** | rechtskräftig werden |

# Los Estados Unidos e Hispanoamérica

## Hispanohablantes dentro de los EE. UU.

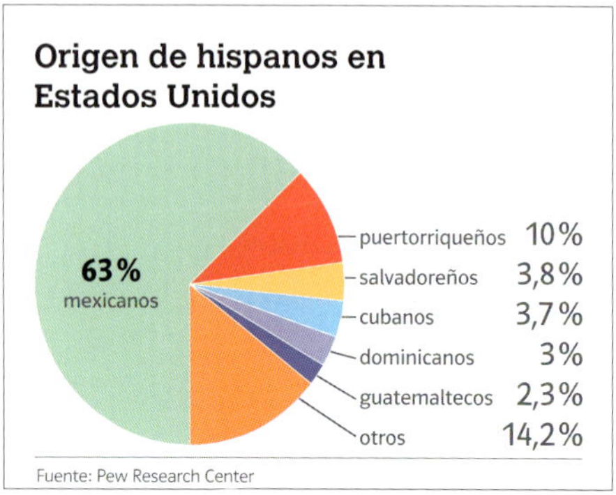


El quinto país hispanohablante más grande del mundo **en número de habitantes** es Estados Unidos. De un total de 330 millones de habitantes, 59 millones **son de origen** hispano. Como se puede ver en la gráfica, la mayoría es de origen mexicano, **seguido por puertorriqueños**, **salvadoreños**, cubanos, dominicanos y **guatemaltecos**.

Se estima que hay unos diez millones de **trabajadores indocumentados** o ilegales que han **dejado** todo en su país y **emigran** en busca de una mejor vida económica, una **estabilidad** política y con la esperanza de que sus hijos **logren** lo que ellos no han podido lograr.

## Influencia de los Estados Unidos en Hispanoamérica

En los países latinoamericanos se vive diariamente una **contradicción**: por un lado, los que tienen una actitud **antiestadounidense**, que muestran gran **desprecio** por todo lo que venga de este país y por otro lado una gran mayoría que **codicia** todo lo proveniente o que parezca **provenir** de los Estados Unidos de América.

Hoy en día, las relaciones de EE.UU. con los países de Hispanoamérica sigue siendo **desequilibrada**. Por eso mismo es que EE.UU. tiene **tratados** diferentes con los diferentes países o bloques de países. Por ejemplo, el Tratado de Libre Comercio de América del Norte (TLCAN) entre Canadá, EE.UU. y México.

**Últimamente**, la **influencia** de China y Rusia ha **aumentado**, **mientras que** la de EE.UU. ha **disminuido** en Hispanoamérica. Rusia apoyó a Latinoamérica durante la pandemia, enviando su **vacuna** Sputnik. Por la **cercanía** geográfica de Hispanoamérica a EE.UU., Rusia ha **fortalecido** su influencia en esta región. Por otro lado, China ha **invertido** en energía, industria, infraestructura y en **educación**. Es sorprendente que en Latinoamérica desde el 2006 ya haya 41 **sedes** de Institutos Confucio para el **aprendizaje** de lengua y cultura de China. Los **créditos otorgados** a diferentes países de Hispanoamérica, con contratos poco transparentes, han creado una **dependencia económica**. El presidente Biden, por su parte, trata ahora de **contrarrestar** el crecimiento de China y Rusia, además de distanciarse de la política de Trump que tanto **daño** causó a los latinos en EE.UU.

| **en número de** | gemessen an der Zahl, bezogen auf die Zahl an |
|---|---|
| **el/la habitante** | Einwohner |
| **ser de origen** | von Herkunft sein |
| **seguido por** ▸ seguir | gefolgt von |
| **el puertorriqueño, la puertorriqueña** | Puerto-Ricaner(in) |
| **el salvadoreño, la salvadoreña** | Salvadorianer(in) |
| **el guatemalteco, la guatemalteca** | Guatemalteke(-in) |
| **trabajadores indocumentados** | *Arbeiter ohne gültige Papiere* |
| ≠ documentados | |
| **dejar algo** | etw. zurücklassen |
| **emigrar a** ≠ inmigrar | auswandern |
| **la estabilidad** ≠ la inestabilidad | Stabilität |
| **lograr algo** = alcanzar | etw. erreichen |
| **la contradicción** **E** contradiction | Widerspruch |
| **antiestadounidense** | antiamerikanisch |
| **el desprecio** ≠ el aprecio | Verachtung, Geringschätzung |
| ▸ despreciar algo | etw. verachten |
| **codiciar algo** | etw. begehren |
| ▸ la codicia | Habsucht, Habgier |
| **provenir de** | herkommen von |
| ▸ proveniente | herkommend, abstammend |
| **desequilibrar** ≠ equilibrar | aus dem Gleichgewicht bringen |
| **el tratado** | Vertrag |
| **últimamente** | in der letzten Zeit |
| **la influencia** | Einfluss |
| **aumentar** ≠ disminuir | steigen, zunehmen |
| **mientras que** | wohingegen, während |
| **disminuir** *(-y-)* ≠ aumentar | nachlassen, verringern |
| **la vacuna** | Impfstoff |
| **la cercanía**▸ cerca | Nähe nahe |
| **fortalecer** *(-zco)* **algo/a alguien** | stärken |
| ≠ debilitar algo/a alguien | *jdn schwächen* |
| **invertir** *(-ie-)* **en algo** | in etw. investieren |
| ▸ el inversor, la inversora | Investor(in) |
| **la educación** **E** education | (Aus)bildung |
| **la sede** | Sitz |
| **el aprendizaje** | (er)lernen |
| ▸ aprender algo | lernen |
| **el crédito** | Kredit, Darlehen |
| **otorgar** *(-gu-)* **algo** | gewähren |
| **dependencia económica** | wirtschaftliche Abhängigkeit |
| **contrarrestar** | entgegenwirken, aufhalten |
| **el daño** | Schaden |

# El bilingüismo en Cataluña

## Mi página, mis ideas

### Tarjetas de vocabulario en línea

Practica el vocabulario con las tarjetas en línea. Puedes elegir el tema que quieres practica, escuchar las palabras y repetirlas para mejorar tu pronunciación.

### Actividades en línea

Haz las actividades en línea. Así usas el vocabulario en un nuevo contexto, lo memorizas y tienes una corrección inmediata.

### Vídeo de aprendizaje

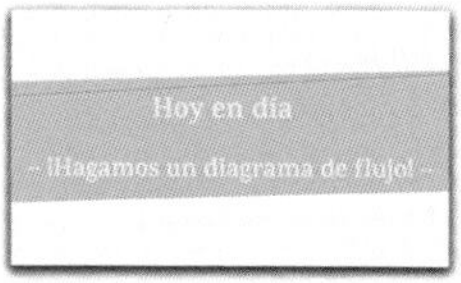


Mira el vídeo para aprender cómo organizar tus palabras e ideas con ayuda de un diagrama de flujo.

### ¿Qué es el bilingüismo?

Prepara un diagrama de flujo sobre el concepto del bilingüismo.

¿Qué es? ¿En qué ámbitos de la vida diaria influye?
¿Qué ventajas tiene? ¿Qué problemas pueden surgir para personas de diferentes ámbitos de la sociedad?
¿Qué preguntas tienes referente al concepto del bilingüismo?

## Infografía

Mira la estadística y los titulares de abajo.

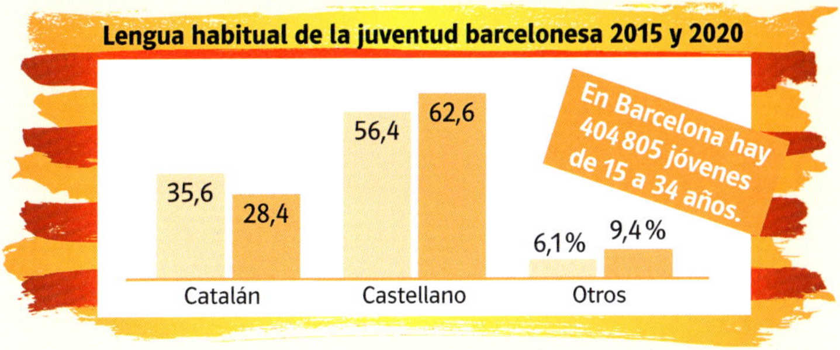


*Fuente: https://ajuntament.barcelona.cat (14.07.22)*

**"El 68% de los catalanohablantes siente que el catalán es una lengua amenazada, según el CEO"**

*© Europa Press. www.europapress.es. David Zorrakino. 09.02.2022*

**"La Generalitat está persiguiendo al idioma castellano"**

*© BCNISNOTCAT.es. Carla Arrufat. 5.12.2022*

**La Generalitat lanza una campaña que insta a los jóvenes a usar el catalán en redes sociales.**

*© www.okdiario.com*

**(...) se discrimina el español en Cataluña.**

*© www.cronicaglobal.elespanol.com*

## Describe la infografía

¿Qué se puede decir sobre el bilingüismo en cuánto a los jóvenes en Barcelona?
¿Qué se dice en la prensa sobre el bilingüismo en Cataluña?

## ¡Comenta!

Comenta las informaciones presentadas sobre el bilingüismo en Cataluña. Haz referencia a las ideas en tu diagrama de flujo.

# 4 El mundo del trabajo

# 4.1 La educación

## El sistema educativo en España

La **educación** es un **servicio público** que queda definido en la nueva Ley de Educación, la LOMLOE, una **reforma educativa** basada en el **aprendizaje por competencias** y que no convence a toda la **comunidad docente**. La educación en España ha pasado por distintas etapas, entre las que **destacan** el **aprendizaje memorístico** o **repetitivo**, los programas 'educadores', la **evaluación** continua del **alumnado**, el **fomento** de la autonomía del alumno y la llegada de la tecnología a la escuela.

Manuel Hernández es profesor en el instituto Clarín de Madrid: «Protestamos por el cambio a un aprendizaje por competencias o por las **facilidades para** pasar de curso y obtener **titulaciones**». Para **evaluar** los resultados de la nueva ley habrá que esperar un tiempo.

### La Educación Infantil, Primaria, Secundaria y universitaria

Mi hija tiene 4 años y está haciendo el segundo **ciclo de Educación Infantil** que dura hasta los seis. Entró en este **colegio** cuando tenía solo un año. Cuando terminó el primer ciclo con 3 cambió de profesora, pero el **personal docente** está muy preparado y la niña va encantada al cole.

Estamos muy contentos con la educación en el **aula**, aprenden los **números**, **técnicas para leer** y **escribir** e incluso tienen un primer contacto con una **lengua extranjera**, el inglés. Han **incorporado tecnologías de información y comunicación** en la clase y desde pequeños usan la tecnología como una **herramienta** más para el aprendizaje. **Calidad** y **gratuidad**.

Cuando nos mudamos, **cambiamos** a nuestros hijos **de colegio**. Terminarán aquí la **Educación Primaria** puesto que el menor con 6 años hace primero de Primaria y el mayor de 11 acabará el último curso, sexto, con 12 años. Como la Educación Primaria se divide en tres ciclos (uno cada dos años) podemos decir que tenemos un hijo en cada ciclo (el **mediano** está en tercero).

| | |
|---|---|
| **la educación** **E** education | Bildung |
| ▸ educar *(c-qu)* | ausbilden, erziehen |
| **el servicio público** **E** public service | öffentliches Angebot |
| **la reforma educativa** | Bildungsreform |
| **el aprendizaje por competencias** | kompetenzbasiertes Lernen |
| **la comunidad docente** | Lehrgemeinschaft |
| **destacar** *(c-qu)* | hervorheben |
| **el aprendizaje memorístico** = aprender de memoria | Auswendiglernen |
| **repetitivo, repetitiva** | repetitiv, wiederholend |
| **la evaluación** | Bewertung |
| **el alumnado** | Schülerschaft |
| **el fomento** | Förderung |
| **las facilidades para hacer algo** | Möglichkeiten, etwas zu tun |
| **la titulación** | Qualifikation |
| ▸ el título | Titel |
| **evaluar algo** | etw. bewerten |
| **el ciclo** | Zyklus; Stufe, Abschnitt |
| **la Educación Infantil** | Vorschule |
| **el colegio** | Schule |
| **el personal docente** | Lehrpersonal |
| **el aula** *(f)* | Klassenzimmer |
| **el número** **E** number | Zahl |
| **las técnicas para leer y escribir** | Lese- und Schreibtechniken |
| **la lengua extranjera** | Fremdsprache |
| **incorporar algo** | etw. hinzufügen |
| **las tecnologías de información y comunicación** | Informations- und Kommunikationstechnologien |
| **la herramienta** | Werkzeug |
| **la calidad** | Qualität |
| **la gratuidad** | Unentgeltlichkeit |
| ▸ gratis | gratis, kostenlos |
| **cambiar de colegio** | Schule wechseln |
| **la Educación Primaria** | Grundschule |
| **el mediano, la mediana** | mittleres Kind |

Nos **planteamos** llevarlos a un **centro privado**, pero las **áreas curriculares** son iguales en todos los colegios: **Geografía** e **Historia**, **Educación Física**, Matemáticas, **Lengua Castellana** y Literatura…. muchas **asignaturas** son **impartidas** en inglés por **profesorado especializado** además de la **lengua cooficial** de la comunidad autonómica. Siento que tengan que cambiar de cole cuando empiecen la ESO (Educación Secundaria Obligatoria).

En mi **instituto** después de la ESO podemos cursar **Bachillerato**. Llevo desde los 12 aquí y, excepto algunos profes, la verdad es que el ambiente es muy bueno entre alumnos y el profesorado. Este próximo curso con 16, empiezo primero de Bachillerato. El insti tiene **fama** de buen **nivel académico** porque en la EvAU (Evaluación para el Acceso a la Universidad) hay muy buenas notas. ¡Incluso este año la mejor nota de la Comunidad Autónoma! Terminaré el instituto con 18 pero aún no sé qué **estudiaré**. Algunos de mis **compañeros de clase** hicieron una **Formación Profesional** (FP) después de obtener el **título de Graduado en ESO**. Yo estoy seguro de que quiero ir a la universidad aunque la EvAU me da un poco de miedo. Tengo que **sacar** una buena nota para elegir el **grado universitario** que quiero hacer.

Siempre quise ser biólogo. Para hacer el grado en Biología me pedían en mi ciudad una **nota de corte** de 13,2. Como en la EvAU se puede sacar como máximo 14 puntos... en fin que no me daba la nota para **entrar en la Facultad** de Biología. Por eso, **me decidí por estudiar a distancia** y no en la **universidad pública**. De esta manera podría trabajar y estudiar desde cualquier sitio. Estudiar la universidad en España no es barato y menos cuando se **realizan los estudios** en una universidad privada o a distancia.

Yo sabía que era un grado difícil y largo (240 **créditos ECTS** en 4 años). Ahora estoy haciendo el tercer curso y, cuando termine, haré el máster. Conseguir una plaza de doctorado es muy difícil porque casi no hay **becas**. A pesar de todas las dificultades estoy seguro de haber elegido bien mi **destino** aunque el **mundo laboral** para los **graduados** en biología no es demasiado **amplio**.

| | |
|---|---|
| **plantearse algo** = pensar | etw. überlegen |
| **el centro privado** ≠ el centro público | Privatschule |
| **el área** *(f)* | Bereich |
| **curricular** | Lehrplan-, den Lehrplan betreffend |
| **la Geografía** | Geographie |
| **la Historia** **E** history | Geschichte |
| **la Educación Física** | Sport(unterricht) |
| **la Lengua Castellana** | Spanisch(unterricht) |
| **la asignatura** | Schulfach |
| **impartir** *(clase)* = enseñar | *(Unterricht)* erteilen |
| **el profesorado especializado** | Fachlehrer, Fachlehrerkraft |
| ▸ el profesorado | Lehrerschaft |
| **la lengua cooficial** | *Sprache, die auch in der autonomen Region eine Amtssprache ist* |
| **el instituto** | Gymnasium |
| **el Bachillerato** | *etwa:* Oberstufe des Gymnasiums |
| **la fama** | Ruf |
| **el nivel académico** | schulisches Niveau |
| **estudiar** | lernen, studieren |
| **el compañero, la compañera de clase** | Klassenkamerad(in) |
| **la Formación Profesional** | Berufsausbildung |
| **el título de Graduado en ESO** | Mittlere Reife |
| **sacar buenas/malas notas** | gute/schlechte Noten erhalten |
| **el grado universitario** | Hochschulabschluss |
| **la nota de corte** | Notenschnitt, Numerus Clausus (NC) |
| **entrar en la facultad** | in die Fakultät aufgenommen werden |
| **decidirse por algo** | sich für etwas entscheiden |
| **estudiar a distancia** | fernlernen |
| ▸ la universidad a distancia | Fernuniversität |
| **la universidad pública** | staatliche Universität |
| **realizar los estudios de algo** = estudiar una carrera universitaria | ein Studium machen, studieren |
| **el crédito** | Creditpoint |
| **ECTS** *(Sistema Europeo de Transferencia de Créditos)* | *Punkte-System an europäischen Hochschulen, zur Anerkennung von Studienleistungen im In- und Ausland* |
| **la beca** | Stipendium |
| **el destino** | *hier:* Ziel |
| **el mundo laboral** | Arbeitswelt |
| **el graduado, la graduada** | Absolvent(in) |
| **amplio, amplia** | groß |

# Gráfico del sistema educativo

## Organigrama del Sistema Educativo Español

SISTEMA EDUCATIVO L.O.M.C.E.

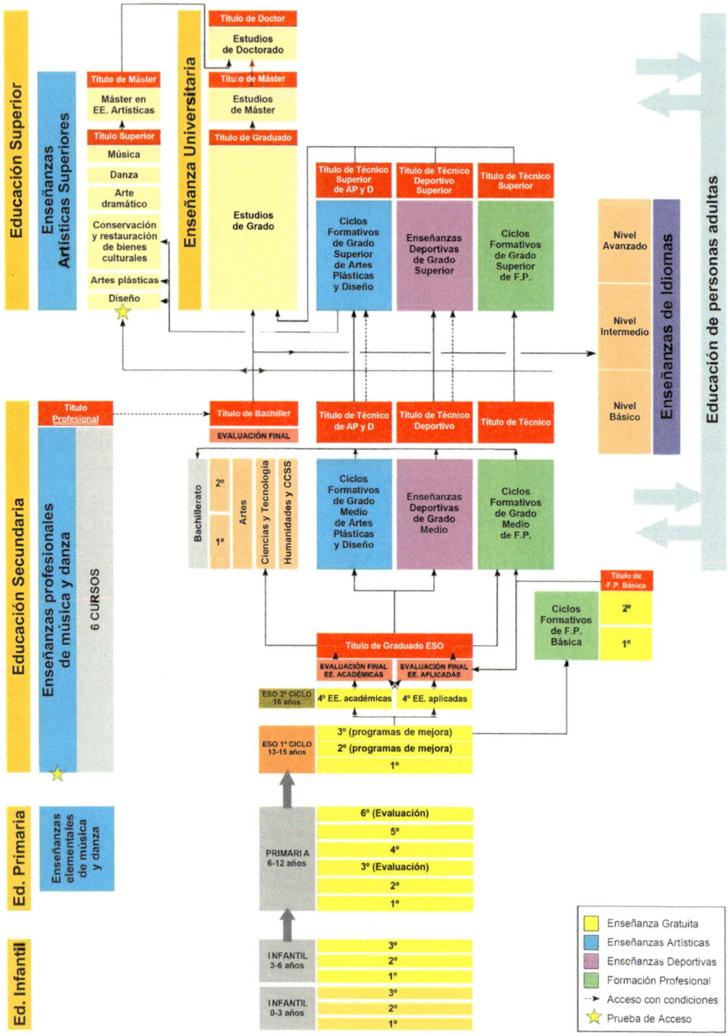

| | |
|---|---|
| **L.O.M.C.E** *(Ley Orgánica para la Mejora de la Calidad Educativa)* | *Gesetz zur Verbesserung der Qualität in der Ausbildung* |
| **la Educación Superior** | Hochschulbildung |
| **las Enseñanzas** *(EE)* **Artísticas Superiores** *(pl.)* | Hochschule für künstlerische Ausbildung (HE) |
| **el título de máster** | Master-Abschluss |
| **el Título Superior** | Hochabschluss |
| **el Arte Dramático** | Schauspielkunst |
| **la conservación y restauración de bienes culturales** | Bewahrung und Restaurierung von Kulturerbe |
| **las Artes Plásticas** *(pl.)* | Kunsthandwerk |
| **el Diseño** | Gestaltung |
| **los Estudios de doctorado** | Promotion |
| **los Estudios de Máster** | Master Studium |
| **el Título de Graduado** | Hochabschluss |
| **los Estudios de Grado** | Bachelor Studium |

| | |
|---|---|
| **el Título de Técnico Superior** | *etwa:* Fachhochschulabschluss |
| **las Artes Plásticas y Diseño** | Bildende Kunst und Design |
| **el Título de Técnico Deportivo Superior** | *etwa:* Fachhochabschluss im Sportwesen |
| **las Enseñanzas Deportivas – Grado Superior** | Sportausbildung – höhere Berufsausbildung |
| **la Formación Profesional** | Berufsausbildung |

| | |
|---|---|
| **la Educación de personas adultas** | Erwachsenenbildung |
| **la Enseñanza de idiomas** | Sprachunterricht |
| ▸ nivel básico | Grundstufe |
| ▸ nivel intermedio | Mittelstufe |
| ▸ nivel avanzado | fortgeschrittenes Niveau |
| **la Educación Secundaria** | Schulpflichtige Sekundarstufe |
| **el Título profesional** | Berufsausbildung |
| **el Título de Bachiller** | Abitur |
| **el Bachillerato** | Oberstufe |
| **las Artes** *(pl.)* | Künste |
| **las Ciencias** *(pl.)* | Naturwissenschaft |
| **las Humanidades** *(pl.)* | Geisteswissenschaften |
| **el Título de Graduado ESO** | Mittlere Reife |
| **el Título Técnico** | Abschluss als Techniker |
| **el Grado Medio** | Mittlerer Berufsabschluss |
| **las Enseñanzas aplicadas** *(pl.)* | praktische Ausbildung |
| **la Formación Profesional Básica** | berufliche Grundausbildung |

| | |
|---|---|
| **la Educación Primaria** | Grundschule |

| | |
|---|---|
| **la Educación Infantil** | Kindergarten |

# Problemas del sistema educativo

**DESCIENDE** la **TASA** de **ABANDONO EDUCATIVO** llegando al 13,3 %.

La cifra más baja de la historia. El **fracaso escolar** o abandono de los estudios antes de terminar Secundaria está mayoritariamente asociado a situaciones de **desventaja** social, principalmente **minorías étnicas** y personas que viven situaciones económicas cercanas a la **pobreza**. Pero 'fracasan' también jóvenes que pertenecen a familias **acomodadas**, de **profesionales**, donde no existen **carencias económicas**, pero donde suelen darse otra serie de problemáticas, más **condicionadas** por la incomunicación que por las **privaciones** materiales.

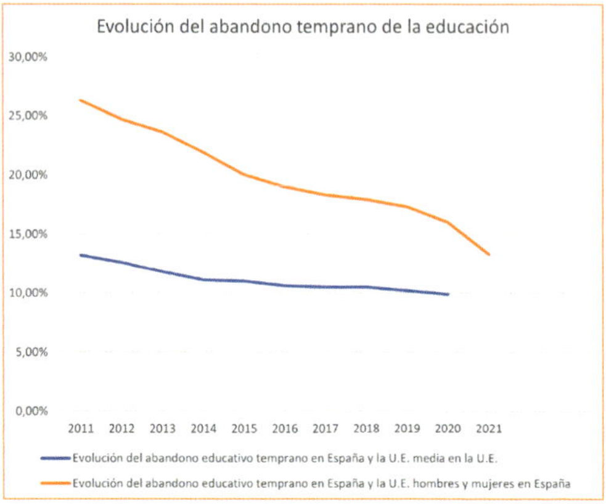


*Fuente: Encuesta de la población active INE*

Uno de los **objetivos** del Gobierno es reducir las tasas de abandono escolar **temprano**. Para ellos se han creado programas en los que se **fomentará** el apoyo y **acompañamiento** a jóvenes en una situación **vulnerable**.

**Ilustración 2: Indicadores de fracaso escolar.**

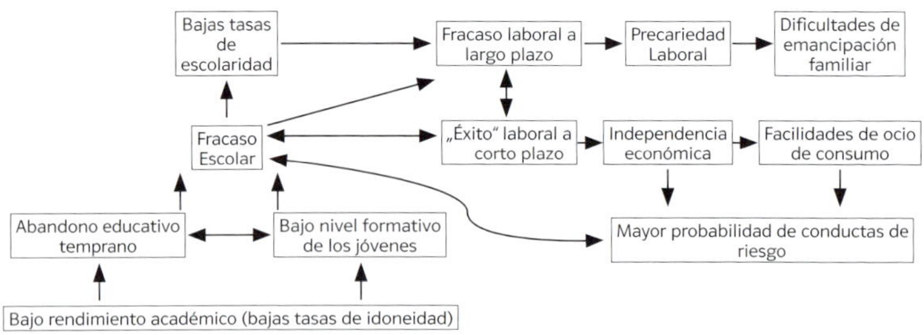

| | |
|---|---|
| **descender** = bajar | sinken, runtergehen |
| **la tasa** = el porcentaje | Rate, Quote |
| **el abandono** | Abbruch |
| ▸ abandonar algo/a alguien | etw./jdn verlassen |
| **educativo, educativa** | Schul- |
| **el fracaso escolar** | Schulversagen |
| **la desventaja** | Benachteiligung |
| **la minoría étnica** | ethnische Minderheit |
| **la pobreza** ≠ riqueza | Armut |
| **acomodado, acomodada** | wohlhabend |
| **el/la profesional** | Berufstätige(r) |
| **la carencia económica** | wirtschaftliche Notlage |
| **condicionado, condicionada** | bedingt |
| **la privación** | Mangel |

**Expresiones para describir un gráfico:**
El gráfico/la gráfica/diagrama muestra…
Los datos revelan un aumento/descenso de …
El número/porcentaje de encuestados… es inferior/superior a…
En el eje vertical/horizontal se representa…
Según las estadísticas … se puede apreciar…
Se observa una tendencia a un mayor/menor…

**¡Recuerda!**
*Por ciento* es invariable. 100 % se lee *ciento por ciento, cien por ciento* o *cien por cien*. Las dos últimas se usan más en España.

| 25% | 50% | 60% | 75% | 90% | 100% |
|---|---|---|---|---|---|
| Uno de cada cuatro encuestados… | La mitad de los encuestados… | Más de la mitad de los encuestados… | Tres de cada cuatro encuestados… | La gran mayoría de los encuestados… | Todos los encuestados… |

**Verbos para describir gráficos:**

| ↑ | ↓ |
|---|---|
| aumentar | disminuir |
| crecer | decrecer |
| subir | bajar |
| incrementar | descender |
| remontar | disminuir |
| duplicar, triplicar | caer, desplomarse |

| | |
|---|---|
| **el objetivo** | Ziel |
| **temprano** | früh |
| **fomentar** | etw. fördern |
| **el acompañamiento** | Begleitung |
| ▸ acompañar a alguien | jdn begleiten |
| **vulnerable** | verwundbar, verletzlich |

# El sistema educativo en Latinoamérica

En Hispanoamérica la educación es un **derecho** incluido en la **constitución** de todos los países. Una **educación básica gratuita** y **obligatoria**. Pero por desgracia, la calidad y el **acceso** a la educación no es igual para todos. Las diferencias en la educación básica en las zonas **urbanas** y **rurales** son muy grandes así como entre las **clases sociales**. Otro factor es el **género**: las niñas **están en desventaja** puesto que tienen que **desempeñar tareas domésticas** en la familia e incluso les llega la **maternidad** a una edad demasiado temprana. Estos y otros factores **impiden** a los niños a acceder a su derecho a una educación **digna** y de calidad. En algunos países eliminar el analfabetismo es un objetivo **primordial** así como mejorar las **destrezas lectora**, **escrita** y las **operaciones matemáticas básicas**.

¿Qué hacer para conseguir la alfabetización completa y mejorar el nivel educativo?:

1. **Compensar** la **desigualdad** entre alumnos y países:
   **Igualar oportunidades** entre alumnos de familias pobres o de zonas rurales. Las escuelas reproducen las desigualdades sociales.

2. **Invertir en** los **docentes**: **formar** y **valorar**:
   Hacer atractiva la **docencia** e invertir en formación y **salarios**.

3. Ayudar a los padres:
   Apoyar a los padres para que puedan ayudar a sus hijos en casa con las tareas y oportunidades para que sigan estudiando a pesar de una **situación** económica **precaria** en la familia.

4. **Sentar las bases**:
   La importancia del **preescolar** para todos los niños, pero más aún para los que no tienen en sus casas un ambiente que ayude al **desarrollo** de sus **habilidades**. Es una etapa **crucial** del desarrollo del **cerebro**.

| | |
|---|---|
| **el derecho** | Recht |
| **la constitución** | Verfassung |
| **la educación básica** **E** basic education | Grundbildung |
| **gratuito, gratuita** = gratis | kostenlos |
| **obligatorio, obligatoria** | verpflichtend |
| **el acceso a** **E** access | Zugang zu |
| **urbano, urbana** | Stadt-, städtisch |
| **rural** | ländlich |
| **la clase social** **E** social class | Gesellschaftsschicht |
| **el género** | Geschlecht |
| **estar en desventaja** | benachteiligt sein |
| ▸ la desventaja | Nachteil |
| **desempeñar algo** = realizar | etw. durchführen, tun |
| **las tareas domésticas** | Hausarbeit, häusliche Pflichten |
| **la maternidad** | Mutterschaft |
| **impedir algo** *(e-i)* | etw. verhindern |
| **digno, digna** | würdig, anständig |
| **primordial** **E** primordial | wesentlich, vorrangig |
| **la destreza** | Fertigkeit |
| la destreza lectora | Lesen |
| la destreza escrita | Schreiben |
| **las operaciones matemáticas básicas** | Grundrechenarten |

| | |
|---|---|
| **compensar** | ausgleichen |
| **la desigualdad** | Ungleichheit |
| **igualar** | gleichstellen, gleichmachen |
| **la oportunidad** **E** opportunity | Gelegenheit |

| | |
|---|---|
| **invertir en** | investieren |
| **el/la docente** | Lehrer(in) |
| **formar** = enseñar | ausbilden |
| **valorar algo** | etw. wertschätzen |
| **la docencia** | Lehrtätigkeit |
| **el salario** | Gehalt, Lohn |

| | |
|---|---|
| **la situación precaria** | heikle Situation |

| | |
|---|---|
| **sentar las bases de algo** | Grundstein für etwas legen |
| **preescolar** | vorschulisch, frühkindlich |
| **el desarrollo** | Entwicklung |
| **la habilidad** **E** ability | Fähigkeit |
| **crucial** | entscheidend |
| **el cerebro** | Gehirn |

# 4.2 La economía

## El papel del Estado y la economía española

**Alberto:** Maite, tú que estás estudiando **ciencias empresariales** en la universidad, ¿me podrías explicar cuáles son los **sistemas económicos** más importantes? Es que escucho las **noticias** y no me **entero de** nada…

**Maite:** Pues, como nosotros estamos en un país capitalista es la **economía de libre mercado** la que tenemos. Es decir, una economía en la que el **Estado** casi no **participa** y es la **ley de la oferta y la demanda** la que **manda**.

**Alberto:** ¿Hay otro tipo de sistema económico? Ese es el que conozco.

**Maite:** Pues sí. Se llama **economía de planificación**. En este tipo de economía es el Estado quien tiene los **bienes de producción** en **propiedad.** Por eso, es el Estado el que **fija** los **objetivos de producción**.

**Alberto:** Bueno, Maite pero, ¿no hay **sistemas intermedios** o algo así?

**Maite:** Sí, claro. El Estado puede dar las **líneas generales** de la política económica, además regula y controla las actividades económicas de la **empresa privada**.

**Alberto:** ¿Pero por qué? ¿Qué controla el Estado?

**Maite:** Pues que la **competencia** sea **libre**. También **protege** a los trabajadores **a la hora de** la **jubilación**, o a los **ciudadanos** que quieren **emprender**, la **prestación por desempleo** si una persona ha perdido su trabajo…

**Alberto:** Recuerdo que en el instituto tratamos el **aislamiento** de España durante los años 40 y 50 del siglo XX. El Franquismo y la **economía autárquica**. Creo que era consumir lo que se produce…

**Maite:** ¡Justo! Desde la dictadura los gobiernos democráticos se han esforzado mucho para **cumplir** los criterios de convergencia europea y hacer que los productos españoles sean **competitivos**. De eso se encarga el **Ministerio de Economía y Hacienda**. La **moneda única**, el euro, en 2002, ayudó un montón a **estabilizar** los precios. Los países de la zona euro tienen una **política monetaria** para que no haya muchas diferencias. Si quieres, podemos ver alguna noticia y la comentamos.

| | |
|---|---|
| **las ciencias empresariales** *(pl.)* | Wirtschaftswissenschaften |
| **el sistema económico** | Wirtschaftssystem |
| **las noticias** | Nachrichten |
| **enterarse de algo** | etw. verstehen |
| **la economía de libre mercado** | freie Marktwirtschaft |
| **el Estado** | Staat |
| **participar en algo** | an etw. teilnehmen |
| **la ley de la oferta y la demanda** | Gesetz von Angebot und Nachfrage |
| **mandar** | (vor)herrschen, regieren |
| **la economía de planificación** | Planwirtschaft |
| **los bienes de producción** | Produktionsgüter |
| **la propiedad** | Eigentum |
| **fijar algo** | etw. festlegen, bestimmen |
| **el objetivo de producción** | Produktionsziel |
| **el sistema intermedio** | Mischsystem |
| **las líneas generales** | Leitlinien |
| **la empresa privada** | Privatunternehmen |
| **la competencia** | Konkurrenz **FF** la concurrencia; *Zusammenkommen; Publikum* |
| **libre** | frei |
| **proteger** | beschützen |
| **a la hora de** = en el momento de | zum Zeitpunkt von |
| **la jubilación** | Rente, Ruhestand **FF** la renta; *Einkommen; Ertrag* |
| **el ciudadano, la ciudadana** | Bürger(in) |
| **emprender algo** | etw. gründen, sich selbstständig machen |
| **la prestación por desempleo** | Arbeitslosengeld |
| **el aislamiento** | Isolierung |
| **la economía autárquica** | autarke, unabhängige Wirtschaft |
| **cumplir algo** | etw. erledigen, erfüllen |
| **competitivo, competitiva** | konkurrenzfähig |
| ▸ la competitividad | Konkurrenzfähigkeit |
| **el Ministerio de Economía y Hacienda** | Ministerium für Wirtschaft und Finanzen |
| **la moneda única** | einheitliche Währung |
| **estabilizar** | festigen |
| **la política monetaria** | Währungspolitik |

# Los sectores económicos

**Las actividades económicas**

El **sector servicios**, el **comercio** y la industria son las actividades económicas básicas tanto por su **aportación** al **PIB** como por el número de **empleos** que **genera**.

**Sectores económicos clásicos: sector** primario, secundario **y terciario**

Tradicionalmente se distinguían tres sectores de producción y fabricación básicos: sector primario, secundario y terciario.

¿Cuál es el sector primario?
Conocido también como **agropecuario**: **explota** los **recursos naturales** que transforma en **materias primas** no **elaboradas**.

- ✓ Agricultura: métodos de explotación modernos → sistemas de **riego eficaces**, producción **agrícola** competitiva, agricultura **ecológica** → nuevo **éxodo rural** (aún muy lento)
- ✓ **Ganadería**: **porcina** y **bovina** principalmente, también **vacuna**: carne y derivados como queso y jamón
- ✓ **Pesca**: tanto pesca directa como **industria conservera**. Flota más importante de la UE
- ✓ Explotación de los **recursos forestales**: **bosques** → **madera** y **corcho**
- ✓ **Minería**: extracción de **carbón** como recurso energético en **declive**

**¿Cuál es el sector secundario?**

Industria y la **construcción** → **ejecuta procedimientos** industriales para transformar los recursos primarios.

Ejemplos: **siderometalurgia**, **industria automovilística**, producción textil (**cuero** y **calzado**), industria **química** y **aeronáutica**...
Industria energética (producción de electricidad):

- ✓ energías no **renovables**: **centrales térmicas**, centrales nucleares, **instalaciones hidroeléctricas**…
- ✓ energías renovables: solar, **eólica** y geotérmica principalmente, van ganando peso en el mercado energético.

**Retos**: modernización de las instalaciones, apoyo a pequeñas y medianas empresas → ampliar las inversiones a largo plazo

| | |
|---|---|
| **el sector servicios** | Dienstleistungssektor |
| **el comercio** | Handel |
| **la aportación** | Beitrag |
| **PIB** *(Producto Interior Bruto)* | Bruttoinlandsprodukt |
| **el empleo** | Stelle, Job |
| ▸ el empleado, la empleada | Mitarbeiter(in) |
| **generar algo** = producir | etw. schaffen |

---

| | |
|---|---|
| **el sector terciario** | Dienstleistungssektor |
| **agropecuario, agropecuaria** | Landwirtschaft und Viehzucht |
| **explotar algo** | etw. nutzen |
| **los recursos naturales** | natürliche Ressourcen |
| **la materia prima** | Rohstoffe |
| **elaborado, elaborada** | verarbeitet |
| **el riego** | Bewässerung |
| **eficaz** | wirksam, leistungsfähig |
| **agrícola** | Agrar-, landwirtschaftlich |
| **ecológico, ecológica** | ökologisch |
| **el éxodo rural** | Landflucht |
| **la ganadería** | Viehzucht |
| ▸ el ganado | Vieh |
| **porcino, porcina** *(el cerdo)* | Schweine- |
| **bovino, bovina** *(la oveja)* | Schaf- |
| **vacuno, vacuna** *(la vaca)* | Rinder- |
| **la pesca** | Fischfang |
| **la industria conservera** | Konservenindustrie |
| **los recursos forestales** | Waldressourcen |
| **el bosque** | Wald |
| **la madera** | Holz |
| **el corcho** | Kork |
| **la minería** | Bergbau |
| ▸ el minero, la mina | Bergmann, Bergwerk |
| **el carbón** | Kohle |
| **en declive** ≠ en alza | im Abschwung |

---

| | |
|---|---|
| **la construcción** | Bau |
| **ejecutar** | durchführen |
| **el procedimiento** | Vorgehen |
| **la siderometalurgia** | Eisenmetallurgie |
| **la industria automovilística** | Autoindustrie |
| **el cuero** | Leder |
| **el calzado** | Schuhwerk, Schuhe |
| **químico, química** | chemisch |
| **aeronáutico, aeronáutica** | Luftfahrt- |
| **renovable** | erneuerbar |
| **la central térmica** | Wärmekraftwerk |
| **la instalación hidroeléctrica** | Wasserkraftwerk |
| **la energía eólica** | Windenergie |
| **el reto** | Herausforderung |

**¿Cuál es el sector terciario?**

Sector servicios: actividades que no producen una **mercancía**. Transporte, comercio, turismo, **entretenimiento**, **finanzas**, telecomunicaciones, **distribución** y **administración pública**.

Sector **financiero** y la **bolsa**: etapa de fusiones entre **cajas de ahorro** y bancos.

Turismo: **Papel clave** en la economía → principal **fuente de empleo** e ingresos económicos **a escala mundial**. Puestos de trabajo: personal hotelero y **hostelería**. En general, transporte de **pasajeros**, **alquiler de coches**, actividades de **ocio**...

Retos en el turismo: atraer turistas con mayor **poder adquisitivo** (reducir el **turismo de masas**), ser competitivo, **promocionar** el turismo **rural** y **sostenible** así como dar a conocer el **patrimonio cultural**, **fomentar** la protección del **medioambiente** como recurso turístico, mejorar infraestructuras y **planes urbanísticos** sostenibles.

**¿Cuál es el sector cuaternario?**

Las actividades económicas basadas en **labores intelectuales** o en la **denominada** economía del **conocimiento**.

Así, su **valor** se obtiene a partir de ideas **científicas**. Fundamentalmente, este nuevo sector nace de la I+D+i, de la **investigación**, el **desarrollo** y la innovación; unas actividades propias del sector secundario e industrial, pero que por su importancia estratégica y sus **modos propios** de producción actualmente permiten hablar de ellas como un sector diferenciado del resto. Algunos ejemplos de sector cuaternario serían los siguientes:

**Tecnología de la información**, investigación científica, cultura, educación, **consultoría**…

| | |
|---|---|
| **la mercancía** | Waren |
| **el entretenimiento** | Unterhaltung |
| **las finanzas** *(pl.)* | Finanzen |
| **la distribución** | Logistik |
| ▸ distribuir algo | etw. verteilen |
| **la administración pública** **E** administration | öffentliche Verwaltung |
| **financiero, financiera** | Finanz- |
| **la bolsa** | Börse |
| **la caja de ahorros** | Sparkasse |
| **el papel clave** | Schlüsselrolle |
| **la fuente de empleo** | Beschäftigungsquelle |
| **a escala mundial** ≠ escala local | weltweit |
| **la hostelería** *(LA)* la hotelería | Hotel- und Gaststättengewerbe |
| **el pasajero, la pasajera** | Reisende(r) |
| **el alquiler de coches** | Autovermietung |
| **el ocio** | Freizeit |
| **el poder adquisitivo** | Kaufkraft |
| **el turismo de masas** | Massentourismus |
| **promocionar algo** | für etw. werben |
| **rural** | ländlich |
| **sostenible** | nachhaltig |
| ▸ el desarrollo sostenible | nachhaltige Entwicklung |
| **el patrimonio cultural** | Kulturgut, -erbe |
| **fomentar algo** | etw. fördern, etw. ankurbeln |
| **el medioambiente** | Umwelt |
| **el plan urbanístico** | Bebauungsplan |
| **la labor intelectual** | geistige Arbeit |
| **denominado, denominada** | sogenannte(-r, -s) |
| **el conocimiento** | Wissen |
| **el valor** | Wert |
| **!** el valor | *Mut* |
| **científico, científica** | wissenschaftlich |
| **la investigación** | Forschung |
| **el desarrollo** | Entwicklung |
| **el modo propio de hacer algo** | eigene Art, etwas zu tun |
| ▸ propio, propia | eigene (-r,-s) |
| **la tecnología de la información** | Informationstechnologie |
| **la consultoría** | Beratung |

# 4.3 El mundo laboral

## Profesiones y oficios

### Jóvenes y el trabajo

El **mercado de trabajo** ha cambiado. Las alternativas **laborales** después de terminar un **grado universitario** son menores que en otros países. El acceso al mercado laboral para **abogados**, **filólogos**… es difícil así como una **remuneración económica** por debajo a la formación educativa es un hecho.

Una de las alternativas más atractivas después de una formación universitaria es presentarse a **oposiciones** para ser **funcionario** del Estado. El sistema de oposición consiste en una o varias **pruebas** teóricas y/o prácticas con cuya notas se **accede** a una lista. Los **puestos** de funcionario **se cubren** con las personas de esta lista con mejores **puntuaciones**. La prueba es difícil y el número de plazas de funcionario pocas.

Hoy en día el mercado laboral requiere más oficios, por eso, los **ciclos de formación profesional** son una alternativa más real para acceder a un trabajo. Sí, hoy se necesitan **carpinteros**, **electricistas**, **albañiles**, **cuidadores de ancianos** o **carniceros**.

En cualquier caso, excepto la opción de trabajar como funcionario para el Estado, la **flexibilidad horaria** es un **requisito** casi fundamental. Los **horarios de apertura** de los **negocios** son cada vez más amplios, **repercutiendo en** la **conciliación familiar**. Esta es difícil y aún hoy, el apoyo de la familia sigue siendo básico en la **crianza** y organización familiar. La nueva situación laboral ha hecho que el **teletrabajo** sea una opción para muchas profesiones: **diseñador web**, programador informático, **administrativos**… También las crisis y el **desempleo** ha fomentado que muchos jóvenes sean **emprendedores** siendo ellos mismos los que se crean su propia empresa. Ser **autónomo** es arriesgado, pero para muchos es una opción elegida u obligada.

### El paro

Aun así la tasa de desempleo entre los jóvenes es altísima respecto a otros países de la UE. La **precariedad** laboral de la población activa (horas extra no remuneradas, **contratos temporales**, salarios bajos, facilidad de los **empresarios** para **despedir**…) es una realidad. Además, para **cobrar el paro** es necesario haber **cotizado** un tiempo mínimo y la prestación económica depende del tiempo trabajado y el salario que se tenía.

| | |
|---|---|
| **la profesión** | Beruf |
| **el oficio** | handwerklicher Beruf |
| **el mercado de trabajo** | Arbeitsmarkt |
| **laboral** | Arbeits- |
| **el grado universitario** | Hochschulabschluss |
| **el abogado, la abogada** | Rechtsanwalt, Rechtsanwältin |
| **el filólogo, la filóloga** | Philologe, Philologin |
| **la remuneración económica** | finanzielle Vergütung |
| **la oposición** | *Auswahlprüfung für den öffentl. Dienst* |
| **el funcionario, la funcionaria** | Beamte(r) |
| **la prueba** = el examen | Test, Prüfung |
| **acceder a algo** | Zugang zu etwas haben |
| **el puesto** = el trabajo | Stelle, Job |
| **cubrir algo** | besetzen |
| **la puntuación** = la nota | Ergebnis, Note |
| **el ciclo de formación profesional** | Bildungsgang der beruflichen Bildung |
| **el carpintero, la carpintera** | Schreiner(in), Tischler(in) |
| **el, la electricista** | Elektriker(in) |
| **el, la albañil** | Maurer(in) |
| **el cuidador, la cuidadora de ancianos** | Altenbetreuer(in), Pflegekraft |
| **el carnicero, la carnicera** | Metzger(in) |
| **la flexibilidad horaria** | flexible Arbeitszeiten |
| **el requisito** | Anforderung |
| **el horario de apertura** | Öffnungszeiten |
| **el negocio** | Unternehmen |
| **repercutir en algo** | sich auf etw. auswirken |
| **la conciliación familiar** | Work-Life-Balance |
| **la crianza** | Kindererziehung |
| **el teletrabajo** | Home Office |
| **el diseñador, la diseñadora web** | Web-Designer(in) |
| **el administrativo, la administrativa** | Verwaltungspersonal |
| **el desempleo** | Arbeitslosigkeit |
| **el emprendedor, la emprendedora** | Unternehmer(in) |
| **el autónomo, la autónoma** | Selbstständige(r) |
| **el paro** | Arbeitslosigkeit |
| **la precariedad** | Unsicherheit |
| **el contrato temporal** | Zeitverträge |
| **el empresario, la empresaria** | der Arbeitgeber |
| **despedir** *(-i-)* **a alguien** | jdn entlassen |
| ▸ el despido | Entlassung |
| **cobrar el paro** | Arbeitslosengeld erhalten |
| **cotizar** *(z-c)* **algo** | Beiträge zahlen |

# Los sindicatos y las organizaciones empresariales

Tarjetas de un cuestionario sobre el papel de los **sindicatos** y las **organizaciones empresariales**

| | |
|---|---|
| El papel de los sindicatos de trabajadores y de las organizaciones empresariales en la **defensa** y **promoción** de los intereses económicos de **ambas** partes. Es un derecho dado por…<br>✓ **la Constitución de 1978.** | La Constitución garantiza el derecho a la **negociación colectiva** y …<br>✓ **pone en manos de los agentes sociales las condiciones de trabajo.** |
| El **convenio colectivo** es el instrumento que trabajadores y empresarios tienen para…<br>✓ **llegar a acuerdos en los aumentos de sueldo o en la determinación de la jornada laboral.** | En este convenio el Gobierno desempeña un papel **mediador** entre las partes. Otra función del convenio colectivo es…<br>✓ **adaptar su actividad a las nuevas tecnologías y a las condiciones económicas, sociales o jurídicas del momento.** |
| La defensa de los intereses **empresariales** la lleva la CEOE. (**Confederación Española de Organizaciones Empresariales)** que **agrupa** a…<br>✓ **todas las empresas asociadas por sectores (automóvil, banca, turismo, etc.) o por tamaño (pequeñas y medianas).** | Los trabajadores españoles defienden sus intereses a través de …<br>✓ **la afiliación a algún sindicato y a declararse en huelga.** |
| Los sindicatos más representativos son…<br>✓ **CC. OO. (Comisiones Obreras) de orientación** comunista **en su origen.**<br>✓ **UGT (Unión General de Trabajadores)** socialista **y vinculada al Partido Socialista Obrero Español (PSOE).**<br>✓ **CSIF (el Sindicato Independiente de Funcionarios).** | |

| | |
|---|---|
| **el sindicato** | Gewerkschaft |
| **la organización empresarial** | Arbeitgeberorganisation |
| **la defensa** + el ataque | Verteidigung |
| **la promoción** | Förderung |
| **ambos, ambas** | beide |
| **la negociación colectiva** | Tarifverhandlung |
| **el agente social** | Tarifpartner |
| **el convenio colectivo** | Tarifvertrag |
| **llegar a acuerdos** | sich einigen |
| **el aumento de sueldo** | Gehaltserhöhung |
| **la determinación** | Bestimmung, Beschluss |
| **la jornada laboral** | Arbeitstag |
| **mediador** | vermittelnd |
| **jurídico, jurídica** | juristisch |
| **empresarial** | Unternehmens- |
| **la Confederación Española de Organizaciones Empresariales (CEOE)** | *spanische Unternehmerorganisation* |
| **agrupar** | gruppieren |
| **asociado, asociada** | zusammengeschlossen, assoziiert |
| ▸ la asociación | Verband |
| **la banca** | Bank |
| ▸ el banco | (Sitz)Bank |
| **la afiliación** | Zugehörigkeit |
| **declararse en huelga** | in (den) Streik treten |
| ▸ la huelga | Streik |
| **vinculado, vinculada a algo** | verbunden mit |

# El papel de los inmigrantes en la economía española

Testimonio de un **inmigrante**: «Llegué en los años 80 a España. Vengo de México D.F. Nosotros ya **estábamos acostumbrados** a recibir **emigrantes** españoles, sobre todo republicanos que buscaron asilo político en nuestro país.

Yo, para entrar legalmente en el mercado de trabajo, tuve que conseguir un **permiso de trabajo**. No fue fácil. Al principio estaba en una situación **irregular.** Encontré un empleo en el **mercado negro** de trabajo: trabajar **a destajo** sin **horario**, sin **seguros** y en **condiciones humillantes**. La **economía sumergida** es muy **próspera**.

Conocí a muchos trabajadores inmigrantes durante mis primeros años en España. Viví en las Comunidades de Cataluña, Madrid y Andalucía porque era donde había más trabajo y por lo tanto **residen** más inmigrantes como yo. La mayoría era de Marruecos, Latinoamérica (Ecuador y Colombia sobre todo) y los países del este de Europa (Rumanía y Bulgaria principalmente).

¿Los empleos que **desempeñé**? Yo empecé en la construcción, también trabajé en la agricultura y ahora trabajo en hostelería, de camarero con un **contrato fijo**. Ya soy legal. Tuve suerte porque otros tienen que trabajar en el **servicio doméstico**, cuidador de ancianos, **comercio al por menor**… y sin **papeles**.

¿Qué hace el gobierno español? Bueno… ha fijado un **contingente anual** de trabajadores extranjeros que pueden trabajar en España, para evitar y **prevenir** la **explotación**. Pero desde mi punto de vista no funciona. Ahora ya no hay tanto trabajo como antes y las condiciones no han mejorado precisamente…»

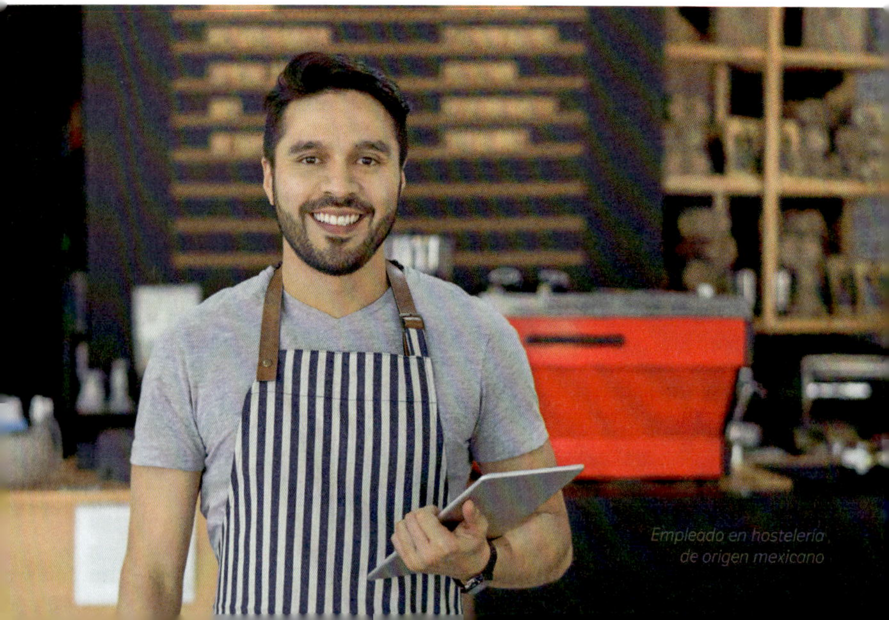

*Empleado en hostelería de origen mexicano*

| | |
|---|---|
| **el, la inmigrante E** inmigrant | Einwanderer, Einwanderin |
| **estar acostumbrado a algo** | an etwas gewöhnt sein |
| **el, la emigrante** | Auswanderer, Auswanderin |
| **el permiso de trabajo** | Arbeitserlaubnis |
| **irregular** = ilegal | ordnungswidrig, illegal |
| **el mercado negro** | Schwarzmarkt |
| **a destajo** | im Akkord |
| **el horario** | Arbeitszeiten |
| **el seguro** | Versicherung |
| **las condiciones** *(pl.)* | Bedingungen |
| **humillante E** humiliating | erniedrigend |
| **la economía sumergida** | Schattenwirtschaft |
| **próspero, próspera** | florierend, blühend |
| **residir** *(en un lugar)* | *(an einem Ort)* wohnen |
| **desempeñar** = realizar | durchführen, tun |
| **el contrato fijo** | fester Arbeitsvertrag |
| **el servicio doméstico** | Haushalt |
| **el comercio al por menor** | Einzelhandel |
| ▸ el comercio al por mayor | Großhandel |
| **los papeles** *(pl.)* | Ausweispapiere |
| **el contingente anual** | jährliche Quote |
| **prevenir** *(= venir)* **algo** | etw. vermeiden, vorbeugen |
| **la explotación** | Ausbeutung |

**Lerntipp:**

**Conecta las nuevas palabras entre sí**

Elegimos una palabra del nuevo vocabulario, por ejemplo, inmigrante. Entre las palabras nuevas tomamos las que más se relacionen, desde tu punto de vista, con la palabra que elegimos primero:

*Permiso de trabajo, irregular, a destajo, la condiciones, humillante. . .*

Con estas nuevas palabras puedes escribir un par de frases que expliquen la situación de una persona inmigrante.

Por ejemplo:

*Un inmigrante sin permiso de trabajo está en una situación irregular. Trabaja a destajo y en unas condiciones humillantes.*

Marca las palabras y haz otras frases diferentes con las mismas palabras. Cuando domines las palabras elegidas puedes añadir otras nuevas sobre el tema y seguir combinándolas en frases.

# 4.4 La globalización

## España en la globalización

### El comercio exterior

**Noticias del día «La balanza comercial sigue siendo deficitaria»**

El **comercio exterior** es una importante fuente de ingresos en la economía nacional. España importa más que exporta y ahora más que nunca: **combustibles**, **petróleo**, **maquinaria** y **equipos** de transporte, productos **manufacturados...**

Los **intercambios** comerciales se hacen fundamentalmente con la UE, seguida de América Latina y los Estados Unidos.

### Las inversiones en el exterior

**El 77% de las empresas españolas prevén aumentar su inversión en Latinoamérica**

La inversión directa de la UE en Latinoamérica vive una constante **expansión**. Existe un enorme **flujo de capital** que las multinacionales han aprovechado. Siete de ellas son europeas y 3 estadounidenses. Invertir en Latinoamérica es un buen **negocio**.

España ha encontrado en los países hispanohablantes **salida** a algunos de sus productos sin éxito en Europa. Latinoamérica es un mercado especialmente **propicio** para ellos por la cultura y lengua comunes. Las grandes empresas españolas **asentadas** en estos países del continente americano **consiguen** grandes **ingresos.**

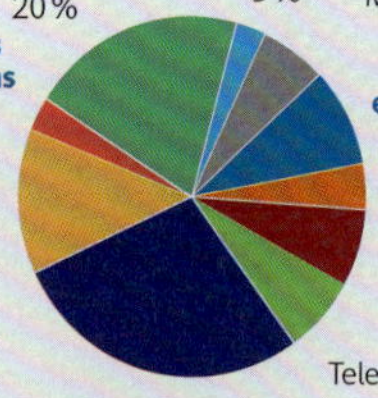


*Fuente: Política Exterior; Datos de la Secretaría de Estado de Comercio*

Las inversiones españolas se han concentrado en los siguientes sectores:

- ✓ Energía eléctrica: mayoría dominante, en los mercados de Argentina, Brasil, Chile y México.
- ✓ Telecomunicaciones: Telefónica de España es el máximo inversor.
- ✓ Banca: Dos grandes bancos españoles **compiten por** las **cuotas de mercado** latino. Las zonas preferidas para sus inversiones son el Cono Sur y México. Se prevén mayores inversiones si mejoran las condiciones de seguridad, tanto económicas como personales.

| | |
|---|---|
| **la globalización** | Globalisierung |
| **la balanza comercial** | Handelsbilanz |
| **deficitario, deficitaria** | defizitär |
| **el comercio exterior** | Außenhandel |
| **el combustible** | Kraftstoff, Treibstoff |
| **el petróleo** | Erdöl |
| **la maquinaria** | Maschinerie |
| **el equipo** | Ausrüstung, Ausstattung |
| **manufacturado, manufacturada** | Fabrik-, Manufaktur- |
| **el intercambio** | Austausch |
| **la expansión** | Erweiterung |
| **el flujo de capital** | Kapitalfluss |
| **invertir en algo** | in etw. investieren |
| **el negocio** | Geschäft |
| **la salida** | Ausgang |
| **propicio, propicia** = favorable | günstig, vorteilhaft |
| **asentado, asentada** | ansässig |
| ▸ asentarse *(-ie-)* (en un lugar) | sich niederlassen (an einem Ort) |
| **conseguir** = lograr | erreichen |
| **los ingresos** | Einnahmen, Einkünfte, Erträge |
| **el crudo de petróleo** | Rohöl |
| **el gas natural** | Erdgas |
| **el suministro** | Angebot |
| **la energía eléctrica** | elektrischer Strom |
| **el vapor** | Dampf |
| **la ingeniería civil** | Bauingenieurwesen |
| **los servicios financieros** | Finanzdienstleistungen |
| **exceptuar** | abgesehen von |
| **el fondo de pensión** | Pensionsfonds |
| **el reaseguro** | Rückversicherung |
| **la seguridad social** | Sozialversicherung |
| **las actividades inmobiliarias** | Immobiliengeschäfte |
| **competir** *(-i-)* **por algo** | um etw. konkurrieren, im Wettbewerb um etw. stehen |
| **la cuota de mercado** | Marktanteil |

# La economía latinoamericana en la globalización

**Podcast "Economía latinoamericana en la globalización"**

Buenos días y bienvenidos a nuestro podcast de economía. Hoy hablaremos de la relación de la globalización con la economía. Porque en los **periodos** de recesión económica son los países menos **desarrollados** los que sufren más las **consecuencias**.

La **dependencia** que un país o un continente tiene de la economía de otros, no se puede controlar. Un ejemplo es la economía latinoamericana y su dependencia de la economía **mundial**, y, en especial, de la economía norteamericana.

Los datos nos **dan la clave**: el 75% de las producciones de Latinoamérica **se dirigen al mercado exterior**, en su mayoría a EE. UU., la UE y Asia. Si los países que compran los productos latinoamericanos pasan por una crisis económica, quienes los venden también. México **ocupa un lugar** especial de dependencia con EE. UU. por sus **acuerdos comerciales** a través del **Tratado de Libre Comercio** con ese país y Canadá.

Es la globalización, para lo bueno y lo malo. En tiempos de **bonaza** el mundo se **beneficia**, pero cuando llega una **desaceleración** de la economía, las **importaciones** se **reducen** y todos sufrimos las consecuencias.

Entonces llega la **caída de precios** de las **materias primas** y los productos manufacturados, lo que reduce notablemente una de las principales fuentes de ingresos de estos países. Las consecuencias se hacen notar pronto en el ciudadano de a pie, al caer el producto interior bruto (PIB) **per cápita,** aumentar el desempleo y con él la pobreza.

¿Qué otras dificultades trae la globalización en la economía?

Pues... una distribución más injusta de la **renta**, así como el desarrollo de un **mercado interior** poco "**sano**".

También nos preguntamos qué hacen los Gobiernos latinoamericanos para luchar contra la recesión económica. Poco pueden hacer puesto que tienen un **escaso margen de maniobra** para mejorar la **precaria** situación social y económica. Todo sin olvidar los **intereses** de la **deuda exterior contraída** en las pasadas **décadas**.

| | |
|---|---|
| **el periodo** | Zeitraum |
| **desarrollado, desarrollada** | entwickelt |
| **la consecuencia** | Folge |
| **la dependencia** | Abhängigkeit |
| **mundial** | Welt- |
| **dar la clave** | Hinweis geben |
| **dirigirse** *(g-j)* **a algo** | sich an etw. richten |
| **el mercado exterior** | Auslandsmarkt |
| **ocupar un lugar** | Platz einnehmen |
| **el acuerdo comercial** | Handelsabkommen |
| **el Tratado de Libre Comercio (TLC)** | (nordamerikanisches) Freihandelsabkommen (NAFTA) |
| **la bonanza** | Aufschwung |
| **beneficiar de algo** | Nutzen ziehen aus etw. |
| **la desaceleración** | Verlangsamung |
| **la importación** | Import |
| **reducir** *(-zco-)* **algo** | zurückgehen |
| **la caída de precios** | Preisverfall |
| **la materia prima** | Rohstoff |
| **per cápita** | pro Kopf |
| **la renta** | Ertrag, Einkommen |
| **el mercado interior** ≠ el mercado exterior | Binnenmarkt |
| **sano, sana** | gesund |
| **escaso, escasa** **E** scarce | gering |
| **el margen de maniobra** | Handlungsspielraum |
| **precario, precaria** | prekär, gefährdet |
| **el interés** **E** interest | Zinssatz, Zinsen |
| **la deuda exterior** | Außenhandelsschulden |
| **contraer** *(= traer)* **una deuda** | Schulden machen |
| **la década** | Jahrzehnt |

Por supuesto nadie, excepto los **afectados**, tienen en cuenta la **devaluación** de sus monedas. Ah, claro la **falta** de estabilidad política y social de algunos países (Venezuela, Cuba y Ecuador) hace, junto con otros factores, que los países **inversores** busquen zonas menos "problemáticas" que les **proporcionen beneficios** más **inmediatos**.

Por supuesto que hay reformas para vencer el caos económico, pero no han **dado los frutos** que se esperaba de ellas: Unas veces por **insuficientes**, otras veces a causa de la recesión de la economía mundial… y las **capas sociales** más vulnerables siguen sin ver mejoras. Son los verdaderos afectados.

¿De quién es la responsabilidad a la hora de buscar soluciones? Es **tarea** de todos. No solo están **comprometidos** los países de la zona, sino también los países desarrollados que tienen intereses en Latinoamérica y que al mismo tiempo son **acreedores**. Según los expertos si se **suavizaran** las **condiciones de pago** de la deuda exterior, se podrían conseguir mayores beneficios a medio y largo plazo. Dar tiempo y facilidad a los países **deudores** para realizar las reformas necesarias.

¿Y cuáles son las nuevas reformas necesarias? Dos **frentes** a combatir: el económico y el político-social.

Por ejemplo, en el ámbito económico, fomentar la inversión en infraestructuras y personal mejorando la distribución de la productividad y las **oportunidades** en la sociedad. También apoyando la investigación y **difusión** del **conocimiento** técnico y crear **mano de obra cualificada** sin olvidar a las pequeñas y medianas empresas.

En el campo político y social es fundamental **acometer reformas institucionales** que permitan transparencia y **pluralidad** política, que **generen hábitos** democráticos y fomenten el perfeccionamiento de la **justicia** y la estabilidad institucional. Sin democracia no hay futuro.

¿Y qué tal Argentina y su crisis económica permanente?

Bueno, como vemos en este caso, no todo depende de la economía global. La actividad económica en Argentina tuvo otro año **fatídico** en 2020. Los datos oficiales marcan una **contracción** del 10 %, la más grave del continente junto con la de Perú si se **deja al margen** la catástrofe venezolana. Ya en 2020 Argentina **colapsó** también. La inflación es tan elevada que la moneda no deja de **devaluarse**. ¿Cuál será su futuro? La solución depende de todos. Quizá es posible buscar **ventajas** en la globalización para encontrar una solución a la economía argentina.

| | |
|---|---|
| **el afectado, la afectada** | Betroffene(r) |
| **la devaluación de la moneda** | Abwertung der Währung |
| **la falta** | Fehlen |
| **el inversor/la inversora** | Investor(in) |
| **proporcionar** | anbieten |
| **el beneficio** | Vorteil, Profit |
| **inmediato, inmediata** **E** immediate | unverzüglich |

| | |
|---|---|
| **dar fruto** | Ertrag abwerfen |
| **insuficiente** **E** insufficient | ungenügend |
| **la capa social** | Gesellschaftsschicht |

| | |
|---|---|
| **la tarea** | Aufgabe |
| **comprometido, comprometida** | *(politisch)* engagiert |
| **el acreedor, la acreedora** | Gläubiger(in) |
| **suavizar** | verbessern |
| **las condiciones de pago** | Zahlungsbedingungen |
| **el deudor, la deudora** | Schuldner(in) |

| | |
|---|---|
| **el frente** | Front |
| **!** la frente | *Stirn* |

| | |
|---|---|
| **la oportunidad** **E** opportunity | Gelegenheit |
| **la difusión** | Verbreitung |
| ▸ difundir algo | verbreitern |
| **el conocimiento** | Kenntnis(se) |
| **la mano de obra** | Arbeitskraft |
| **cualificado, cualificada** | qualifiziert |

| | |
|---|---|
| **acometer reformas** | Reformen in Angriff nehmen |
| **institucional** | institutionell |
| **la pluralidad** | Vielfältigkeit |
| **generar algo** | etw. hervorrufen |
| **el hábito** = la costumbre | (An)Gewohnheit |
| **la justicia** | Justiz |

| | |
|---|---|
| **fatídico, fatídica** | fatal, verhängnisvoll |
| **la contracción** | Rückgang, Schrumpfung |
| **dejar al margen** | beiseite lassen, bewusst nicht beachten |
| **colapsar** | zusammenbrechen |
| **devaluarse** *(la moneda)* | *(Währung)* abwerten |
| **la ventaja** ≠ la desventaja | Vorteil |

# Crisis económica a principios del siglo XXI

## La burbuja inmobiliaria

Preguntas y respuestas sobre la **burbuja inmobiliaria**

**¿Qué es?**

A finales de la década de los 90 el precio de pisos, casas, locales, garajes en España no estaba **acorde con** el **incremento** del **IPC** (Índice de Precios al Consumo) o de las **rentas**. Es decir, eran más caros de lo que la gente podía pagar: subían los precios, pero no los sueldos.

**¿Por qué?**

Los **beneficios fiscales** para la adquisición de una **vivienda**, la falta de **suelo edificable**, la especulación, la **recalificación** de suelos y el exceso de crédito.

**¿Qué papel tuvieron los bancos en la burbuja?**

**Concedieron créditos con mucha facilidad** y a un **interés** muy bajo, pero variable anualmente y sin realizar un estudio sobre la **viabilidad** del pago de la **deuda**.

**¿Cómo pagaba la gente las viviendas?**

Estaban **sobrevaloradas** en cientos de miles de euros y la gente pidió hipotecas altísimas incluso de 40 y 50 años que **heredarían** los hijos.

**BURBUJA INMOBILIARIA**

**¿Cómo influyó la burbuja en el mercado laboral?**

Fueron los años de la **construcción** masiva de viviendas para **satisfacer** la **demanda**. El mercado inmobiliario español tuvo una expansión sin precedentes. Se necesitaban albañiles, **fontaneros**, carpinteros… en gran parte **provenientes de** Europa del este y de Latinoamérica. Como estos trabajadores **solicitaban** también créditos y nuevas viviendas, la demanda seguía aumentando constantemente. Resultado: la **tasa de paro descendió**, los servicios en escuelas, hospitales, comercios creció por el aumento de población (España **superó** los 45 millones de habitantes) y los Gobiernos tenían **superávit**. España se convirtió en un país de nuevos ricos.

| | |
|---|---|
| **la burbuja inmobiliaria** | Immobilienblase |
| **estar acorde con algo/alguien** | in Übereinstimmung mit etw./jdm |
| **el incremento** | Zunahme |
| **IPC** *(Indice de Precios al Consumo)* | Index der Verbraucherpreise |
| **la renta** = los ingresos | Einkommen |
| **el beneficio fiscal** | Steuervorteil |
| **la vivienda** | Wohnung |
| **el suelo edificable** | Baugrundstück |
| **la recalificación** | Neubewährung |
| **tener un papel** | Rolle spiele |
| **conceder un crédito** | Kredit gewähren |
| **con mucha facilidad** | problemlos |
| **el interés** **E** interest | Zinssatz, Zinsen |
| **la viabilidad** | Machbarkeit |
| **la deuda** | Schulden |
| **sobrevalorar algo** ≠ infravalorar | etw. überbewerten |
| **heredar algo** | etw. vererben |
| **la construcción** | Bau |
| ▸ construir algo *(i-y)* | (er)bauen |
| **satisfacer algo** | etw. erfüllen, etw. befriedigen |
| ▸ satisfecho, satisfecha | zufrieden |
| **la demanda** | Nachfrage |
| **el fontanero, la fontanera** | Klempner(in) |
| **proveniente de** | stammend von, aus |
| **solicitar** *(un crédito)* ≠ rechazar algo | *(Kredit)* beantragen |
| ▸ la solicitud | Anfrage, Antrag |
| **la tasa de paro** | Arbeitslosenquote |
| **descender** = bajar | sinken, runtergehen |
| **superar algo** | etw. überwinden |
| **el superávit** | Überschuss |

### ¿Cómo fue el pinchazo de la burbuja?

Y llegó el final. A pesar de las **voces** que **alertaban** de que la construcción de pisos no podía durar eternamente, se **hicieron oídos sordos tachando de alarmistas** a los críticos de esta situación del boom económico. En 2007 **reventó** la burbuja inmobiliaria estadounidense llegando a España al año siguiente. A partir de este año, la **compraventa** de viviendas en España **cayó en picado**. La gente dejó de comprar pisos y por lo tanto, mucha gente sin otra formación que la construcción, perdió su empleo. Muchas de estas personas eran emigrantes que habían traído a su familia a España.

### ¿Fue la crisis inmobiliaria la única crisis en España?

Con la globalización, lo que pasa en un país del mundo nos **repercute** a todos. Por eso, la crisis financiera mundial que **se originó** en Estados Unidos en el año 2008 **se extendió** por todo el planeta llegando a España.

Razones de la crisis (**bancarrota** del sistema financiero **occidental**): **gestión** corrupta de varias compañías, bancos y **aseguradoras** sin control **fiscal**.

Consecuencias para España: En dos años se enfrentó a una doble crisis, la inmobiliaria y la financiera mundial. El paro y la **deuda pública se dispararon**, bancos sin **liquidez** que fueron **rescatados** con la ayuda al FMI (Fondo Monetario Internacional) y a la Unión Europea.

### ¿Qué repercusiones tuvieron las crisis en la sociedad?

El gobierno **tomó medidas** muy duras haciendo **recortes** drásticos en los servicios sociales para pagar la deuda pública. Las consecuencias las **sufrieron** los más **débiles** y pobres.

Reformas del Gobierno:

- **leyes laborales** → **despidos** más baratos, **sindicatos** con menos poder y empresarios con mayores beneficios fiscales, disminución de la **prestación social** por desempleo en cantidad y duración.
- Recortes de los servicios básicos: ayudas sociales, **sanidad** y educación → menos ayudas sociales a personas en situación vulnerable, menos escuelas y profesores, hospitales con menos médicos, …
- Nuevos **impuestos**, **suprimió** una **paga** y aumentó la **jornada laboral** a los funcionarios. Aumentó la **presión** fiscal a la clase media y subió el **IVA** para **sufragar** el rescate de la banca.

| | |
|---|---|
| **el pinchazo** *(de la burbuja)* | Platzen |
| **la voz !** (pl. voces) | Stimme |
| **alertar a alguien** | jdn alarmieren |
| **hacer oídos sordos** | sich taub stellen |
| ≠ ser todo oídos | genau zuhören |
| **tachar a alguien de alarmista** | jdn als Panikmacher beschuldigen |
| **reventar** *(una burbuja)* | *(Blase)* platzen |
| **la compraventa** | Kauf und Verkauf |
| **caer en picado** | einen Preissturz erleben |
| **repercutir** | auswirken |
| **originarse** | verursacht werden |
| **extenderse** | sich verbreiten |
| **la bancarrota** | Pleite, Bankrott |
| **occidental** ≠ oriental | westlich |
| **la gestión** | Management |
| **la aseguradora** | Versicherungsgesellschaft |
| **fiscal** | steuerlich |
| **la deuda pública** | Staatsschulden |
| **dispararse** = aumentar rápidamente | in die Höhe schießen |
| **la liquidez** *(de dinero)* | Liquidität |
| **rescatar a alguien** | jdn retten |
| ▸ rescatado, rescatada | gerettet |
| **la repercusión** | Auswirkung |
| **tomar medidas** | Maßnahmen ergreifen |
| **el recorte** | Kürzung |
| **sufrir algo** | etw. erleben |
| **débil** ≠ fuerte | schwach |
| **la ley laboral** | Arbeitsgesetz |
| ▸ aprobar *(-ue-)* una ley | Gesetz beschliessen |
| **el despido** | Entlassung |
| ▸ despedir a alguien | jdn entlassen |
| **el sindicato** | Gewerkschaft |
| **la prestación social** | Arbeitslosengeld |
| **la sanidad** | Gesundheitswesen |
| **el impuesto** | Steuer |
| **suprimir algo** | etw. abschaffen |
| **la paga** | Zahlung |
| **la jornada laboral** | Arbeitstag |
| **la presión** **E** pressure | Druck |
| **el IVA** *(Impuesto de Valor Añadido)* | Mehrwertsteuer |
| **sufragar algo** | etw. finanzieren, bezahlen, bestreiten |

# Los jóvenes y la crisis

Las **consecuencias** de la **guerra** entre Rusia y Ucrania llegan hasta nosotros. Aunque **parezca** que el conflicto queda lejos, este ha **provocado** una nueva crisis en España, la tercera en los últimos quince años. Los españoles **nos enfrentamos** a un nuevo **reto** y en especial, los jóvenes. La nueva situación económica **merma** aún más sus perspectivas laborales y lo peor es que nadie sabe cómo cambiar esta **tendencia**.

La construcción **abusiva**
Todo comenzó en 2008 cuando **tuvo lugar** la primera, la llamada **crisis del ladrillo**. Duró hasta 2013 y fue **causada** por la crisis financiera estadounidense. Además de **afectarnos** económicamente lo ocurrido al otro lado del mundo, el país y por lo tanto sus habitantes, tuvieron que **soportar** la **precariedad** económica aún más de lo "normal" por la **deuda contraída** por el país durante esos primeros años. El resultado fue **nefasto** para todos, puesto que el drama económico **se alargó** en el tiempo.

Y llegó la **pandemia**
Cuando todo parecía haber **pasado** y España sentía que se había **recuperado de** la crisis anterior, llega la pandemia de Covid en 2020. Aún está muy **reciente** tanto en el tiempo como en el **recuerdo** de los españoles que vivieron tres meses **encerrados** en sus casas.

El país **se paró**. Tan solo la actividad en los sectores **esenciales** continuó. Fue necesario aumentar el **gasto público** para **afrontar** la compra de material sanitario y los **salario** de los ciudadanos en **ERTE** (Expediente de Regulación Temporal de empleo). Las **secuelas** de la pandemia seguían afectando, no solo a la salud de la población, sino también a sus **bolsillos**. En 2022 nadie esperaba que a la **repercusión** del Covid en la economía **se uniera** la guerra entre Rusia y Ucrania.

¿Qué vendrá ahora? Los jóvenes necesitan una **tregua** en la **lucha** por **salir adelante**.

Escribe aquí tu comentario:

Ser joven no es fácil. No hay futuro. Salimos de una crisis para **meternos** en otra. ¿Qué vamos a hacer?¿Vivir en casa de nuestros padres **eternamente**? Estudiar y formarse ¿para qué? ¿Es la única opción emigrar para trabajar? ¿Qué más nos puede pasar ? ¿Somos una **generación perdida**?
*Carlos, Segovia 18 años*

| | |
| --- | --- |
| **la guerra** | Krieg |
| **parecer** *(c-zc)* | erscheinen |
| **provocar algo** *(c-qu)* | etw. auslösen |
| **enfrentarse a algo** | sich etw. gegenübersehen, mit etw. konfrontiert sein |
| **el reto** | Herausforderung |
| **mermar algo** | etw. untergraben |

| | |
| --- | --- |
| **abusivo, abusiva** | missbräuchlich |
| **tener lugar** = producirse, suceder | stattfinden, auftreten, geschehen |
| **la crisis del ladrillo** | Baukrise |
| **causar algo** = producir, hacer | etw. verursachen |
| **afectar a alguien** | jdn beeinflussen |
| **soportar algo** | etwas ertragen müssen |
| **la precariedad** | Unsicherheit |
| **contraer** *(= traer)* **una deuda** | Schulden machen |
| **nefasto, nefasta** | verheerend |
| **alargar** ≠ acortar **algo** | etw. verlängern |

| | |
| --- | --- |
| **la pandemia** | Pandemie |
| **pasar algo** = sufrir | geschehen, erfahren |
| **recuperarse de algo** | sich von etw. erholen |
| **reciente** | kürzlich |
| **el recuerdo** | Erinnerung |
| ▸ recordar *(-ue-)* algo | sich an etw. erinnern |
| **encerrado, encerrada en** | sich einschließen |

| | |
| --- | --- |
| **pararse** = detenerse | anhalten |
| **esencial** | wesentlich |
| **el gasto público** | öffentliche Ausgaben |
| **afrontar algo** | etw. bewältigen |
| **el salario** | Gehalt |
| **ERTE** *(Expediente de Regulación Temporal de Empleo)* | Kurzarbeit |
| **la secuela** | Nachwirkung |
| **el bolsillo** | Tasche (Familiengeld) |
| **la repercusión** | Auswirkung |
| **unirse a algo/alguien** | sich etw./jdm anschließen |

| | |
| --- | --- |
| **la tregua** | (Ruhe)Pause; Waffenstillstand |
| **la lucha** | Kampf |
| **salir adelante** | vorankommen |

| | |
| --- | --- |
| **meterse en algo** | in etw. reingezogen werden |
| **eternamente** | auf ewig |
| **la generación perdida** | verlorene Generation |

# ¿Qué quiero ser?

Mi página, mis ideas

## Tarjetas de vocabulario en línea

Practica el vocabulario con las tarjetas en línea. Puedes elegir el tema que quieres practicar, escuchar las palabras y repetirlas para mejorar tu pronunciación.

## Actividades en línea

Haz las actividades en línea. Así usas el vocabulario en un nuevo contexto, lo memorizas y tienes una corrección inmediata.

## Vídeo de aprendizaje

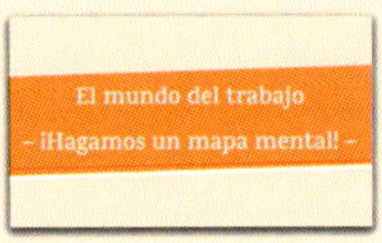


Mira el vídeo para aprender como hacer un mapa mental.

## ¿Cuál es tu vocación?

Prepara un mapa mental sobre tu vocación.

## La vocación de Gaturro

¿Dónde estamos? ¿A quién vemos? ¿Qué hacen las personas en el cómic?

## ¡Analiza!

Analiza el cómic con la ayuda de las preguntas siguientes.

¿Sobre qué tema hablan? ¿Por qué?
¿Cuáles son los sueños de los alumnos?
¿Por qué el sueño de Gaturro no le gusta a la profesora?
¿Qué piensa Gaturro sobre la expulsión? ¿Por qué?

## ¡Escucha y comenta!

Escucha lo que dos jóvenes piensan sobre el trabajo de sus sueños.

¿Tienes el trabajo de tus sueños? Explica por qué (no).
¿De qué quieres trabajar cuando hayas terminado la escuela? ¿Por qué?
¿Qué quieres ser tú cuando hayas terminado la escuela?
¿Por qué?
¿Tienes una vocación?

# 5 El individuo y la sociedad

# 5.1 Los jóvenes

## La infancia

### La niñez en América Latina y el Caribe

20 de noviembre es la fecha en que se **aprobó** la Declaración de los Derechos del Niño en 1959.

La palabra **infancia** se refiere al **periodo** de vida desde que se nace hasta la pubertad.

Las leyes y Unicef consideran a todo individuo menor de 18 años en la infancia.

En Latinoamérica y el Caribe viven 188 millones de **menores de edad**, que representan aproximadamente un 30 % de su población.

¿Se cumplen estos derechos en Latinoamérica y el Caribe?

- **Derecho a la alimentación** – 1 de cada 5 menores de 5 años tiene problemas de **crecimiento**, **emaciación** y/o **sobrepeso**.
- **Derecho a una identidad** – 2.7 millones de menores de 5 años no son **registrados** por sus familiares.
- **Derecho a la protección y a una familia** – Hoy hay 7 millones menores migrando por su cuenta, **huyendo** de la **pobreza**, de crisis **políticas**, de la **violencia**, de guerras y de conflictos. Además, el fenómeno de los **niños de la calle** se da por la pobreza extrema o la **miseria** absoluta de sus familias. El **trabajo infantil** es a veces bastante **rentable**. Comienzan vendiendo o **mendigando** y después se ven obligados **delinquir** o a prostituirse. Muchos no saben lo que es un **hogar**. **Roban** y, a veces, tienen que **drogarse** o **aspirar pegamento** para olvidar el hambre, el frío o la **soledad**.
- **Derecho a la educación gratuita** – de 117 millones de niños, niñas y adolescentes en edad escolar 6,5 millones están fuera del sistema educativo y 15, 6 no tienen el nivel requerido.
- **Derecho a la salud** – 187.000 menores de 5 años mueren cada año por **deshidratación**, **desnutrición** o **infecciones respiratorias**.

| | |
|---|---|
| **aprobar** *(-ue-) (una ley)* | (Gesetz) verabschieden |
| **la infancia** **E** infancy | Kindheit |
| **el periodo** | Zeitraum |
| **el/la menor de edad** | Minderjährige(r) |
| **la alimentación** **E** alimentation | Ernährung |
| **el crecimiento** | Wachstum |
| ▸ crecer *(-zco)* | wachsen |
| **la emaciación** | Abmagerung |
| **el sobrepeso** | Übergewicht |
| **registrar** | registrieren,eintragen |
| **huir** *(-y-)* **de algo** | vor etw. fliehen |
| **la pobreza** | Armut |
| **político, política** | politisch |
| **la violencia** | Gewalt |
| **el niño, la niña de la calle** | Straßenkind |
| **la miseria** **E** misery | Elend |
| **el trabajo infantil** | Kinderarbeit |
| **rentable** | rentabel, lohnend |
| **mendigar** *(-gu-)* | betteln |
| **delinquir** *(qu-c)* | straffällig werden, eine Straftat begehen |
| ▸ el, la delincuente | Straftäter(in) |
| **el hogar** | Zuhause |
| **robar algo** | etw. stehlen |
| ▸ el robo | Diebstahl |
| **drogarse** *(g-gu)* = tomar drogas | Drogen nehmen |
| **aspirar pegamento** | Klebstoff schnüffeln |
| **la soledad** | Einsamkeit |
| **la deshidratación** | Flüssigkeitsmangel |
| **la desnutrición** | Unterernährung |
| **la infección respiratoria** | Atemwegserkrankung |
| ▸ la respiración | Atem, Atmen |

## La niñez en España

Plataforma de la infancia en España

Las familias en España no tienen las mismas ayudas para la **crianza** que otros países de la Unión Europa.

Es necesario reducir o eliminar costes relacionados con la **educación obligatoria**: transporte, **comedor escolar**, libros y **material escolar.**

Se exige la protección a niños y niñas no **acompañados**, ya sean migrantes o **refugiados**.

Luchemos contra la discriminación a niños y niñas **discapacitados**, de origen extranjero, a **minorías étnicas**.

La **cifra** de **abusos** a **menores** no se conoce **a ciencia cierta**; pero se **estima** que 1 de 4 niñas y 1 de cada 7 niños lo sufren en España.

En España la **obesidad** infantil aumenta.
Uno de cada cinco niños tiene problemas de **sobrepeso** a causa de la pandemia; pero también del alto precio de verduras y frutas.

# Los jóvenes

## La búsqueda de identidad y desafíos

Nací en Madrid y me siento española; pero la gente me **discrimina** diciendo cosas como: "pero tus papás no son de aquí", o "en tu país eso será diferente". He ido sólo una vez a Perú.

Sufría de **acoso escolar**. Busqué apoyo en mi familia. Les conté que era gay. Mi papá se fue de casa y mi mamá se sintió **culpable**. Me fui de casa.

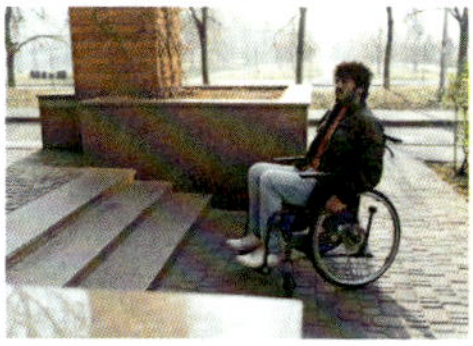

Hay profesores que no me quieren en su clase por mi **discapacidad física**. Mis compañeros no me invitan porque con mi **silla de ruedas** no es posible **acceder** a todo de forma autónoma.

| | |
|---|---|
| **la crianza** | Kindererziehung |
| **la educacion obligatoria** | Pflichtschulbildung |
| **el comedor escolar** | Schulkantine |
| **el material escolar** | Schulmaterialien |
| **acompañado, acompañada** | begleitet |
| **el refugiado, la refugiada** | Flüchtling |
| **discapacitado, discapacitada** | (Körper)behindert |
| **la minoría** ≠ la mayoría | Minderheit |
| **etnico, étnica** | Ethnisch, Volks- |

| | |
|---|---|
| **la cifra** | Zahl, Ziffer |
| **el abuso** | Missbrauch |
| **el, la menor (de edad)** | Minderjährige(r) |
| **a ciencia cierta** | mit Sicherheit |
| ▸ la ciencia | Wissenschaft |
| **estimar** | schätzen |
| **la obesidad** | Fettleibigkeit |
| **el sobrepeso** | Übergewicht |

| | |
|---|---|
| **discriminar a alguien** | Diskriminieren |
| ▸ la discriminación | Diskriminierung |
| **el acoso escolar** = el bullying | Schulmobbing |
| **culpable** | schuldig |
| **la discapacidad física** | Körperbehinderung |
| **la silla de ruedas** | Rollstuhl |
| **acceder a algo** | zu etw. Zugang haben |

**Lerntipp:**

Dos por una

En alemán es una palabra y en español dos:

**Pflichtschulbildung** → **educación** / **obligatoria**

**Schulkantine** → **comedor** / **escolar**

| sustantivo | adjetivo |
|---|---|

**Körperbehinderung** → ______

**Schulmaterialien** → ______

No quiero emigrar a otro país, ni dejar Nicaragua. **Asisto a la escuela**; pero aquí no hay ninguna **expectativa**. Mis dos hermanos mayores ya se fueron a Costa Rica. A mí me han **amenazado** por Internet por ser **opositor** del gobierno.

Primero, el Instituto, después la **carrera** universitaria, varias lenguas y ahora el único **empleo** que encuentro está bastante mal pagado y no está nada relacionado con mis estudios e intereses; pero para lo que quiero, estoy **sobrecualificada**.

Soy muy **delgada** y tímida; por eso mis compañeros **se burlan de** mí. No quiero ir al instituto. El **bullying** lo siento en clase y fuera de ella, en las **redes sociales**, en forma de **ciberacoso**. Creo que me he vuelto un poco **depresiva**. ¿Qué hago?

# El tiempo libre

## El tiempo libre en España

Aunque los prejuicios nos hagan pensar que los españoles se pasan su **tiempo libre** haciendo la **siesta** o **de copas**, los primeros puestos del barómetro de la **encuesta** del INJUVE nos demuestran otra cosa. Las prioridades de los españoles siguen siendo estar con la familia y **descansar**. Los factores **decisivos** para **llevar a cabo** una actividad y no otra, dependen de que les permita **relacionarse con** otras personas. Los jóvenes **raramente** se encuentran con sus amigos en casa y la **gente mayor**, por lo general, se sienta en plazas o en bares; por eso hay tanta vida en las calles. El **ocio digital**, como tal, ya no es representativo, porque muchas de las actividades de tiempo libre se desarrollan **por medio del** Internet, por ejemplo, ver la televisión o series y escuchar música.

| **Ocio** en horas de descanso | % |
|---|---|
| Escuchar música o radio | 97 |
| Ver tele o series online | 92,9 |
| Ir a bares o discotecas | 76,3 |
| Hacer deporte | 65,5 |
| Leer, ir al teatro o a museos | 49,5 |
| **Hacer botellón** | 39,1 |
| **Colaborar con ONGs** | 18,5 |

*Fuente: www.injuve.es*

| | |
|---|---|
| **asistir a la escuela** | Schule besuchen |
| **la expectativa** | Aussicht |
| **amenazar** *(z-c)* | (be)drohen |
| **el opositor, la opositora** | Gegner(in) |
| **la carrera** | Studium |
| **el empleo** | Stelle, Job |
| **sobrecualificado, sobrecualificado** | überqualifiziert |
| **delgado, delgada** | Schlank, dünn |
| **burlarse de alguien** | jdn auslachen |
| **el bullying** | (Schul)Mobbing |
| **las redes sociales** | soziale Netzwerke |
| ▸ la red | Netz(werk) |
| **el ciberacoso** | Cybermobbing |
| **depresivo, depresiva** | depressiv |

| | |
|---|---|
| **el tiempo libre** | Freizeit |
| **la siesta** | Mittagsschlaf |
| **de copas** | ausgehen, etw. trinken gehen |
| **la encuesta** = el sondeo | Umfrage |
| **descansar** | sich ausruhen |
| **decisivo, decisiva** | entscheidend |
| **llevar a cabo** | durchführen |
| **relacionarse con alguien** | mit jdm Kontakt haben |
| **raramente** | selten |
| **la gente mayor** | die Alten, die Älteren |
| **el ocio digital** | digitale Freizeitgestaltung |
| **por medio de** | mittels, durch |
| **el ocio** | Freitzeit, Muße |
| **hacer botellón** | *sich in der Öffentlichkeit treffen, um zu trinken* |
| **colaborar con ONGs** | mit NROs zusammenarbeiten |
| ▸ ONG Organización no gubernamental | NRO Nichtregierungsorganisation |

## El tiempo libre en Latinoamérica

Search... MITIEMPOLIBRE

| 1,132 | 1.6 mill. | 1,321 |
|---|---|---|
| Publicaciones | Seguidores | Seguidos |

**Entrenando** con mi **equipo** de fútbol en el **club deportivo** para el próximo **partido**.

En la **bolera** con mi novio y unos amigos.

**Almuerzo** en familia con **parientes lejanos**, como todos los domingos.

Viendo la **transmisión** del Mundial de Fútbol con amigos, todos **hinchas** de México.

# La comunicación intercultural

卌I razones para irte de **intercambio.** A España con un intercambio **escolar** con el programa Erasmus+. Puede ir toda tu clase o puedes ir tú sol@. A Latinoamérica puedes ir tú sol@ con la organización AFS:

- I Aprenderás o **mejorarás** la lengua practicando efectivamente.
- II Conocerás un nuevo mundo, una nueva cultura **interactuando**.
- III Harás **amistades** de todo el mundo.
- IIII **Te volverás** más **independiente**.
- 卌 Verás a tu país con otros ojos.
- 卌I **Vivirás** nuevas **experiencias**.

| | |
|---|---|
| **entrenar** | trainieren |
| **el equipo** | Mannschaft |
| **el club deportivo** | Sportverein |
| **el partido** | (Fußball)spiel |
| **la bolera** | Kegelbahn |
| **el almuerzo** | Mittagessen |
| **el, la pariente** | Verwandte(r) |
| **el pariente lejano, la pariente lejana** | entfernte(r) Verwandte(r) |
| **la transmisión** | Übertragung |
| **el/la hincha** | Fan |
| **el intercambio** | Austausch |
| **escolar** | Schul-, Schüler- |
| **mejorar algo** | etw. verbessern |
| **interactuar** | interagieren |
| **la amistad** | Freundschaft |
| **volverse independiente** | selbstständig werden |
| **vivir experiencias** | Erfahrungen sammeln |

**La familia**

# 5.2 La realidad social

## La mujer

### La mujer latinoamericana

***#DiadelaMujerIndigena***

El 5 de septiembre es un día para conocer la historia, la situación actual y **luchar por** el futuro de la mujer **indígena** que sufre una triple discriminación: por **género**, por su **condición** de indígena y por la **pobreza**.

***#DiaDeLaMujerAfro***

El 25 de julio se celebra el Día de la Mujer **afrodescendiente** también conocido como el Día de la Mujer Afrolatina, Afrocaribeña y de la **diáspora**. Este día se trata de hacer visible la discriminación que ellas, el 30 % de la población de América Latina y el Caribe, sufre por el racismo, el sexismo y por los **prejuicios**.

***#NiUnaMenos*** Es un **movimiento** de sensibilización en contra del **femicidio** o la violencia de género en Latinoamérica y el Caribe. La tolerancia y la **impunidad** son los mayores **obstáculos** para prevenirla.

***#MujeresRurales*** Es una campaña que busca hacer visibles y **empoderar a** las mujeres **rurales** que trabajan, **afrontando** muchas limitaciones de protección social, financiamiento y seguros. Son ellas las que **se encargan de** la **siembra**, la **cosecha**, el **almacenamiento** y la **comercialización** de **alimentos** en las ciudades.

Aunque el tema de la **igualdad de género** es muy amplio todas las mujeres, blancas, indias, negras, en el campo o en la ciudad, tienen iguales metas: el **rechazo** del cuerpo como **mercancía** y de la violencia física, así como la defensa de la igualdad en la **toma de decisiones** o la libertad en la **elección** de educación o profesión.

| | |
|---|---|
| **luchar por algo** | für etw. kämpfen |
| **el/la indígena** | Indigene(r), Ureinwohner(in) |
| **el género** | Geschlecht |
| **la condición** **E** condition | Status, Situation |
| **la pobreza** | Armut |
| ▸ pobre | arm |
| **el/la afrodescendiente** | aus Afrika stammend |
| **la diáspora** | Diaspora *(Gebiet, in dem eine konfessionelle oder nationale Minderheit lebt)* |
| **el prejuicio** | Vorurteil |
| **el movimiento** | Bewegung |
| ▸ moverse *(-ue-)* | sich bewegen |
| **el femicidio** | Frauenmord |
| **la impunidad** | Straflosigkeit |
| **el obstáculo** | Hindernis |
| **empoderar a alguien** | jdn ermächtigen |
| ▸ el poder | Macht |
| **rural** | Land-, vom Land |
| **afrontar** | entgegentreten |
| **encargarse de algo** | etw. übernehmen |
| **la siembra** | Aussaat |
| ▸ sembrar *(-ie-)* algo | etw. aussähen |
| **la cosecha** | Ernte |
| **el almacenamiento** | Lagerung |
| **la comercialización** | Vermarktung |
| **los alimentos** | Nahrungsmittel |
| los alimentos básicos | Grundnahrungsmittel |
| **la igualdad de género** | Gleichheit der Geschlechter |
| **el rechazo** | Ablehnung, Zurückweisung |
| **la mercancía** | (Handels)Ware |
| **la toma de decisiones** | Entscheidungsfindung |
| **la elección** | Wahl |
| ▸ elegir *(-i-; g-j)* algo/a alguien | jdn/etw. wählen |

## La mujer española

El **arduo** camino histórico para la **igualdad** de la mujer española:

**1910** derecho oficial a la **educación superior pública** para la mujer.

**1931** se **aprobó** por primera vez el **sufragio femenino** que se perdió durante la dictadura de Franco.

**1932** **legalización** del **divorcio suspendida** durante la dictadura.

> **Info**
> Entre 1939 y 1975 todos los **avances logrados** se pierden durante la dictadura franquista.

**1977** las españolas **recuperaron** su derecho a voto.

**1978** **aprobación** de la igualdad del hombre y la mujer ante la ley. **Despenalización** de la venta y **divulgación** de **anticonceptivos**

**1981** aprobación de la Ley de Divorcio

**1985** despenalización del **aborto** por **riesgo**, violación o **malformación**

**2004** ley contra la **Violencia de Género**

**2007** ley efectiva para la igualdad entre mujeres y hombres

**2010** legalización del aborto en las primeras 14 semanas de **gestación**

**2017** pacto de Estado contra la violencia machista

**2018** alta cuota femenina en el Gobierno: 11 mujeres, 6 hombres

**Hoy** 55 % de los universitarios españoles son mujeres.

**Camino que queda por recorrer** para llegar a la igualdad:

- **Brecha salarial**: Ellas cobran 85 % del sueldo de sus colegas hombres.
- **Reparto equitativo** de las **tareas domésticas**: El doble de las mujeres cocina y hace las diferentes **tareas domésticas** a diario. La mitad hace siempre la limpieza de la casa.
- 95 % de las mujeres **se ocupa de** sus hijos.

Desde hace algún tiempo ya, y por la **incorporación** de la mujer a la **vida laboral**, muchas palabras que se refieren a profesiones han ido **adquiriendo** una forma femenina, como **jueza**, **médica** o **aprendiza**. Estas han ido siendo incorporadas al Diccionario de la Lengua Española, lo que demuestra su uso real.

| | |
|---|---|
| **arduo, ardua** | mühsam |
| **la igualdad** ≠ la desigualdad | Gleichheit |
| ▸ igual | gleich |
| **educación superior pública** | öffentliche Hochschulbildung |
| **aprobar** | genehmigen |
| **el sufragio femenino** | Frauenwahlrecht |
| **la legalización** | Legalisierung |
| ▸ legal | legal |
| **el divorcio** **E** divorce | Scheidung |
| **suspender algo** **E** suspend | etw. unterbrechen |
| **el avance** | Fortschritt |
| ▸ avanzar | vorwärtsgehen |
| **logrado, lograda** | erreicht |
| **recuperar algo** | zurückgewinnen |
| **la aprobación** | Genehmigung |
| ▸ aprobar algo | etw. genehmigen |
| **la despenalización** | Entkriminalisierung, Legalisierung |
| ▸ la pena | Strafe |
| **la divulgación** | Bekanntmachung, Verbreitung |
| **el anticonceptivo** | Empfängnisverhütungsmittel |
| **el aborto** | Abtreibung |
| **el riesgo** | Risiko |
| **la malformación** | Missbildung |
| **la Violencia de Género** | Gewalt gegen Frauen |
| **la gestación** | Schwangerschaft |
| **el camino que queda por recorrer** | der vor uns liegende Weg |
| **la brecha salarial** | Gehaltsgefälle |
| ▸ el salario | Gehalt |
| **el reparto** | Verteilung |
| **equitativo, equitativa** | gerecht, gleichmäßig |
| **la tarea doméstica** | Hausarbeit |
| **ocuparse de** | betreuen |
| **la incorporación** | Integration, Eingliederung |
| **la vida laboral** | Arbeitsleben |
| **adquirir** *(-ie-)* **algo** | etw. erlangen, etw. erwerben |
| **el juez, la jueza** | Richter(in) |
| ▸ juzgar *(g-gu)* a alguien | jdn beurteilen, jdn (ver)urteilen |
| **el médico, la médica** | Arzt, Ärztin |
| **el aprendiz, la aprendiza** | Auszubildende(r) |
| ▸ aprender algo | etw. lernen |

# La convivencia social

## La familia española, latinoamericana y caribeña

El concepto de familia está en **evolución** en España, en el Caribe y en Latinoamérica. Según la Organización Mundial de la Salud, la familia es el "**conjunto** de personas que **conviven bajo el mismo techo**, organizadas en roles fijos (padre, madre, hermanos, etc.) con **vínculos consanguíneos** o no, con un modo de existencia económico y social comunes, con **sentimientos afectivos** que los unen y **aglutinan**".

***Gabriel:*** "Tengo dos madres y nunca he tenido problemas por esto. Al contrario, a mis amigos les parece interesante esto de tener a la madre dos veces. Les gusta ver cómo vivimos en una familia **homomaternal**."

***Laura:*** "Pues, la verdad es que cuando se **toca el tema** yo cuento que mi padre tiene dos hijos y que él nos ha **criado** solo, que él es gay y que, además, yo soy **adoptada**. Claro, primero se quedan **boquiabiertos**; pero después sigue todo normal. Eso quiere decir que nuestra familia es **monoparental**, adoptiva para mí.

***Mario:*** "En casa convivimos mi papá, su nueva esposa y Ana, su hija. Formamos una **familia reconstruida**. Yo viviré **en unión libre**".

***María del Mar:*** "Cuando yo era bebé, mi mamá biológica me **dejó** en casa de nuestra vecina y nunca volvió por mí. Yo crecí con mi vecina que, más tarde, viendo que mi mamá no volvía, me adoptó. Los **lazos** que nos unen son más fuertes que los de una familia tradicional porque nuestra relación es de **mutuo apoyo**."

***Luisa:*** "Los **miembros** de mi familia somos mi papá peruano, mi mamá española y yo que nací en Madrid en una **familia nuclear** o **biparental**."

***Tomás:*** "En mi casa vivimos mis tres hermanos mayores, mi papá, mi mamá y mi **abuela paterna** que **quedó viuda**. Mi **sobrino** vive con nosotros, a veces. Mi abuela lo cuida. Somos una **familia extensa**."

| | |
|---|---|
| **la evolución** | Entwicklung |
| **el conjunto** | Einheit |
| **convivir con alguien** | mit jdm zusammenleben |
| ▸ la convivencia | Zusammenleben |
| **bajo el mismo techo** | unter ein und demselben Dach |
| ▸ el techo | Dach |
| **vínculo consanguineo** | Blutsverwandtschaft |
| ▸ la sangre | Blut |
| **el sentimiento** | Gefühl |
| **afectivo, afectiva** | emotional |
| **aglutinar** | binden |
| **homomaternal** | *Elternschaft, die nur aus Frauen besteht* |
| **tocar el tema** | Thema ansprechen |
| **criar a alguien** | jdn großziehen |
| **adoptado, adoptada** ▸ adoptar | adoptiert |
| **boquiabierto, boquiabierta** | mit offenem Mund, verblüfft |
| ▸ la boca | Mund |
| **monoparental** | alleinerziehend |
| **la familia reconstruida** | Patchworkfamilie |
| **en unión libre** | in eheähnlicher Lebensgemeinschaft |
| **dejar a alguien** | jdn verlassen |
| **el lazo** | Band |
| **el mutuo apoyo** | gegenseitige Unterstützung |
| **el miembro** | Mitglied |
| **la familia nuclear** | Kernfamilie, traditionelle Familie |
| **biparental** | zwei Elternteile *(unterschiedlichen Geschlechts)* |
| **la abuela** | Großmutter |
| **paterno, paterna** | väterlicherseits |
| ▸ el padre | Vater |
| **quedar viudo, quedar viuda** | Witwe(r) werden |
| **el sobrino, la sobrina** | Neffe, Nichte |
| **la familia extensa** | Großfamilie |

# LGBTQIA+

Datos interesantes sobres LGBTQIA+ en los países hispanohablantes:

- En 1994 en España se **reconocieron** algunos derechos a parejas del mismo sexo por ley.
- España es el tercer país del mundo que legalizó el **matrimonio** y la adopción entre personas del mismo sexo en 2005, después de Países Bajos y Bélgica.
- Desde el 2006 las personas **transgénero** pueden registrarse en España en documentos públicos bajo el sexo que prefieran.
- En 1970, durante el régimen franquista se aprobó la Ley sobre **peligrosidad** y rehabilitación social como control de los que eran considerados antisociales como los homosexuales entre otros.
- El matrimonio **igualitario** está **permitido** en Argentina, Chile, Colombia, Costa Rica, Cuba, Ecuador, Uruguay, Puerto Rico y en algunos estados de México.
- Aunque lesbianas, gays, bisexuales y transgénero han ganado terreno, queda todavía un largo camino por recorrer; los miembros de la comunidad LGBTQIA+ siguen siendo **discriminados**.

## La tercera edad

| |  |  |  |
|---|---|---|---|
| Edad en que el **término** "**tercera edad**" comienza a usarse | 65 años | 60 a 65* años | 65 años |
| **Promedio** de **esperanza de vida** antes del COVID | 85,83 años | 75,1 años | 81,30 años |
| Promedio de esperanza de vida después del COVID | 82,34 años | 72,1 años | 80,90 años |
| Porcentaje de población de tercera edad respecto al total | 19,3 % | aprox. 13 % | 21,9 % |
| Pareja de tercera edad que vive sola | 40,3 % | 47,9 % | 57,5 % |
| Tiene **hogares unipersonales** | 22,3 % | 4,9 %**-26 %*** | 33,5 % |
| Pareja o él o ella vive(n) con hijos | 21,3 % | aprox. 39,8 % | 6 % |
| Viven con sus **parientes** | 4,5 % | | |
| Están en **residencias**, **viviendas para mayores** o **casas hogares** | 11,6 % | aprox. 0,8 % | 4 % |

** Ecuador, Uruguay, República Dominicana y Costa Rica ** Colombia y *** Uruguay*

| | |
|---|---|
| **reconocer** *(-zco)* **algo**<br>▸ conocer algo/a alguien | erkennen<br>jdn/etw. kennen |
| **el matrimonio** **E** matrimony | Ehe |
| **transgénero** | transgender |
| **la peligrosidad** | Gefährlichkeit |
| **igualitario, igualitaria**<br>**permitido, permitida**<br>▸ el permiso | egalitär<br>etw. erlauben<br>Erlaubnis |
| **discriminado, discriminada** | diskriminiert |
| **el término**<br>**la tercera edad**<br>**el promedio**<br>**la esperanza de vida**<br>**el hogar unipersonal**<br>**el, la pariente**<br>**la residencia (de ancianos)**<br>**la vivienda para mayores**<br>**la casa hogar** | Ausdruck, Wort<br>Rentenalter, Ruhestand<br>Durchschnitt<br>Lebenserwartung<br>Einpersonenhaushalt<br>Verwandte(r)<br>Heim<br>*Unterkunft für ältere Menschen*<br>Alten(wohn)heim, Altersheim |

**Lerntipp:**
Las palabras terminadas en - **ción** son **femeninas** como:
**la** condi**ción**, la comercializa**ción**, **la** evolu**ción**, **la** incorpora**ción**, **la** malforma**ción**, **la** aproba**ción**, **la** elec**ción**, **la** legaliza**ción**, **la** divulga**ción**, **la** despenaliza**ción**, **la** educa**ción**

Las palabras terminadas en - **dad** también son **femeninas** como:
**la** igual**dad**, **la** e**dad**, **la** peligrosi**dad**, **la** impuni**dad**

# 5.3 La religión

## La religión en España

### Tres culturas, tres religiones

Paseos guiados por Toledo. ¡Pasea con nosotros por la ciudad de las tres culturas!

¿Por qué Toledo? Porque su situación geográfica **favoreció** los primeros **asentamientos**. ¿Qué veremos? Visitaremos tres edificios **emblemáticos** para conocer el **legado** cultural y religioso de cada una de las tres culturas que **convivieron** en la Edad Media.

Toledo, como toda España, fue un ejemplo de tolerancia religiosa. Nuestro punto de encuentro será en la Catedral de Toledo donde podremos contemplar la historia, el arte y el **significado** cultural **cristiano**, como también la vida de los **cristianos** de la época.

Después, seguiremos a la **Sinagoga** de Santa María la Blanca para vivir la cultura **hebrea** y el **judaísmo**. Allí también iremos al museo **sefardí**. Finalmente, veremos la **mezquita** mejor **conservada** de las 10 de Toledo: la del Cristo de la Luz como representación del islam y los **musulmanes**.

Cuando los cristianos **reconquistaron** España, esta mezquita pasó a manos de una orden cristiana por lo que **añadieron** detalles típicos del **cristianismo**. Terminaremos nuestra visita en la **judería** toledana que no es como era en la época en que vivían ahí los **judíos**; ya que estos tuvieron que abandonar sus casas a finales del siglo XIV y entonces fueron **modificadas** y **rehabitadas**.

En 1492, por un **decreto** de **expulsión** de los Reyes Católicos, los judíos tuvieron que dejarlo todo. Se podían quedar; pero entonces estaban **obligados a convertirse a** la **fe** cristiana, a renunciar tanto a sus **creencias** como a sus tradiciones y a ser **juzgados** por el **Tribunal de la Inquisición** y a ser **sometidos a torturas**. Si **optaban por** marcharse, tenían que abandonar todo y pasaban a ser exiliados judeo-españoles o **sefardíes** en otra parte del mundo.

Ahí cerraremos el paseo en un bar junto al río Tajo.

| | |
|---|---|
| **favorecer** *(c-zc)* **algo** **E** to favour | etw. begünstigen |
| **el asentamiento** | Siedlung |
| **emblemático, emblemática** | sinnbildlich |
| **el legado** | Erbe, Vermächtnis |
| ▸ el legado cultural | kulturelles Erbe |
| **convivir con alguien** | mit jdm zusammenleben |
| ▸ la convivencia | Zusammenleben |
| **el significado** | Bedeutung |
| **cristiano, cristiana** | christlich |
| **el cristiano, la cristiana** | Christ(in) |
| **la sinagoga** | Synagoge |
| **hebreo, hebrea** | hebräisch(-e, -er, -es) |
| **el judaísmo** | Judentum |
| **sefardí** | sephardisch |
| **la mezquita** | Moschee |
| **conservado, conservada** | erhalten |
| **el musulmán, la musulmana** | Muslem, Muslime |
| **reconquistar algo** | etw. zurückerobern |
| ▸ conquistar algo | etw. erobern |
| **añadir algo** | etw. hinzufügen |
| **el cristianismo** | Christentum |
| **la judería** | Judenviertel |
| ▸ judío, judía | jüdisch |
| **el judío, la judía** | Jude/Jüdin |
| **modificar algo** | etw. ändern |
| **rehabitar** | wiederbesiedeln |
| ▸ habitar | bewohnen |
| **el decreto** | Beschluss, Verordnung, Erlass |
| **la expulsión** | Ausweisung; Vertreibung |
| **obligar** *(g-gu)* **a alguien a hacer algo** | jdn zwingen etw. zu tun |
| **convertirse** *(e-ie)* **a** **E** to convert | bekehren zu |
| **la fe** | Glaube |
| **la creencia** | Glaube |
| creer en Dios | an Gott glauben |
| **juzgar** *(g-gu)* **a alguien** | jdn verurteilen |
| **el Tribunal de la Inquisición** | Inquisitionsgericht |
| **someter a alguien a la tortura** | jdn der Folter unterziehen |
| **optar por algo** = decidirse por | sich für etw. entscheiden, etw. wählen |
| **los sefardíes** | Sephardim, spanische Juden |

### Hasta nuestros tiempos

En la Edad Media convivieron en la Península tres religiones: el islam, el cristianismo y el judaísmo. Estos últimos fueron **expulsados** en 1492 y los musulmanes entre 1609 y 1614 por los Reyes Católicos. El **catolicismo** se convirtió desde entonces en la religión **principal** de los españoles hasta la actualidad. En la época franquista el catolicismo fue la **religión del Estado** y cualquier otra religión estaba prohibida. En 1978, la Constitución **estableció** la **separación** de Iglesia y Estado, el **laicismo**, y existe, desde entonces, la **libertad de culto**. Hoy en día, el 73 % de los españoles se define como **creyente** católico, el 5 % **profesa** otra religión y el 22 % se considera **ateo** o **agnóstico**.

# La evangelización de América

## Tres culturas, tres religiones

El cristianismo llegó a América con el descubrimiento en 1492. Los indígenas fueron **evangelizados** y **bautizados** a la fuerza, se les obligó a dejar sus creencias y se destruyeron sus **templos**.

Al hacerlos cristianos, los hacían **súbditos** del Rey de España y tenían la obligación de trabajar para él y de pagar **impuestos**. De no convertirse, eran quemados o **torturados**.

Hubo **integrantes** de la Iglesia católica, como Fray Bartolomé de las Casas, que actuaron como **protectores** de los derechos de los indígenas e intentaron que fueran tratados como **seres humanos**.

Con la **esclavitud** llegaron africanos a América que fueron vistos como cosas por la sociedad de la época. El **jesuita** San Pedro Claver los protegía, los curaba y **bautizaba** para que, entonces, fueran vistos como personas. San Pedro Claver se considera el primer **defensor** de los Derechos Humanos.

Los **ritos** africanos se mezclaron con las creencias indígenas y con el cristianismo, resultando un **sincretismo** que sigue, de cierto modo, presente hasta la actualidad.

| | |
|---|---|
| **expulsar de** | vertreiben aus |
| **el catolicismo** | Katholizismus |
| **principal** | Haupt-, hauptsächlich |
| **la religión del Estado** | Staatsreligion |
| **establecer** *(c-zc)* **algo** | etw. festlegen, festsetzen |
| **la separación** | Trennung |
| ▸ separar | trennen |
| **el laicismo** | religiöse Neutralität |
| **la libertad de culto** | freie Religionsausübung |
| **el, la creyente** | Gläubige(r) |
| ▸ creer en algo | an etw. glauben |
| **profesar** *(una religión)* | *(Religion)* ausüben |
| **ateo, atea** | atheistisch |
| **agnóstico, agnóstica** | agnostizistisch |
| **evangelizar** *(z-c)* **a alguien** | jdn zum Evangelium bekehren |
| **bautizar** *(z-c)* **a alguien** | jdn taufen |
| **el templo** | Tempel |
| **el súbdito, la súbdita** | Untertan(in) |
| **los impuestos** | Steuern |
| **torturar a alguien** | jdn foltern |
| **el, la integrante** = el miembro | Mitglied |
| **el protector, la protectora** | Beschützer(in) |
| ▸ proteger *(g-j)* a alguien | jdn beschützen |
| **el ser humano** | Mensch, menschliches Wesen |
| **la esclavitud** | Sklaverei |
| ▸ el esclavo, la esclava | Sklave, Sklavin |
| **el/la jesuita** | Jesuit(in) |
| **bautizar** *(z-c)* **a alguien** | jdn taufen |
| **el defensor, la defensora** | Verteidiger(in) |
| ▸ defender algo/a alguien | jdn/etw. verteidigen |
| **el rito** | Ritual |
| **el sincretismo** | Verschmelzung, Vermischung |

## Dioses y creencias en América precolombina

### Leyendas de América precolombina

Las civilizaciones **precolombinas** eran **politeístas** y **adoraban** a dioses que representaban **elementos** de la naturaleza o a animales. Para los aztecas, el dios Quetzacoatl, serpiente **emplumada**, fue el **creador** del hombre. Los mayas tenían un libro **sagrado**, el Popol Vuh, que habla de la **inexistencia** de todo hasta que el creador hace a los primeros hombres reales de maíz.

El dios creador de los incas era Viracocha que salió de las aguas del Lago Titicaca. Viracocha **creó** primero la luna y la oscuridad. Entonces creó al hombre; pero estos eran unos **gigantes** que no **obedecían**, por lo que Viracocha destruyó la tierra con un **diluvio**. Entonces, decidió crear el sol, y con él, el día para que el hombre pudiera ver todo lo que él había creado.

También creó los árboles, los animales y las estrellas. Para los incas todo está **vivo**, no hay nada **inerte**: las piedras viven, las aguas también. Algunas **leyendas** cuentan que Viracocha tuvo dos hijas, Mama Quilla y Pachamama, y un hijo, Inti. Mama Quilla que significa Madre Luna es considerada hermana y esposa de Inti que son los padres de Manco Capac y Mama Ollo. Estos últimos son padres de los primeros ocho **seres humanos** y **fundadores** del imperio inca.

El 1 de agosto se celebra el Día de la Pachamama (del quechua *pacha* que significa mundo, tiempo, lugar, pueblo y universo y *mama* que es madre) que sigue siendo de gran importancia hoy en día. Se le **agradecen** a la Madre Tierra las **cosechas** con una ceremonia en que se le da de comer, beber y fumar.

Tiene lugar en agosto porque es cuando la tierra descansa y se prepara para la **siembra**. Hoy esta festividad en la que se cocina, se come, se bebe, se baila y canta puede **durar** a veces todo el mes de agosto en lugares altos de las comunidades quechua y aimara para **invocar** mejor a la madre tierra: Argentina, Bolivia, Colombia, Chile, Ecuador y Perú. Los incas consideraban la tierra como una **divinidad protectora**, ya que les **brindaba** comida, y por eso ellos la debían cuidar y **venerar** para tener buenas cosechas.

| | |
|---|---|
| **precolombino, precolombina** | präkolumbisch |
| **el/la politeísta** | polytheistisch, an mehrere Götter glaubend |
| **adorar** **E** to adore | anbeten, verehren |
| **el elemento** | Bestandteil |
| **emplumado, emplumada** ▸ la pluma | gefiedert |
| **el creador, la creadora** ▸ crear | Schöpfer(in) |
| **sagrado, sagrada** | heilig |
| **la inexistencia** | Nichtvorhandensein |
| **crear algo** | etw. erschaffen |
| **el/la gigante** | Riese, Riesin |
| **obedecer** *(c-zc)* **a alguien** | jdm gehorchen |
| **el diluvio** | Sintflut |
| **vivo, viva** | lebendig |
| **inerte** | leblos |
| **la leyenda** | Legende |
| **el ser humano** | Mensch, menschliches Wesen |
| **el fundador, la fundadora** | Gründer(in) |
| ▸ fundar | etw. gründen |
| **agradecer** *(c-zc)* | Danken |
| ▸ gracias por | Danke für |
| **la cosecha** | Ernte |
| **la siembra** | Aussaat |
| ▸ sembrar *(-ie-)* algo | etw. aussähen |
| **durar** | andauern |
| **invocar** *(c-qu)* **E** to invoke | anrufen, aufrufen |
| **la divinidad** | Gottheit |
| **protector, protectora** | Beschützer(in) |
| **brindar algo** | etw. (an)bieten |
| **venerar a alguien** | jdn verehren |

# 5.4 La salud

## La Seguridad Social en España

*Preguntas y respuestas*

¿Qué es la **Seguridad Social**? –Son medidas de protección del Estado para cubrir cualquier eventualidad de los ciudadanos. Por ejemplo, asegurar la futura **pensión** en caso de **vejez**, el **seguro médico** en caso de enfermedad, **invalidez** o accidentes y el **seguro de desempleo** –o **paro** como corrientemente se le llama– en caso de desempleo.

¿Quién paga la Seguridad Social? –Todo trabajador. Si es **autónomo** es responsable de su pago mensual. Si es **trabajador por cuenta ajena**, es decir **contratado**, **cotiza** a **Hacienda** con el **impuesto sobre la renta de las personas físicas** (IRPF) y a la Seguridad Social.

¿Problemas de la Seguridad Social? –Por un lado, el COVID-19 **desestabilizó** los **fondos de pensiones**, por otro lado, la cada vez más alta **esperanza de vida**, aumenta los **gastos médicos** y hace cada vez más difícil la financiación de la Seguridad Social.

¿Qué se hace para garantizar las **prestaciones sociales**? –Se **aumentan** los años trabajados para el **cálculo** de pensiones; se **retrasa** la edad de **jubilación**; se fomentan los **fondos de pensiones** a través de **bonificaciones fiscales** y se reforma el mercado de trabajo con nuevos tipos de contratos y flexibilización del **despido**.

## El seguro médico en España

Hola Lisa, quería preguntarte cómo es el **sistema sanitario** público en España. Ya vuelvo el próximo mes y no sé qué hacer.

Hola, Mario ☺ Qué bien. Me alegro mucho poder verte pronto. Pues mira, yo estoy en el público que se llama Insalud (instituto Nacional de Gestión Sanitaria).

¿Qué tal es?

En general, puede **calificarse de** bueno, aunque siempre depende de los **ambulatorios** y hospitales que se encuentren cercanos al paciente, ya que no puedes elegir médico ni hospital, sino que te lo **asignan**. Claro que, si no estás satisfecho con tu medico, puedes **solicitar** el cambio.

¿**Cubre** los **gastos** de **asistencia médica** y **hospitalización**?

Sí, pero el problema de este sistema es que las **listas de espera** para algunas especialidades médicas son muy largas y muchos optan por un **seguro privado** para evitarlas.

Muchas gracias por la información y hasta pronto. Mario.

| | |
|---|---|
| **la Seguridad Social** | Sozialversicherung |
| **la pensión** **E** pension | Rente |
| **la vejez** ≠ la juventud | Alter |
| **el seguro médico** | Krankenversicherung |
| **la invalidez** | Invalidität |
| **el seguro de desempleo** | Arbeitslosenversicherung |
| **el paro** | *hier:* Arbeitslosenversicherung |
| **autónomo, autónoma** | selbstständig |
| **el trabajador/la trabajadora por cuenta ajena** | Arbeitnehme(r), Angestellte(r) |
| **contratar a alguien** | jdn einstellen, jdn anstellen |
| **cotizar** *(z-c)* | Beiträge zahlen |
| **la Hacienda** | Steuerbehörde |
| **el impuesto sobre la renta (de las personas físicas) IRPF** | Einkommenssteuer *(für natürliche Personen)* |
| **desestabilizar** *(z-c)* ≠ estabilizar | aus dem Gleichgewicht bringen |
| **el fondo de pensiones** | Pensionsfonds |
| **la esperanza de vida** | Lebenserwartung |
| **el gasto** | Kosten, Ausgabe |
| **médico, médica** | medizinisch |
| **la prestación social** | Sozialleistung |
| **aumentar** | zunehmen, sich vergrößern |
| ▸ el aumento ≠ la disminución | Zunahme, Erhöhung |
| **el cálculo** | Berechnung |
| ▸ calcular algo | etw. berechnen |
| **retrasar algo** | etw. hinauszögern, aufschieben |
| **la jubilación** | Rente, Ruhestand |
| ▸ jubilarse | in Rente gehen |
| **el fondo de pensiones** | Pensionsfonds |
| **la bonificación fiscal** | Steuerermäßigung |
| **el despido** | Entlassung |
| ▸ despedir *(e-i)* a alguien | jdn entlassen |
| **el sistema sanitario** | Gesundheitssystem |
| **calificarse de** *(c-qu)* **algo** | etw. bezeichnen, beurteilen |
| **el ambulatorio** | Ambulanz **FF** *la ambulancia; Krankenwagen* |
| **asignar algo a alguien** **E** to assign | jdm etw. zuweisen |
| **solicitar algo** | etw. beantragen |
| ▸ una solicitud | Antrag |
| **cubrir los gastos** | Kosten decken |
| **la asistencia médica** | medizinische Versorgung |
| **la hospitalización** ▸ el hospital | Krankenhausaufenthalt |
| **la lista de espera** | Warteliste |
| **el seguro privado** | private Krankenversicherung |

# Las condiciones de salud en Latinoamérica y el Caribe

Las **condiciones de salud** de estas regiones pueden generalizarse: la situación geográfica y la **falta de** medios de transporte de gran parte de la población dificulta el **acceso a** los **puestos de salud**; la falta de **cobertura** de los servicios de salud; la **marginación** y **exclusión** de muchos grupos; la **pobreza** y condiciones **precarias**: sin acceso a **agua potable**; sin servicios de **alcantarillado** para las **aguas negras**; el **alto índice** de **desnutrición** crónica; los problemas de comprensión entre la población indígena y los médicos; la **desconfianza** en la medicina occidental; prefiriendo a **hierbateros** o **curanderos**.

# El sistema de sanidad en Bolivia

En 2019 se implementó en Bolivia el Sistema Único de Salud para **garantizar** el servicio gratuito de salud a todos los bolivianos. Este sistema se divide en tres niveles: *Primer nivel* el **centro de salud** que está en los barrios y donde se da la **atención básica**. *Segundo nivel* el hospital que brinda la atención a cuatro especialidades: **ginecología**, **pediatría**, medicina interna y **cirugía**. *Tercer nivel* es el hospital también; pero para enfermedades más complejas como el **cáncer**.

# Las drogas

**Las** drogas **son** sustancias químicas que actúan sobre el sistema nervioso y que pueden cambiar el funcionamiento del cuerpo y la mente. Son medicamentos de **venta libre**, **recetados**, alcohol, tabaco y drogas ilegales. Su **consumo** puede convertirse en una **adicción**.

**Una adicción es** una enfermedad que busca el uso o el **consumo** excesivo de algo, creando así una dependencia **física** y psicológica. Las adicciones pueden ser **tóxicas**, como el alcoholismo, el **tabaquismo**, la **drogadicción** y no tóxicas como el móvil, las **apuestas**, las **redes sociales**.

**El consumo de** drogas legales, como el tabaco y el alcohol, está apoyado por la **publicidad** y por la **accesibilidad**. Muchos piensan que no son tan **nocivos** como las drogas fuertes y los consumen en situaciones estresantes o en actividades sociales.

Todos buscan soluciones para disminuir el consumo de todo tipo de drogas **perjudiciales** para la salud por medio de campañas para la prevención; publicidad en contra de su consumo; creación de centros de rehabilitación; y la legalización de la marihuana.

| | |
|---|---|
| **la condición de salud** | Gesundheitszustand |
| **la falta de algo** | Fehlen von etw., Mangel an etw. |
| ▸ faltar | fehlen |
| **el acceso a** **E** access to sth | Zugang zu |
| **el puesto de salud** | Gesundheitsposten |
| **la cobertura** | Abdecken |
| **la marginación** | Ausgrenzung |
| **la exclusión** **E** exclusion | Ausschluss |
| **la pobreza** ▸ pobre ≠ la riqueza | Armut |
| **precario, precaria** | heikel |
| **el agua potable** | Trinkwasser |
| **el alcantarillado** | Kanalisationsnetz |
| **las aguas negras** | Abwässer |
| **el alto índice** | die hohe Rate |
| **la desnutrición** | Unterernährung, Mangelernährung |
| **la desconfianza** ≠ la confianza | Misstrauen |
| ▸ confiar en alguien | jdm vertrauen |
| **el hierbatero, la hierbatera** | *(LA)* Heiler, Kräuterdoktor |
| ▸ las hierbas | Kräuter |
| **el curandero, la curandera** | Medizinmann, Medizinfrau |
| ▸ curar a alguien | jdn heilen |
| **garantizar** *(z-c)* **algo** | etw. gewährleisten |
| **el centro de salud** | Gesundheitszentrum |
| **la atención** | Versorgung |
| **básico, básica** | Grund- |
| **la ginecología** | Frauenheilkunde |
| **la pediatría** | Kinderheilkunde |
| **la cirugía** | Chirugie |
| **el cáncer** | Krebs |
| **la venta libre** | rezeptfrei |
| **recetado, recetada** | Verschrieben |
| ▸ la receta médica | Rezept |
| **el consumo** | Einnahme, Konsum |
| **la adicción** **E** addiction | Sucht |
| **el consumo** | Einnahme, Konsum |
| **físico, física** | körperlich, physisch |
| **tóxico, tóxica** **E** toxic | Giftstoff |
| **el tabaquismo** ▸ el tabaco | Nikotinsucht, Tabakabhängigkeit |
| **la drogadicción** | Drogenabhängigkeit |
| **la apuesta** | Wette |
| **la red social** | soziales Netzwerk |
| **la publicidad** | Werbung |
| **la accesibilidad** | Zugänglichkeit |
| **nocivo, nociva** = perjudicial | schädlich |
| **perjudicial** = nocivo, nociva | schädlich |

# COVID, un problema mundial

**Sabías que** el COVID **dejó** más de 110.000 muertos en España y por lo menos 1.000.000 de muertes **documentadas** en América Latina y el Caribe de un total de más de seis millones de **fallecidos** a nivel mundial.

**Sabías que** tanto en España como Latinoamérica y el Caribe a causa de la **emergencia** presentada por el COVID **empeoraron** otras enfermedades y ha habido una crisis de **salud mental**.

**Sabías que** España tenía un sistema sanitario que no estaba preparado para una crisis como la del COVID y ahora se ha abierto la oportunidad de **transformar** el sistema de salud **implementando** la telemedicina y la salud digital, entre otros cambios.

**Sabías que** en Latinoamérica y el Caribe muchas personas tuvieron que **romper** ilegalmente el **confinamiento** diariamente para salir a trabajar y poder por lo menos llevar a casa lo necesario para cubrir las **necesidades básicas**.

**Sabías que** en Latinoamérica y el Caribe la **pandemia** aumentó aún más la **brecha** de la **desigualdad** social.

**Sabías que** **poner en práctica** algunas **medidas** contra la pandemia en Latinoamérica y el Caribe, como es el **lavado de manos**, fue casi imposible para algunas personas que no **cuentan** ni **con agua potable** en sus barrios.

**Sabías que** en Latinoamérica y el Caribe como mínimo el 40 % de los **trabajadores** no están protegidos por ningún programa de salud por ser trabajadores **informales**.

**Sabías que** durante la pandemia en España, en Latinoamérica y en el Caribe aumentó la **violencia doméstica**.

**Sabías que** Argentina, México y Colombia son los países con más **casos** de COVID en Latinoamérica.

**Sabías que** todavía hay pueblos tanto en España como en Latinoamérica y en el Caribe que han estado **libres** del COVID ya sea por la disciplina de sus habitantes o por sus pocos habitantes.

| | |
|---|---|
| **dejar** | *hier:* verursachen |
| **documentado, documentada** | belegt |
| **fallecido, fallecida** = muerto, muerta | Verstorben |
| ▸ fallecer | sterben |
| **la emergencia E** addiction | Notfall |
| **empeorar** | verschlechtern |
| ▸ malo(o), peor ≠ mejorar | schlecht, schlechter |
| **la salud mental** | psychische Gesundheit |
| **transformar** | umwandeln |
| **implementar** | anwenden |
| **romper algo** | etw. brechen |
| **el confinamiento** | Ausgangssperre |
| **las necesidades básicas** | Grundbedürfnisse |
| **la pandemia** | Pandemie |
| **la brecha** | Kluft |
| **la desigualdad** ≠ la igualdad | Ungleichheit |
| **poner en práctica** | umsetzen |
| **la medida** | Maßnahme |
| **el lavado de manos** | Hände waschen |
| **contar** *(o-ue)* **con algo o con alguien** | verfügen über |
| **el agua potable** | Trinkwasser |
| **el trabajador, la trabajadora** | Arbeiter(in) |
| **el trabajador, la trabajadora informal** | formloser Arbeitnehmer, formlose Arbeitnehmerin |
| **la violencia doméstica** | häusliche Gewalt |
| **el caso** | Fall |
| **estar libre de algo** | frei von etw. sein |

# Todos somos iguales

## Mi página, mis ideas

### Tarjetas de vocabulario en línea

Practica el vocabulario con las tarjetas en línea. Puedes elegir el tema que quieres practicar, escuchar las palabras y repetirlas para mejorar tu pronunciación.

### Iguales: la canción

Vas a escuchar la canción "iguales" de Diego Torres.

¿De qué trata la canción?
¿Por qué tiene el título "iguales"?
¿Qué piensas?

Mira el vídeo de la canción.

¿Dónde se ve la igualdad en el vídeo?
Da 3 ejemplos.

Resume el contenido de la letra de la canción en 3 o 4 frases con tus propias palabras.

### Actividades en línea

Haz las actividades en línea. Así usas el vocabulario en un nuevo contexto, lo memorizas y tienes una corrección inmediata.

## Iguales: Letra

Ahora vamos a trabajar con la letra de la canción. Explica las citas siguientes.

Yo soy igual a ti
Tú eres igual a mí
Y es uno solo el amor

**"Cada uno es como es. Por eso déjame vivir. Yo elegiré la manera."**

¿Quién podría pronunciar estas frases? ¿En qué situaciones?
¿A quién se dirige el yo lírico? ¿Por qué tiene que hacer esto?
¿Hay maneras más aceptadas de vivir que otras en nuestra sociedad?
Dad ejemplos.

**"En todos hay un poco de Dios."**

¿Qué significa? ¿También piensas así? ¿Por qué (no)?

**"Siempre hay más de una visión de la película."**

Elige una situación con la que eres capaz de explicar esta frase.

**"Por eso déjame vivir. Yo eligiré la manera."**

¿Quién podría decir esta frase y a quién? Da 3 ejemplos.
¿A ti te da igual cómo vive la gente o hay algo que no aceptarías?

## Vídeo de aprendizaje

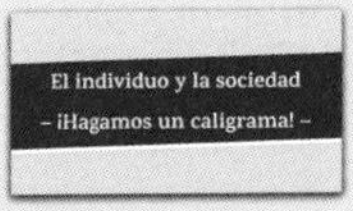


Mira el vídeo para aprender cómo hacer un caligrama…

## Un caligrama de «Iguales»

Lee la letra de la canción en línea. Elige tu frase favorita y prepara un caligrama.

¿Por qué elegiste esta frase?
¿Qué símbolos utilizaste para explicar/subrayar la frase?

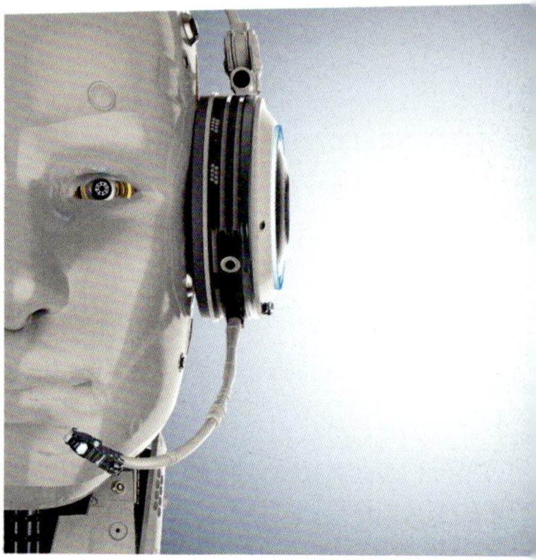

# 6 Desafíos del futuro

# 6.1 Los movimientos migratorios

## La migración mundial de ayer y de hoy

Los **movimientos migratorios** no son nada nuevo. Existen desde la antigüedad y seguirán existiendo. La **migración mundial** tiene razones muy válidas y cualquier día nos puede tocar a nosotros mismos.

Algunos **huyen de** la guerra, otros de la **hambruna** o de la crisis **económica**, otros **escapan del** terrorismo y de las **persecuciones**. También dejan su país por **desastres climáticos**, como la **sequía**, o con la esperanza de una vida mejor. Muchos solo buscan la **reagrupación familiar**. Por todo esto es que nuestro mundo hoy en día es un mundo globalizado que se está **enriqueciendo** con la diversidad de un mundo multicultural, **multilingüe**, multiétnico y multirreligioso.

Según la Organización para las Migraciones en 2020 había 272 millones de **migrantes** en todo el mundo:

- Una de cada 30 personas es migrante, 3,5% de la **población** total.
- El 48% son mujeres, 50 millones son niños.
- Más de 60.000 personas han perdido la vida en el intento de migrar desde 2000.

| | |
|---|---|
| **el movimiento migratorio** | Wanderbewegung |
| ▸ moverse *(-ue-)* | sich bewegen |
| ▸ migratorio, migratoria | Wanderungs- |
| **la migración mundial** | globale Migration |

| | |
|---|---|
| **huir de** *(y)* = escapar | fliehen vor |
| **la hambruna** | Hungersnot |
| ▸ el hambre *(! fem.)* | Hunger |
| **económico, económica** | wirtschaftlich |
| **escapar de** = huir **E** escape | fliehen vor/aus |
| **la persecución** | Verfolgung |
| ▸ perseguir *(e-i; gu-g)* algo/a alguien | jdn/etw. verfolgen |
| **el desastre climático** | Klimakatastrophe |
| ▸ el clima | Klima |
| **la sequía** | Dürre |
| ▸ seco, seca | trocken |
| **la reagrupación familiar** | Familienzusammenführung |
| ▸ el grupo | Gruppe |
| **enriquecer** *(zc)* ≠ empobrecer | Bereichern |
| ▸ rico, rica | reich |
| **multilingüe E** multilingual | mehrsprachig |

| | |
|---|---|
| **el/la migrante** | Migrant(in) |
| **la población** | Bevölkerung |

Lerntipp:

La letra **i** entre vocales sin acento se convierte en **y**

vocal + ~~i~~ + vocal
↓
y

| **infinitivo: huir** | **presente** | **indefinido** |
|---|---|---|
| **yo** | huyo | huí |
| **tú** | huyes | huiste |
| **él, ella, usted** | huye | huyó |
| **nosotros** | huimos | huimos |
| **vosotros** | huís | huisteis |
| **ellos, ellas, ustedes** | huyen | huyeron |

**gerundio:** huyendo

Todos los verbos terminados en -**uir** como constr**uir**, concl**uir**…

# La situación en Hispanoamérica y el Caribe

## Movimientos migratorios hacia Hispanoamérica y el Caribe

- **Desde 1492**, con el descubrimiento de América, se **dio paso a** uno de los primeros movimientos migratorios de Europa al Nuevo Mundo.
- **Entre 1518 y 1810 desembarcaron** 11 millones de **esclavos** africanos en el Nuevo Mundo. 5 millones de ellos, en Brasil. Estos fueron traídos **mayoritariamente** de Camerún, Nigeria y Ghana como **mano de obra** para trabajar tanto en las minas de oro y plata como en las **plantaciones** de café, cacao, **algodón** y azúcar. Muchos de ellos fueron **liberados** con la ley de la "libertad de **vientres**" en 1811, que hacía libre a todos los hijos que nacieran de los esclavos, pero esto no terminó con el racismo. Hoy en día el 21% de la población total está formada por la población **afrodescendiente**.
- **Durante el siglo XIX** hubo una gran migración de Europa **hacia** las colonias en América causada por la Revolución Industrial. Los europeos que vivían en la **miseria** y sin trabajo fueron al Nuevo Mundo buscando una mejor vida.
- **Entre 1880 y 1929** 6,5 millones de emigrantes italianos y españoles llegaron a Argentina; un millón emigró a Uruguay.
- **A mediados y finales del siglo XIX** los chinos llegaron a Latinoamérica y el Caribe por la **demanda** de mano de obra en minas y cultivos.
- **Después de 1939** hubo una **ola** de emigrantes españoles que huían de la Guerra Civil Española, sobre todo **vascos** y catalanes. México recibió a 25.000 **refugiados** españoles.
- **En el Siglo XX** hubo una **emigración** de Japón a Perú y Argentina a causa de un **proceso de tecnificación** que hizo que **sobrara** la mano de obra.
- **Tras la Segunda Guerra Mundial** Latinoamérica y el Caribe fueron un **destino** seguro para los refugiados judíos y Argentina se convirtió en el destino número uno.
- **Entre los años 1948 a 1961** Venezuela por su riqueza y belleza **atrajo a** casi un millón de inmigrantes europeos.

| | |
|---|---|
| **dar paso a** | *hier:* enstehen, beginnen |
| **desembarcar** *(c-q)* | landen, erreichen, kommen |
| ▸ el barco | Schiff |
| **el esclavo, la esclava** | Sklave, Sklavin |
| **mayoritariamente** | überwiegend |
| ▸ la mayoría | Mehrheit |
| **la mano de obra** | Arbeitskraft |
| **la plantación** | Plantage |
| **el algodón** | Baumwolle |
| **liberar a alguien** ≠ encarcelar a alguien | jdn befreien |
| **el vientre** | Mutterleib |
| **afrodescendiente** | afrikanisch-stämmig |
| **hacia** | zu, nach, Richtung |
| **la miseria** **E** misery | Elend |
| **la demanda** | Bedarf, Nachfrage |
| **la ola** | Welle |
| **el vasco, la vasca** | Baske, Baskin |
| **el refugiado, la refugiada** | Flüchtling |
| **la emigración** ≠ la inmigración | Auswanderung, Emigration |
| **el proceso de tecnificación** | Prozess der Technisierung |
| **sobrar** | zu viel sein |
| **el destino** | *hier:* Ziel |
| **atraer** *(j) (≈ traer)* **a** | anziehen, anlocken |

## Movimientos migratorios desde Hispanoamérica y el Caribe

A partir de 1970 Hispanoamérica y el Caribe dejan de ser **países receptores** de inmigrantes para convertirse en una región **emisora** de emigrantes a los Estados Unidos principalmente.

No estar allá en Cuba es el sueño de muchos cubanos. Nicaragua es nuestra **vía de tránsito** para llegar a los Estados Unidos ya que no nos pide ningún **requisito** para entrar y estar aquí. Ahora salimos a los Estados Unidos... es una **travesía** no solo **peligrosa**; **costosa** de alrededor de 15 000 dólares. Estoy muy contento porque ya soy libre. Es que en Cuba la situación está muy mal: inflación, **escasez** de **artículos de primera necesidad** y de medicinas, **apagones** eléctricos y mucho más.

La revolución cubana entre 1959 y 1960 fue el **detonante** de la migración de cubanos a los EE.UU. que se concentra sobre todo en la Florida. Estos cubanos **lucharon contra** la dictadura de Fidel Castro. Ha habido varias **oleadas** de **exilio** hacia los Estados Unidos desde entonces y hoy en día las sigue habiendo. En total, el número de cubanos en los EE.UU. ha llegado a 1, 3 millones.

En Venezuela dejé a mis padres y hermanos. No me fui porque quería; pero vivir en Venezuela se volvió **insoportable**, **inseguro** y no hay **libertad**, no hay **comida**, no hay futuro... Voy a pie a Perú pasando por Colombia y Ecuador. 7,1 millones, casi el 20 % del total de venezolanos, han emigrado principalmente a Colombia, Perú, Chile, Estados Unidos, España, entre otros

Llegamos en una **caravana** de 500 migrantes de Venezuela, Haití y Centroamérica a México. Es que juntos somos más **visibles**. Queremos continuar para llegar a Estados Unidos, nuestro sueño. No nos queremos quedar en México; pero aquí no nos quieren dejar esperar hasta tener un **papel** de **regularización**. Somos casi todas mujeres y niños. Solo queremos vivir en paz, trabajar y estudiar.

En 2018 se **iniciaron** las caravanas de migrantes del **Triángulo Norte**: Guatemala, El Salvador y Honduras a los EE.UU. Ya en 1980 eran 350,000 migrantes en EE.UU., en 2019 eran ya 4 millones.

| | |
|---|---|
| **el país receptor** | Gastland, Aufnahmeland |
| **la emisora** | Sender |
| **la vía de tránsito** | Transitroute |
| **el requisito** | Anforderung |
| **la travesía** | Reise, Strecke |
| **peligroso, peligrosa** | gefährlich |
| **costoso, costosa** | kostspielig, teuer |
| ▸ costar | kosten |
| **la escasez** | Knappheit, Mangel |
| **el artículo de primera necesidad** | Gegenstand des täglichen Bedarfs |
| **el apagón** | Stromausfall |
| ▸ apagar la luz | Licht ausmachen |
| **el detonante** | Auslöser |
| **luchar contra algo** | kämpfen gegen etw. |
| **la oleada** = la ola | Welle, Menge |
| **el exilio** | Exil |
| **insoportable** | unerträglich |
| **inseguro, insegura** | unsicher |
| **la libertad** | Freiheit |
| **la comida** | Essen |
| **la caravana** | Karawane |
| **visible** ≠ invisible | sichtbar, offensichtlich |
| **el papel de regularización** | *Ausweis, der einen regulären Aufenthalt bestätigt* |
| **iniciar algo** **E** initiate | etw. beginnen |
| ▸ el inicio | Anfang, Beginn |
| **el Triángulo Norte** | nördliches Dreieck |

# España, un país de inmigración y emigración

España era hasta hace pocos años, y sobre todo en los años 60, un país de emigración a causa del **escaso desarrollo** industrial de las primeras décadas del **franquismo**. Los españoles se iban a otros países de Europa y a Hispanoamérica a buscar trabajo. Todavía hay casi dos millones y medio de españoles que viven fuera de España y de esos más de la mitad vive en Latinoamérica.

Info

La película *Un Franco,* 14 Pesetas **trata** este tema. Dos amigos españoles tienen que irse en 1960 de España a Suiza para buscar trabajo y un futuro. Sus familias se quedan en Madrid. La vida en Suiza es muy diferente; por lo que hay varios **choques culturales**.

Sin embargo, desde los 90, España **se ha convertido en** un país que **acoge a** miles de **emigrantes** legales o ilegales. Algunas regiones como Andalucía, las Islas Canarias o Cataluña, bien por su **situación geográfica** o su **situación económica**, han **recibido** más emigrantes que otras. Hoy en día viven, según la ONU, 6 millones de inmigrantes en España, es decir el 12 % del total de la población española.

A causa de la inmigración masiva que ha habido en las últimas décadas, el Gobierno ha reformado varias veces la **Ley de Extranjería**, en la que se establece el **procedimiento** de **regularización** de los extranjeros en España. El 16 de agosto 2022 **entró en vigor** la nueva reforma que **facilita** la incorporación de trabajadores extranjeros al **mundo laboral**. Según el Instituto Nacional de Estadística, en 2021 vivían 5,4 millones de extranjeros en España. El 47,8 % de las personas extranjeras residentes en España tienen la nacionalidad española.

La crisis económica (2008–2014) **llevó a** muchos españoles **a** buscarse la vida en el extranjero por la **falta** de **empleo**. Según el **Censo de Españoles Residentes Ausentes**, la emigración **aumentó**. 1 376 extranjeros volvieron a su país de origen y 3,05 % de los españoles, o un millón y medio, emigró. A diferencia de los años 60 se trató de jóvenes **cualificados** que fueron sobre todo a Alemania, Gran Bretaña o incluso a Iberoamérica.

Info

La película *Perdiendo el Norte* ilustra esta época. Dos jóvenes que tienen una muy buena **formación** universitaria, pero que están hartos de España, sin trabajo y sin futuro, deciden emigrar a Alemania después de ver un programa de televisión «Españoles por el mundo». Pronto verán los problemas de emigrar.

| | |
|---|---|
| **escaso, escasa** | gering, spärlich |
| **el desarrollo** | Entwicklung |
| **el franquismo** | Franco-Regime *(Zeit, in der General Franco in Spanien an der Macht war, 1939–1975)* |
| **tratar algo** | etw. behandeln, von etw. handeln |
| **el choque cultural** | Kulturschock |
| **convertirse** *(-ie-)* **en algo** = hacerse | zu etw. werden |
| **acoger** *(g-j)* **a alguien** | jdn aufnehmen |
| **el, la emigrante** ≠ el, la inmigrante | Auswanderer(in) |
| **la situación geográfica** | geographische Lage |
| **la situación económica** | wirtschaftliche Lage |
| **recibir a alguien** | jdn aufnehmen |
| **la Ley de Extranjería** | Ausländergesetz |
| **el procedimiento E** procedure | Vorgehen, Vorgehensweise |
| **la regularización** | Legalisierung, Normalisierung |
| ▸ regular | regulär, ordnungsgemäß |
| **entrar en vigor** | in Kraft treten |
| **facilitar algo** | etw. erleichtern |
| ▸ fácil | leicht |
| **el mundo laboral** | Arbeitsmarkt |
| **llevar a alguien a hacer algo** | jdn dazu bringen, etwas zu tun |
| **la falta** | Mangel |
| **el empleo** ≠ el desempleo | Beschäftigung, Arbeitsplatz |
| ▸ emplear a alguien | jdn beschäftigen |
| **el censo** | statistische Erhebung |
| **el, la residente** | Einwohner(in) |
| ▸ residir en un lugar | an einem Ort leben/wohnen |
| **ausente** | abwesend |
| **el Censo de Españoles Residentes Ausentes (CERA)** | *Statistik der im Ausland lebenden SpanierInnen* |
| **aumentar** ≠ bajar | zunehmen, sich vergrößern |
| **cualificado, cualificada** | qualifiziert, gut ausgebildet |
| **la formación** | Ausbildung |

# La población no autóctona en España

A España comenzaron a llegar los primeros 150 000 inmigrantes ya en 1975. Pero diez años más tarde está cifra **subió** a 242 000. En 2019, según la ONU, eran 6 104 203, es decir el 12,9 % de la población total del país. **Marruecos** es el país con más inmigrantes en España. Pues, el **paso** es muy **propicio** para su viaje legal o ilegal, porque Marruecos y España están **separados** por solo 12 kilómetros de distancia.

En 1988 se leía en los periódicos a diario de los dramas de la inmigración **sin papeles** a España **por vía marítima** y de las **pateras** encontradas en las costas españolas, de la cantidad de muertos y **náufragos**, **víctimas** del **intento** de llegar a España **clandestinamente** en busca de una mejor vida. En 2022 siguen llegando y muriendo muchos de ellos.

Según el país de origen de los inmigrantes en España después de Marruecos le sigue Rumania, Ecuador, Colombia, Reino Unido, Argentina, Francia, Venezuela y muchos más. Un tercio del total son de Latinoamérica. Aquí hay cuatro testimonios de algunos de ellos:

Soy ecuatoriano, tengo 17 años y vivo en Madrid desde los 10 años; aunque hablo la misma lengua y aquí la gente te **acoge** muy bien, siempre hay situaciones en las que **desconfían de** ti o te llaman el *panchito* o el *sudaca*. Pero no volvería a mi país porque me siento más español. Aquí estudio y tengo amigos. Además, todo es más tranquilo, seguro y la **sanidad pública** es mucho mejor.

Yo nací en España. Mi mamá es peruana y mi padre español. No he tenido nunca problemas de **discriminación**; pero, aunque me siento española, yo sé que aquí la gente no me ve como una española más, así que cuando me presento digo: "soy española, pero mi madre es peruana." Al no ser cien por ciento de aquí, hay que demostrar que los **prejuicios** que tienen, solo son prejuicios.

Aunque soy **gitana** y sé que tenemos menos oportunidades para estudiar y trabajar aquí en España, yo estoy estudiando. Mis compañeros se sorprenden cuando les digo que soy gitana. Menos mal que poco a poco se van **rompiendo** esos **estereotipos** anticuados sobre nosotros.

¿Racismo? No, eso no directamente; pero siempre he sentido que soy diferente al resto de mis compañeros en el instituto. Nací en Barcelona. ¡Soy español! Pero nunca seré aceptado como un español más solo por mi color de piel. Imagino que siempre será así mientras seamos **minoría**.

| | |
|---|---|
| **subir** ≠ bajar | ansteigen |
| **Marruecos** *(m.)* | Marokko |
| **el paso** | Übergang |
| **propicio, propicia** = favorable | günstig, vorteilhaft |
| **separado, separada** | getrennt |
| **sin papeles** | *ohne gültige Ausweispapiere* |
| **por vía marítima** | über den Seeweg, über das Meer |
| **la patera** | kleines Holzboot |
| **el náufrago, la náufraga** | Schiffbrüchige(r) |
| **el, la víctima E** victim | Opfer |
| **el intento** | Versuch |
| ▸ intentar algo | etw. versuchen |
| **clandestinamente** | heimlich |
| **acoger** *(g-j)* **a alguien** | jdn aufnehmen |
| **desconfiar de alguien** ≠ confiar en | jdm misstrauen |
| **la sanidad pública** | Gesundheitswesen |
| **la discriminación E** discrimination | Diskriminierung |
| **el prejuicio E** prejudice | Vorurteil |
| ▸ el juicio | Urteil |
| **el gitano, la gitana** | *Angehörige der Sinti und Roma*; Rom |
| **romper estereotipos** | Stereotypen durchbrechen |
| **la minoría E** minoriy ≠ la mayoría | Minderheit |

### Lerntipp:

Recuerda que para hacer un antónimo o decir lo contrario puedes usar muchas veces los prefijos **des**-, **in**-:

**des**embarcar ≠ embarcar
**des**empleo ≠ empleo
**des**confiar ≠ confiar
**in**soportable ≠ soportable
**in**seguro/a ≠ seguro/a
**in**visible ≠ visible

# 6.2 La ecología

*El diario de Noelia*

Estábamos estudiando **ecología** en clase de biología. Lo que al principio parecía una clase aburrida sobre el comportamiento de los **seres vivos** en su **ambiente** natural y el estudio de las relaciones entre los seres vivos y el **hogar** común que todos ellos **comparten**: la Tierra, terminó siendo un debate sobre cómo **ser conscientes de** que vivimos en un planeta con **recursos finitos**.

Después de clase nos reunimos un grupo en el **recreo**. Luisma preguntó cómo era posible que el homo sapiens llevara más de 100 000 años viviendo sobre la Tierra y que solo desde hace 10 000 los seres humanos utilizaran la **agricultura** para alimentarse y se organizaran en ciudades para vivir. Ninguno podía imaginarse la **magnitud** de este tiempo, sobre todo viviendo en Madrid.

Tras la pausa tocaba clase de historia. ¡Qué aburrimiento! La revolución industrial, el desarrollo de la **población**, del **capital** y de los modelos de **explotación** de los recursos, producción y consumo… sin darnos cuenta volvimos al tema incial del **cambio climático** y de cómo la **humanidad**, en un período muy corto, consume más recursos que en el resto de su historia, el **aumento** de los niveles de **contaminación**, la **acumulación** en la atmósfera de **gases de efecto invernadero** por la **quema** de **combustibles fósiles** y la **tala** de bosques… Nunca hubiéramos imaginado disfrutar tanto aprendiendo.

Como consecuencia, iniciamos un debate en la página web del colegio. Queríamos **aportar** nuestro **granito de arena** en la lucha por una **redistribución** de la riqueza justa y para conseguir el acceso a recursos naturales y energéticos de manera **equilibrada** y **sostenible** entre todos los habitantes del planeta. Los jóvenes somos el futuro y podemos cambiar el mundo aunque sea demasiado tarde para algunos **desastres** nucleares.

A través de nuestro blog en la web, **reivindicamos** el uso de energías **renovables** frente a la energía nuclear porque queremos vivir en un **entorno** limpio y saludable. Empezamos a ir los viernes a «friday for future». Nos reuníamos gente de todas las edades en la plaza del ayuntamiento para manifestarnos por la falta de criterio en la **gestión medioambiental** de los políticos. ¡Todos nos sentíamos Greta Thunberg! Así es como conocí a Andrés, pero esa es otra historia…

| | |
|---|---|
| **la ecología** | Ökologie, Umweltforschung |
| ▸ ecológico, ecológica | ökologisch |
| ▸ el, la ecologista | Ökologe, Ökologin |
| **el ser vivo** | Lebewesen |
| ▸ vivir | leben, wohnen |
| **el ambiente** = el medio | Umgebung |
| **el hogar** = el habitat | Zuhause |
| **compartir algo** | etw. teilen |
| **ser consciente de algo** | etw. bemerken |
| **los recursos finitos** | begrenzte Ressourcen |
| ▸ el fin | Ende |
| **el recreo** | (Schul)Pause |
| **la agricultura** | Landwirtschaft |
| **la magnitud** | Umfang |
| **la población** | Bevölkerung |
| **el capital** | Kapital |
| **!** la capital | *Hauptstadt* |
| **la explotación** | Nutzung, Ausbeutung |
| **el cambio climático** | Klimawandel |
| **la humanidad** | Menschheit |
| ▸ humano, humana | menschlich |
| **el aumento** | Erhöhung, Zunahme |
| **la contaminación** | Verschmutzung |
| ▸ el nivel de contaminación | Grad der Verschmutzung |
| **la acumulación** | Anhäufung |
| **los gases de efecto invernadero** | Treibhausgase |
| **la quema** | Verbrennung |
| ▸ quemar | verbrennen |
| **el combustble fósil** | fossiler Brennstoff |
| **la tala** | Fällen |
| ▸ talar bosques | Bäume fällen |
| **aportar algo** | etw. beitragen |
| **aportar el granito de arena** | sich engagieren |
| **la redistribución** | Weitervertrieb |
| **equilibrado, equilibrada** | ausgeglichen |
| **sostenible** | nachhaltig |
| **el desastre** **E** disaster | Katastrophe |
| **reivindicar** *(c-qu)* **algo** | etw. verlangen |
| **renovable** | erneuerbar |
| **el entorno** | Umgebung |
| **la gestión medioambiental** | Umweltmanagement |

# La energía

## ¿Energías renovables son el futuro o el presente?

Cada vez hay más población en la Tierra con más energía. Es necesario buscar alternativas a los combustibles fósiles **limitados** y no renovables. ¿Son las posibles fuentes de energía renovables, como la **energía eólica**, **geotérmica**, **hidráulica**, solar o biomasa una alternativa? La inversión económica para conseguir **energía limpia** no **está al alcance de** todos los ciudadanos y también falta información para conocer las ventajas y desventajas para el **medioambiente**.

## ¿Y la energía nuclear?

Hay quien dice que la **energía nuclear** es la solución a todos los problemas. Se produce a partir de cambios en los **núcleos atómicos** que producen calor. Por eso, este calor se usa para **calentar** agua y producir **vapor** que hace **girar** las **turbinas generadoras** produciendo electricidad.

Existen opiniones y argumentos contradictorios. Las principales **organizaciones ecologistas** y diversos expertos **antinucleares** piden el **cierre** definitivo de estas **instalaciones**, pero los expertos **favorables al** uso de la energía nuclear con **fines pacíficos** ofrecen explicaciones **contrapuestas** para defender su **continuidad**.

| Razones a favor | Razones en contra |
|---|---|
| ✓ **factura eléctrica** más barata para los **consumidores**<br>✓ con una pequeña cantidad de **combustible** se consigue gran cantidad de energía útil<br>✓ sin gases **contaminantes** peligrosos para el ambiente<br>✓ **equipamiento** y protocolos de las nucleares españolas son **adecuados** para responder ante **condiciones extremas** (**inundaciones**, **terremotos** o **accidentes**) | ✓ inseguridad de las instalaciones<br>✓ dificultad para almacenar los **residuos** radioactivos (**desechos nucleares** con alta **radioactividad almacenados en** piscinas especiales **subterráneas** en las propias centrales o en el **cementerio nuclear** de El Cabril (Córdoba) |

| | |
|---|---|
| **limitado, limitada** | begrenzt |
| **la energía eólica** | Windenergie |
| **la energía geotérmica** | Erdwärmeenergie, Geothermie |
| **la energía hidráulica** | Wasserkraft |
| **la energía limpia** | saubere Energie |
| **estar al alcance de alguien** | für jdn leistbar sein |
| **el medioambiente** | Umwelt |
| **la energía nuclear** | Kernenergie |
| **el núcleo atómico** | Atomkern |
| **calentar algo** | etw. heizen |
| **el vapor** | Dampf |
| **girar** = mover | drehen, bewegen |
| **la turbina generadora** | Turbinengenerator |
| **la organización ecologista** | Umweltschutzorganisation |
| **antinuclear** | Anti-Atomkraft |
| **el cierre** | Betriebsschließung |
| ▸ cerrar *(-ie-)* algo | etw. schließen |
| **la instalación** | Anlage |
| **favorable a** **E** in favour of | für |
| **≠ desfavorable a** | dagegen |
| **el fin pacífico** | friedlicher Zweck |
| **contrapuesto, contrapuesta** | umgekehrt |
| ▸ contraponer *(≈ poner)* algo | etw. dagegenhalten |
| **la continuidad** | Weiterführung, weitere Nutzung |
| ▸ continuar algo | weiterführen |
| **la factura eléctrica** | Stromrechnung |
| **el consumidor, la consumidora** | Verbraucher |
| **el combustible** | Kraftstoff |
| **contaminante** | umweltschädlich |
| **el equipamiento** | Ausrüstung |
| **adecuado, adecuada** | angemessen, geeignet |
| **la condición extrema** | Extremzustand |
| **la inundación** | Überschwemmung |
| ▸ inundar algo | etw. überschwemmen |
| **el terremoto** | Erdbeben |
| **el accidente** | Unfall |
| **el residuo** | Abfall |
| **el desecho radioactivo** | radioaktiver Abfall |
| **la radioactividad** | Strahlung |
| **almacenado en un lugar** | gelagert |
| **subterráneo, subterránea** | unterirdisch |
| **el cementerio nuclear** *(col.)* | Atomfriedhof |

# Contaminación de mares y océanos

Aunque el mar posea una gran capacidad **autodepuradora** no puede considerarse un **vertedero** natural. ¡Todo tiene un límite! La contaminación **ha superado** las capacidades naturales del mar: los **detergentes** y pesticidas en los **arroyos destruyen** directa o indirectamente otros **ecosistemas** y a sus habitantes.

**¡Sin agua no hay vida!**

El agua es un **recurso vital** e **indispensable** para la vida. Nadie lo duda, pero poco hacemos para evitar la destrucción y la contaminación de **acuíferos**, ríos… son nuestra reserva de consumo.

El grupo ecologista local salió ayer viernes a la calle para gritar ¡basta! Los jóvenes, en su mayoría estudiantes universitarios, hacían una llamada a todos, políticos y **ciudadanos de a pie.**

«En España, las **sequías** son cada vez más frecuentes, Nadie **afronta** con seriedad factores tan vitales en esta **escasez de agua** como son: el cambio climático, la falta de bosques, la contaminación de las aguas, los **sistemas de riego derrochadores** o el consumo excesivo de cada uno de nosotros.»

Con estas palabras iniciaba su discurso el **portavoz** oficial de esta organización ambiental. Este estudiante de Biología de la universidad Complutense daba datos concretos: «En la agricultura se consume el 80 % de **agua potable disponible** en España. Esto supone un **derroche** de agua, que bien podría ser infinitamente menor si en lugar de **encharcar** la tierra, se **emplearan** otros métodos que **están al alcance de** la industria agrícola como podría ser el **goteo**. En Israel se han conseguido **logros** muy importantes con el riego por goteo.» El joven quiere, a través de la organización ecológica, dar alternativas reales que comienzan con la educación y evitar el **despilfarro** del agua tanto en el **abastecimiento urbano** como en el **regadío**.

En España cada año aumenta la **desertización**. El cambio climático ya nos afecta aumentando más aún la escasez de agua. Tener **conciencia** ecológica en España ya está de moda y las organizaciones ecológicas esperan que se quede. No se puede olvidar que somos **dependientes** de la naturaleza y responsables de su estado de conservación para nosotros y nuestros **descendientes**.

"Otros países como Alemania están más concienciados. En España hemos hecho mucho, pero una parte de la población aún **descuida** playas, **parajes** naturales, etc. ¡Es una responsabilidad de todos!

| | |
|---|---|
| **autodepurador, autodepuradora** | selbstreinigend |
| ▸ depurar algo | etw. reinigen |
| **el vertedero** | Mülldeponie, Müllkippe |
| **superar algo** | etw. übersteigen |
| **el detergente** | Waschmittel |
| **el arroyo** | Bach |
| **destruir** *(-y-)* **algo** | zerstören |
| ▸ la destrucción | Zerstörung |
| **el ecosistema** | Ökosystem |
| **el recurso vital** | lebenswichtige Ressource |
| **indispensable** | unerlässlich |
| **el acuífero** | Grundwasservorkommen |
| **el ciudadano de a pie** | Normalbürger |
| **la sequía** | Dürre |
| ▸ seco, seca | trocken |
| **afrontar algo** | mit etw. fertig werden |
| **la escasez de agua** | Wassermangel |
| **el sistema de riego** | Bewässerungssystem |
| **derrochador, derrochadora** | verschwenderisch |
| **el portavoz** | Sprecher |
| **el agua potable** | Trinkwasser |
| **disponible** | verfügbar |
| **el derroche** | Verschwendung |
| **encharcar algo** | etw. fluten |
| ▸ el charco | Pfütze |
| **emplear** | verwenden. |
| **estar al alcance de alguien** | für jdn greifbar sein |
| **el goteo** | Tropfensystem |
| ▸ el riego por goteo | Tröpfchenbewässerung |
| **el logro** | Errungenschaft, Erfolg |
| ▸ lograr algo | etw. erreichen |
| **el despilfarro** = el derroche | Verschwendung |
| **el abastecimiento urbano** | Stadtversorgung |
| **el regadio** | Bewässerung |
| **la desertización** | Verwüstung |
| ▸ el desierto | Wüste |
| **la conciencia** | Bewusstsein |
| **ser depediente de algo** | von etwas abhängig sein |
| **el/la descendiente** | Nachkommen |
| **descuidar algo** | etw. vernachlässigen |
| **el paraje** = lugar | Gegend, Ort, Stelle |

# El desarrollo sostenible

## La educación como instrumento para el cambio

El **equilibrio ecológico** en la Península ibérica **se tambalea**. Las consecuencias del uso y **abuso**, la falta de respeto hacia los ecosistemas ha hecho que el **impacto medioambietal** tenga consecuencias **nefastas** para la naturaleza.

Alcanzar el desarrollo sostenible se hace usando más **eficazmente** y **equitativamente** los recursos **disponibles.** ¿Cómo?

- **Recuperando** y **reciclando** los residuos (**cristal**, **papel**, plásticos, **latas**, **basura orgánica**) para reducir la producción de residuos.
- Construyendo **sistemas recolectores** de **aguas residuales**.
- Implantando sistemas de **depuración**.
- **Impulsando** la **formación** de los ciudadanos para cambiar su comportamiento.
- Obligando a la **reforestación** y **certificación** de productos forestales.

| | |
|---|---|
| **el equilibrio** | Gleichgewicht |
| **ecológico, ecológica** | ökologisch |
| **tambalearse** | wackeln |
| **el abuso** | Missbrauch |
| **el impacto medioambiental** | Umweltauswirkungen |
| **nefasto, nefasta** | schädlich, unheilvoll |
| **eficaz !** *(pl.) -ces* | effizient, wirksam |
| **equitativamente** | angemessen, gleichmäßig |
| **disponible** | verfügbar |
| **recuperar algo** | etw. zurückgewinnen, wiederverwerten |
| **reciclar algo** | wiederverwerten |
| **el cristal** | Glas |
| **el papel** | Papier |
| **la lata** | Blechdose |
| **la basura orgánica** | Bioabfall |
| **el sistema recolector** | Sammelsystem |
| **las aguas residuales** | Abwässer |
| **la depuración** = la purificación | Reinigung, Säuberung, Aufbereitung |
| **impulsar algo** | etw. vorantreiben |
| **la formación** | (Aus)Bildung |
| ▸ formar a alguien | jdn (aus)bilden |
| **la reforestación** | Aufforstung |
| **la certificación** | Zertifizierung |
| **gastarse algo** | etw. verbrauchen |

# Proyectos sostenibles

## Vacaciones sostenibles en Mallorca

La gran atracción turística de Mallorca son sus playas. ¿Seguro? El sector del **agroturismo** está **en auge** y se ofrece como complemento al sol y la playa. La **recuperación** de fincas ha **revitalizado** y **fomentado** la actividad turística además de ofrecer una alternativa para un turismo de alto **poder adquisitivo**, aunque no es **imprescindible**, que disfruta del valor cultural, social, medioambiental y económico del campo mallorquín. No hay que olvidar que la agricultura fue el motor económico de la isla hasta hace unas pocas décadas.

La isla **cuenta con** una oferta cada vez mayor de fincas ecológicas que buscan la **armonía** entre turismo y naturaleza. Es decir, un turismo que **minimiza** los **impactos** negativos para el ambiente, construye con **respeto** y conciencia ambiental y cultural. Disfrutar de unas vacaciones sostenibles **proporciona beneficios** económicos directos para la **conservación** del medio y **fortalece** a la comunidad local que participa en los proyectos ecológicos.

Ecoturismo en Mallorca no solo es de interior. Existen **espacios dedicados a** la **observación** de aves como S'Albufera o S'Albufereta que **atraen** todos los años a turistas nacionales e internacionales. O el Parque Nacional Marítimo Terrestre de Cabrera que **alberga** importantes colonias de aves marinas con uno de los **fondos marinos** mejor conservados del **litoral** mediterráneo. En Mallorca encontrarás seguro lo que estás buscando.

## Andalucía te sorprende

Andalucía es un mundo de contrastes. Almería –conocida como la "**huerta** de Europa"– produce bajo un inmenso "mar de plástico" de 20 000 hectáreas de **invernaderos** 400 camiones de **verduras** cada día. Así, una de las regiones más **áridas** y pobres de España **se convirtió en** un verdadero **milagro económico**. El coste medioambiental es impagable (**agotamiento** de acuíferos, por ejemplo) aunque no todo está perdido. La lucha por la conservación de ecosistemas únicos como el Parque Nacional de Doñana con una biodiversidad incomparable en Europa atrae a un turismo respetuoso.

| | |
|---|---|
| **el agroturismo** | Landtourismus |
| **estar en auge** | im Aufschwung begriffen sein |
| **la recuperación** | Wiederherstellung, Wiederaufbau |
| **revitalizar algo/a alguien** | etw./jdn (wieder)beleben. |
| **fomentar algo** | ankurbeln, unterstützen |
| **el poder adquisitivo** | Kaufkraft |
| **imprescindible** | unverzichtbar |
| **contar** *(-ue-)* **con algo** | etw. haben |
| **la armonía** | Harmonie |
| **minimizar algo** *(c-z)* | minimieren |
| **el impacto** | Belastung, Auswirkung |
| **el respeto** | Respekt |
| **proporcionar algo** | etw. ermöglichen, anbieten |
| **el beneficio** | Nutzen, Vorteil |
| **la conservación** | Erhaltung, Pflege |
| ▸ conservar algo | etw. pflegen |
| **fortalecer** *(zc)* **algo** | etw. stärken, kräftigen |
| ▸ la fuerza | Kraft, Stärke |
| **el espacio** | Raum |
| **dedicado a** | gewidmet |
| ▸ dedicar algo a algo/a alguien | etw. etw./jdm widmen |
| **la observación** | Beobachtung |
| **atraer a alguien** | auf sich ziehen, anlocken |
| ▸ la atracción | Anziehungskraft, Attraktivität |
| **albergar algo/a alguien** | etw./jdn beherbergen |
| ▸ el albergue | Herberge |
| **el fondo marino** | Meeresboden |
| **el litoral** | Küstengebiet |
| **la huerta** | Gemüsegarten |
| **el invernadero** | Gewächshaus, Treibhaus |
| **la verdura** | Gemüse |
| **árido, árida** | dürr |
| **convertirse en algo** | zu etw. werden |
| **el milagro económico** | Wirtschaftswunder |
| **el agotamiento** | Erschöpfung, Ausbeutung |

# La contaminación atmosférica

**Niveles de contaminación en aumento**

Ciudad de México 12.10.2023

Las **emisiones** anuales de **contaminantes** en todo el país son superiores a 16 millones de toneladas y van en aumento. Solo en la Ciudad de México se **genera** el 23.6 % de estas emisiones. Los otros centros industriales del país generan el 70 % **restante.** Los factores meteorológicos como la **radiación solar** y el viento (**dispersa** las **sustancias nocivas emitidas** de un lugar y las transporta lejos de su punto de emisión) influyen en la formación del "smog" que respiramos los mexicanos a través de nuestros **pulmones**. La **polución** del aire con sustancias nocivas, o la **variación** de los **constituyentes** en el aire, pueden **provocar molestias** o efectos **perjudiciales** para nuestra salud.

Los procesos industriales, las **combustiones** y los **vehículos de motor**... Ciudad de México y Buenos Aires son dos de las ciudades del mundo con más contaminación atmosférica.

**¡No a la contaminación!**

**¿Por qué?**

Porque nuestra salud está en peligro: los jóvenes sufren **pérdida** del **olfato** y el **exceso** de smog sobre el organismo es una causa del sentido de **fatiga** continua. ¡Una **disminución** del 10 % en el nivel de $O_3$ (ozono) disminuiría 300 muertes y 2 millones de casos de **enfermedades respiratorias**!

**¿Cómo?**

El número de autos en la Ciudad de México **se** ha **duplicado** en 10 años. Reducir la contaminación está en nuestra mano, participando en los programas como «Hoy no **circula**», adquiriendo nuevos **hábitos** como por ejemplo, no usarlo en las «**horas punta**», utilizando el **transporte público**; **compartiendo** el auto con otras personas, etc.

Ya no podemos esperar más. El aire no se limpia por sí solo.

¡Actuemos ya!

| | |
|---|---|
| **la emisión** | Emission, Ausstoß |
| ▸ el punto de emisión | Emissionsort |
| **el contaminante** | Schadstoff |
| **generar algo** | etw. erzeugen |
| **restante** | restliche (-r, -s) |
| ▸ el resto | Rest |
| **la radiación solar** | Sonnenstrahlung |
| **dispersar algo** | etw. verteilen |
| **la sustancia nociva** | Schadstoff |
| **emitir algo** | etw. freisetzen |
| **el pulmón** | Lunge |
| **la polución** **E** pollution | Verschmutzung |
| **la variación** | Veränderung |
| **el constituyente** | Bestandteil |
| **provocar** *(c-qu)* **algo** | etw. verursachen |
| **la molestia** | Beschwerde |
| **perjudicial** = nocivo, nociva | schädlich |
| ▸ perjudicar *(c-qu)* a alguien | jdm schaden |
| **la combustión** | Verbrennung |
| **el vehículo de motor** | Kraftfahrzeug |
| **la pérdida** | Verlust |
| ▸ perder algo | etw. verlieren |
| **el olfato** | Geruchssinn |
| **el exceso** | Übermaß |
| **la fatiga** | Erschöpfung, Fatigue |
| **la disminución** | Abnahme, Verringerung |
| ▸ disminuir *(-y-)* | verringern |
| **la enfermedad respiratoria** | Atemwegserkrankung |
| **duplicarse** *(c-qu)* | sich verdoppeln |
| **circular** | fahren |
| **el hábito** = la costumbre | Sitte, Gewohnheit |
| **la hora punta** = la hora pico | Rushhour |
| **el transporte público** | öffentliche Verkehrsmittel |
| **compartir algo** | etw. teilen |

### El agujero de ozono alcanzará a Ushuaia entre este martes y el miércoles

Ushuaia, 01.12.2024

Un **agujero de ozono se mantendrá** justo encima del **casco urbano** hoy y mañana de la ciudad de Ushuaia, en Tierra del Fuego, donde se registrarán "niveles de **exposición** extrema a los **rayos** ultravioletas (UV)", informaron fuentes de la Estación de Vigilancia Atmosférica Global Ushuaia (VAG). Ushuaia, por su **ubicación** geográfica, se encuentra "en uno de los **bordes** de ese agujero". Las autoridades recomendaron evitar la **exposición** al sol ya que la **capa de ozono** que permite bloquear los nocivos rayos solares no estará. Los especialistas **alertan a** las familias que **protejan** a sus hijos pequeños del sol.

Se recomienda, por tanto, a los habitantes la ciudad del Fin del Mundo utilizar crema solar para la piel, proteger ojos y cabeza con gorras o sombreros. Esta **radiación** provoca **irritaciones** de la piel y la **vista**, e incluso produce **daño** inmunológico y genético.

El fenómeno del agujero de ozono sucede desde hace 50 años. Entre agosto y diciembre la reducción del ozono sobre la **Antártida avanza**, pero menos que antes. La lucha de las organizaciones ecologistas de todo el mundo para **retirar** del mercado los productos perjudiciales para la capa de ozono y prohibir el uso de los compuestos que la **deterioran** ha tenido parcialmente éxito. La **recuperación** de la capa de ozono podría completarse hacia 2030 gracias al menor uso de gases **HFC** que destruyen el ozono.

Está en nuestras manos que esta disminución del agujero de ozono y sus consecuencias sea una realidad a corto plazo.

**Info**

La capa de ozono* impide que la mayoría de los rayos UV (ultravioleta) del sol lleguen a la Tierra. No es una **barrera** sólida, sino que son moléculas **diseminadas** de este gas. Los CFC (**clorofluorocarbonos**) de los **aerosoles**, han ocasionado la reducción de la capa de ozono.

*ozono: gas que **se acumula** en la atmósfera **superior** que rodea la Tierra

| | |
|---|---|
| **el agujero de ozono** | Ozonloch |
| **mantenerse en algún lugar** | sich irgendwo aufhalten. |
| **el casco urbano** | Innenstadt |
| **la exposición** | Belastung |
| **el rayo** | Strahl |
| **la ubicación** = la posición | Standort |
| **el borde** | Kante |
| **la exposición** | (Strahlen)Aussetzung |
| **la capa de ozono** | Ozonschicht |
| **alertar a alguien** | jdn warnen |
| ▸ la alerta | Warnung, Alarm |
| **proteger a alguien de algo** | jdn vor etw. schützen |
| **la radiación** | Strahlung |
| **la irritación** | Reizung; Entzündung |
| ▸ irritarse | sich entzünden |
| **la vista** | Sehsinn |
| **el daño** | Schaden |
| ▸ dañar algo/a alguien | etw./jdm schaden |
| **la Antártida** | Antarktis |
| **avanzar** | vorankommen |
| **retirar** | zurückziehen |
| **deteriorar algo** | etw. verschlechtern, etw. beschädigen |
| **la recuperación** | Genesung, Wiederherstellung |
| **HFC** *(hidrofluorocarburos)* | HFKW *(starke Treibhausgase mit hohen GWP-Werten, die in die Atmosphäre freigesetzt werden)* |
| **la barrera** | Barriere |
| **diseminado, diseminada** | verbreitet, verteilt |
| **el clorofluorocarbono** | Fluorchlorkohlenwasserstoff (FCKW) |
| **el aerosol** | Spray(dose) |
| **acumularse** | sich ansammeln |
| **superior** ≠ inferior | obere (-r, -s) |

# Contaminación terrestre

**La rotura de un oleoducto petrolero en la Amazonía ecuatoriana genera un vertido de crudo de grandes dimensiones**

28.01.2022

La empresa privada Oleoductos de Crudos Pesados (OCP) confirmó una **avería** en el límite del Parque Nacional Cayambe-Coca, con **causas** irreparables para la **selva amazónica**.

OCP comunicó públicamente que el vertido ya ha sido controlado y que el sitio de la rotura no se encuentra directamente **expuesto** a los ríos que **atraviesan** la zona. Pero las imágenes del canal de televisión Teleamazonas muestran otra cosa. Las **asociaciones indígenas** CONAIE y CONFENIAE muestran el **alcance** de la **contaminación** por **petróleo** en Twitter y bajo #SOSDerrameAmazonía# con vídeos y fotos. El petróleo **contamina** el río Coca a lo largo de decenas de kilómetros y llega hasta el Napo, un **afluente** del Amazonas. Las **aldeas** indígenas situadas a lo largo de los ríos se han visto gravemente **afectadas** por la **dispersión** del petróleo. Los afectados informan de un **hedor** insoportable a petróleo y **azufre**. OCP está utilizando **excavadoras** para **cavar cuencas** y construir **diques** para recoger parte del petróleo **derramado**. Las bombas **trasladan** el petróleo a los **camiones cisterna** para su **retirada**.

El río Coca lleva dos años en un proceso de rápida **erosión retrógrada**. El agua penetra cada vez más en los sedimentos y **socava** las **laderas** de las montañas, lo que **amenaza** masivamente las rutas de los oleoductos que pasan por allí, así como una importante carretera desde Quito a las tierras bajas del Amazonas. Pero las casas y los cultivos agrícolas también están cayendo en el **abismo**.

Este **desastre** era de esperar. Ecuador produce diariamente 530 000 **barriles** y la exportación petrolera es una de sus principales **fuentes de ingreso** de divisas y de financiación de su **presupuesto estatal**. La OCP y el Gobierno minimizan la situación y ninguno de ellos tiene el control de la situación.

| | |
|---|---|
| **la rotura** | Bruch, Riss |
| **el oleoducto petrolero** | Ölfernleitung |
| **generar algo** | etw. erzeugen |
| **el vertido** | Ausleeren, Verklappung |
| **el crudo** | Rohöl |
| **la avería** | Defekt, Fehler |
| **la causa** | Ursache |
| **la selva amazónica** | Amazonas-Regenwald |
| **expuesto, expuesta** | ausgesetzt |
| **atravesar algo** = cruzar | etw. durchqueren |
| **la asociación indígena** | Verband der Ureinwohner |
| **el alcance** | Reichweite |
| **la contaminación** | Verschmutzung |
| **el petróleo** | Erdöl |
| **contaminar algo** | etw. verschmutzen |
| **el afluente** | Zufluss |
| **la aldea** | kleine Dorf |
| **afectado, afectada** | betroffen |
| **la dispersión** | Verbreitung |
| ▸ dispersar algo | etw. verbreiten |
| **el hedor** | Gestank |
| **el azufre** | Schwefel |
| **la excavadora** | Bagger |
| **cavar** | graben |
| **la cuenca** | Becken |
| **el dique** | Deich |
| **derramar algo** | etw. verschütten |
| **trasladar** | fahren |
| **el camión cisterna** | Tankwagen |
| **la retirada** | Entfernung |
| **la erosión retrógrada** | rückwärtige Bodenerosion |
| **socavar algo** | etw. aushöhlen |
| **la ladera** | Abhang |
| **amenazar** *(z-c)* **algo** | etw. bedrohen |
| **el abismo** | Abgrund |
| **el desastre** | Katastrophe |
| **el barril** | Fass |
| **la fuente de ingreso** | Einkommensquelle |
| **el presupuesto estatal** | Staatshaushalt |

# ¡Paremos las talas masivas en América Latina!

## Proyectos de Crowdfunding: firma nuestra petición

**El porqué del proyecto**

Somos conscientes de que los **bosques primarios** son las principales víctimas de la **industria de la madera**. Las **extensiones** de bosque son el **pulmón** del planeta, fuente de medicamentos esenciales y el hábitat de especies como el **oso**, el **águila** o el **lobo**…

Entre las consecuencias más importantes que **se derivan** de la **deforestación** amazónica podemos mencionar:

- erosión del **suelo**,
- **polución** de agua y aire,
- **liberación** de **dióxido de carbono** a la atmósfera,
- pérdida de biodiversidad por **extinción**,
- **incremento** del **calentamiento** del planeta,
- **aniquilación** de **tribus** amazónicas,
- epidemias de malaria,
- **inundaciones** masivas y/o **desertización**.

**Cómo ayudar**

Nuestro proyecto consiste en comprar algunas hectáreas de selva amazónica para proteger los bosques de **caoba.** La madera de estos árboles es muy **cotizada** y **demandada** en el mercado internacional. Queremos **evitar** que las reservas de caoba **se agoten** y que los **saqueadores talen** ilegalmente las reservas ecológicas. Cuanto más bosques protejamos, mejor podremos proteger la selva. Paralelamente ofrecemos cursos y **talleres** para niños en las escuelas del **entorno**. Los niños serán los que tendrán que continuar nuestro trabajo en el futuro.

**¡Te necesitamos! ¡Colabora con nosotros!**

| | |
|---|---|
| **el bosque primario** | Urwald |
| **la industria de la madera** | Holzindustrie |
| **la extensión** | Fläche, Ausdehnung |
| ▸ extenderse *(-ie-)* | sich ausbreiten |
| **el pulmón** | Lunge |
| **el oso** | Bär |
| **el águila** | Adler |
| **el lobo** | Wolf |
| **derivarse** | ableiten, hervorgehen |
| **la deforestación** ≠ reforestar | Abholzung |
| **el suelo** | Boden |
| **la polución** | Verschmutzung |
| **la liberación** | Freisetzung |
| **el dióxido de carbono** | Kohlendioxid |
| **la extinción** **E** extinction | Aussterben |
| **el incremento** | Erhöhung |
| ▸ incrementar | steigern |
| **el calentamiento** | Erwärmung |
| **la aniquilación** = la destrucción | Vernichtung |
| **la tribu** **E** tribe | Volksstamm |
| **la inundación** | Hochwasser |
| **la desertización** | Verwüstung |
| ▸ el desierto | Wüste |
| **la caoba** | Mahagoni |
| **cotizado, cotizada** = estimado | schätzenswert |
| ▸ cotizar *(z-c)* algo | etw. schätzen |
| **demandado, demandada** | gefragt |
| ▸ demandar algo | etw. verlangen, nachfragen |
| **evitar algo** | etw. vermeiden |
| **agotarse** | auslaufen, sich erschöpfen |
| **el saqueador, la saqueadora** | Plünderer(in) |
| **talar algo** | etw. fällen |
| **el taller** | Workshop |
| **el entorno** | Umgebung |

# Contra el monocultivo de la soja en Argentina

**El porqué del proyecto**

Muchos países del Sur se han orientado al **monocultivo** de productos para la **exportación**. Así su **acceso** al **comercio** internacional ha crecido, pero su capacidad para **autoabastecerse** de alimentos es cada vez menor. Sin una agricultura de **subsistencia**, adaptada a las **condiciones** de clima y suelo de cada zona, no es posible un uso sostenible de la tierra. El monocultivo significa desertificación de la microflora y microfauna del suelo,

Nosotros **somos partidarios** de entender la agricultura como un proceso de **nutrición** de la tierra, y no como un proceso de creación de **ganancias** económicas. ¡La **sostenibilidad** es la solución!

Especialmente el cultivo **indiscriminado** de soja **transgénica** ya ha **alterado gravemente** al ecosistema. No solo nuestro ecosistema se ve afectado, sino nuestra economía y nuestra sociedad. Argentina, produce la mayor **tasa** de alimentos por persona del mundo (3500 kg/hab/año), pero 20 millones de personas viven por debajo del nivel de **pobreza** y 10 millones pasan hambre. ¡Un **contrasentido** que hay que **detener**!

**Cómo ayudar**

La soja ya ha acabado con **innumerables** pequeñas y medianas producciones **ganaderas**, **hortícolas**, **frutícolas** y **forestales**. El monocultivo de cultivos industriales como el **algodón** produce la **desaparición** o la reducción de la producción nacional de leche, **lentejas**, **batata**, algodón, **trigo**, **arroz**, etc.

Con tu colaboración económica apoyaremos tanto económicamente como con **formación** a los agricultores para que **siembren** de manera responsable alimentos básicos.

**¡Hazlo posible!**

| | |
|---|---|
| **el monocultivo** | Monokultur |
| **la exportación** | Export |
| **el acceso a algo** | Zugang zu etw. |
| **el comercio** | Handel |
| **autoabastecerse** | sich selbst versorgen |
| **la subsistencia** | Lebensunterhalt |
| ▸ subsistir de algo | von etw. leben |
| **la condición** | Bedingung |
| **ser partidario de algo** | sich für eine Sache einsetzen |
| **la nutrición** | Ernährung |
| **la ganancia** | Gewinn |
| ▸ ganar algo | etw. gewinnen, verdienen |
| **la sostenibilidad** | Nachhaltigkeit |
| **indiscriminado, indiscriminada** | wahllos |
| **transgénico, transgénica** | Transgen, Gentechnik- |
| **alterar algo** | etw. ändern |
| **gravemente** | schwerwiegend |
| **la tasa** | Quote |
| **la pobreza** | Armut |
| **el contrasentido** | Widerspruch |
| **detener algo** = parar | etw. stoppen |
| **innumerable** | unzählbar |
| **ganadero, ganadera** | Viehzucht- |
| **hortícola** | Gartenbau- |
| **frutícola** | Obst- |
| **forestal** | Forst- |
| **el algodón** | Baumwolle |
| **la desaparición** | Verschwinden |
| ▸ desaparecer *(-zc)* | verschwinden |
| **la lenteja** | Linsen |
| **la batata** | Süßkartoffel |
| **el trigo** | Weizen |
| **el arroz** | Reis |
| **la formación** | Schulung, Ausbildung |
| **sembrar** *(e-ie)* | säen |

# ¿Qué sentido tienen las cumbres climáticas?

En 2022 se celebró la COP 27, con **sede** en Sharm el Sheikh (Egipto), conferencia organizada por las **Naciones Unidas**, para **lograr** el compromiso de todos los países para **proteger** el medio ambiente y **solucionar** algunos de los problemas más **preocupantes** para el **equilibrio** social, ambiental y económico de la vida humana en el planeta: la desertificación.

Ahora salimos a la calle para hacer una **encuesta** a los ciudadanos madrileños sobre si las **cumbres climáticas** tienen sentido. Aquí algunas de nuestras respuestas.

Marta P.: Recuerdo que en 1992 se celebró la «Cumbre de la Tierra», la Conferencia de las Naciones Unidas sobre el Medio Ambiente y Desarrollo en Río de Janeiro. A la **reunión acudieron** políticos, **diplomáticos**, científicos, periodistas y representantes de **organizaciones no gubernamentales** (ONG) de 179 países. Fue un grito de esperanza, un **esfuerzo** masivo por **frenar** el **impacto** de las actividades socio-económicas en el medio ambiente. Era el tema estrella en los medios de comunicación. Hoy se siguen reuniendo, pero no **consiguen** nada. Solo gastar dinero que se podría **invertir** en la protección.

Juanjo G.: Para mí sí tienen sentido. Recuerdo la **cumbre de Kioto**. Esta cumbre **sentó las bases** para la **concreción** del compromiso de reducir las emisiones en diez años. Algunos **países industrializados** aumentaron sus emisiones hasta un 10 % en vez de reducir y para evitar los controles **trasladaron** sus fábricas a **países en vías de desarrollo**. Pero para mí fue muy positivo porque había **leyes** y **sanciones** que protegían el medioambiente. El **Protocolo de Kioto entró en vigor** creo que en 2005. A partir de aquí se **pusieron en marcha** las medidas para reducir las emisiones de **gases de efecto invernadero**. Por eso, creo que las cumbres son fundamentales para que los países trabajen para conseguir los mismos objetivos.

¿Y tú, qué opinas? ¡Escribe tu comentario en nuestro blog!

| | |
|---|---|
| **la sede** | Veranstaltungsort |
| **las Naciones Unidas !** *(pl.)* | Vereinten Nationen |
| **lograr algo** | etw. erreichen |
| **proteger algo** | etw. schützen |
| **solucionar algo** | etw. lösen |
| **preocupante** | beunruhigend |
| **el equilibrio** | Gleichgewicht |
| **la encuesta** | Umfrage |
| **la cumbre climática** | Klimagipfel |
| **la reunión** | Treffen |
| ▸ reunirse | sich treffen |
| **acudir** | gehen zu |
| **el diplomático, la diplomática** | Diplomat(in) |
| ▸ la diplomacia | Diplomatie |
| **la organización no gubernamental** | Nichtregierungsorganisation (NRO) |
| **el esfuerzo** | Anstrengung |
| ▸ la fuerza | Kraft |
| **frenar algo** | etw. bremsen |
| **el impacto** | Auswirkung |
| **conseguir** *(e-i)* **algo** | etw. erreichen |
| **invertir en algo** | in etw. investieren |
| **la cumbre de Kioto** | Kyoto-Gipfel |
| **sentar las bases para algo** | Grundstein für etw. legen |
| **la concreción** | Verwirklichung |
| **el país industrializado** | Industrieland |
| **trasladar** = mudar, cambiar de sitio | verlegen |
| **el país en vía de desarrollo** | Entwicklungsland |
| **la ley** | Gesetz |
| **la sanción** | Bestrafung |
| **el Protocolo de Kioto** | Kyoto-Protokoll *Von 158 Ländern am 11.12.1997 auf dem Gipfel von Kyoto (China) unterzeichnetes Abkommen. Ziele: Verringerung der Treibhausgasemissionen* |
| **entrar en vigor** | in Kraft treten |
| **poner algo en marcha** | etw. in Gang setzen |
| **el gas de efecto invernadero** | Treibhausgas |

# 6.3 El mundo digital

## La informática

Vivimos en una sociedad **altamente tecnificada** en la que la informática es un **pilar** fundamental. Nuestra rutina diaria está directamente controlada por los chips: **teléfonos móviles**, **electrodomésticos**, tabletas, **agendas electrónicas**, **libros electrónicos**, **tarjetas de crédito**, sistemas de identificación de animales… y es que casi cada objeto que nos facilita la vida **cotidiana** tiene un componente electrónico en su interior o se ha creado con **técnicas de automatización**.

Todo es informática, desde la fabricación de objetos electrónicos hasta los **dispositivos de seguridad** en la red. Estos nos garantizan tanto la **privacidad** como que nuestra información sea **confidencial.** A través de **palabras claves,** protegen el **acceso** de personas **ajenas** a nuestros datos.

### Los ordenadores

Dime qué **ordenador** tienes y te diré quién eres. Porque el ordenador forma parte de nuestra vida **laboral** y privada. Gracias a los informáticos y **programadores** podemos disfrutar de estos aparatos electrónicos que **tienen por finalidad tratar** la información. Un programa informático es capaz de **compilar** o **correlacionar** las **instrucciones** que recibe y **ejecutarlas**.

Se dice que la **computadora** no es una máquina, sino un sistema informático con dos elementos diferenciados: el software o conjunto de programas y el hardware o componentes físicos y **tangibles** de un ordenador. Seguro que tienes en casa uno o más ordenadores o una tableta, más grande que un smartphone, con **pantalla táctil**, pero sin **teclado** físico ni **ratón**. Puede ser que prefieras un ordenador personal que esté siempre en tu mesa de trabajo u optes por un **portátil** o laptop para llevártelo contigo en tu **maletín** y trabajar desde cualquier parte y en cualquier momento.

¿Qué es un lenguaje de programación? Es el lenguaje que el ordenador comprende. Está basado en un sistema binario o **código máquina** (serie de ceros y unos llamados bits). ¿Y qué lenguajes hay? Hay diferentes. Algunos están especializados en funciones específicas y otros destacan por su facilidad de uso. Por ejemplo: Java es un **lenguaje multipropósito** y JavaScript es un lenguaje de programación que **dota** de mayor interactividad y dinamismo a las páginas web.

| | |
|---|---|
| **altamente** | sehr, höchst, in hohem Maße |
| **tecnificado, tecnificada** | technologisiert |
| **el pilar** | Säule |
| **el teléfono móvil** | Handy |
| **el electrodoméstico** | Haushaltsgerät |
| **la agenda electrónica** | Pencomputer |
| **el libro electrónico** | eBook |
| **la tarjeta de crédito** | Kreditkarte |
| **cotidiano, cotidiana** | alltäglich |
| **la técnica de automatización** | Automatisierungstechnik |

| | |
|---|---|
| **el dispositivo de seguridad** | Sicherheitsmechanismus |
| **la privacidad** | Privatsphäre |
| **confidencial** **E** confidential | vertraulich |
| **la palabra clave** | Passwort |
| **el acceso** | Zugang |
| **ajeno, ajena** | fremd |

| | |
|---|---|
| **el ordenador** | Computer, Rechner |
| **laboral** | Arbeits- |
| **el programador, la programadora** | Programmierer(in) |
| **tener por finalidad algo** | auf etw. abzielen |
| **tratar algo** | etw. verarbeiten |
| **compilar algo** | etw. kompilieren |
| **correlacionar** | in Wechselbeziehung bringen/setzen |
| **la instrucción** | Anweisung, Befehl |
| **ejecutar algo** | etw. durchführen |

| | |
|---|---|
| **la computadora** *(LA)* | Computer |
| **tangible** | real, greifbar |
| **la pantalla táctil** | Touchscreen |
| **el teclado** | Tastatur |
| **el ratón** | Maus |
| **el portátil** | Laptop |
| **el maletín** | Aktentasche |

| | |
|---|---|
| **el código máquina** | Maschinencode |
| **el lenguaje multipropósito** | Multifunktionssprache |
| **dotar de algo** = dar | etw. mit etw. ausstatten |

## Hardware

Como ya se dijo, el hardware son los componentes físicos y tangibles de un ordenador. La **unidad central de procesos** (**CPU**) tiene un **microprocesador** (chip) que se encarga de hacer **cálculos aritméticos** y lógicos. La **memoria principal del dispositivo** (RAM) es donde se **almacenan** de forma **temporal** los datos de los programas que se están utilizando en un momento dado. Esto quiere decir que cada vez que **reinicies** o **apagues** tu ordenador, esa información que hay en la RAM se pierde. Es un tipo de memoria que te puedes encontrar en cualquier dispositivo, desde ordenadores hasta teléfonos móviles. Pero existe otra memoria, ROM, que es la memoria no **volátil** , lo que significa que la información se almacena de forma permanente en el chip.

| Dispositivos de salida | Dispositivos de entrada |
| --- | --- |
| ✓ para **acceder** a los datos:<br>✓ el monitor o **pantalla** (imagen)<br>✓ el **altavoz** y **auriculares** (audio)<br>✓ la **impresora** (láser o de **inyección de tinta**) | ✓ para **introducir** datos, comandos o programas :<br>✓ el **teclado**<br>✓ **lápices ópticos** para la **pantalla táctil**<br>✓ el **ratón**, el **escáner** o joysticks<br>✓ módulos de **reconocimiento de voz** y la webcam |

## La inteligencia artificial

Y hablando de ordenadores e informática no se puede **obviar** la **inteligencia artificial**, disciplina que intenta **replicar** y desarrollar la inteligencia y sus procesos **implícitos** a través de computadoras.

## La ofimática

La **ofimática** es el conjunto de **herramientas** informáticas que facilitan nuestra vida, como **hojas de cálculo**, **bases de datos** y **procesadores de texto**. Con ellas podemos **visualizar tablas**, gráficos y **redactar** textos, **incluir párrafos**, fotos… de otras **fuentes**, **borrar** y **reescribir** de nuevo.

| | |
|---|---|
| **la CPU (unidad central de procesos)** | Zentrale Recheneinheit/CPU |
| **E** central processing unit | |
| **el microprocesador** | Mikroprozessor |
| **el cálculo aritmético** | arithmetische Berechnung |
| **la memoria principal (RAM)** | RAM-Speicher |
| **el dispositivo** | Gerät |
| **almacenar algo** | etw. speichern |
| **temporal** | vorübergehend |
| **reiniciar algo** | neustarten |
| **apagar algo** | herunterfahren |
| **volátil** | flüchtig |
| **el dispositivo de salida/de entrada** | Datenausgabegerät/-eingabegerät |
| **acceder a algo** | auf etw. zugreifen |
| **la pantalla** | Bildschirm |
| **el altavoz** | Lautsprecher |
| **el auricular** | Kopfhörer |
| **la impresora** | Drucker |
| **la inyección de tinta** | Tintenstrahl |
| **introducir algo** | etw. eingeben |
| **el teclado** | Tastatur |
| **el lápiz óptico** | Lichtgriffel |
| **la pantalla táctil** | Touch-Screen |
| **el ratón** | Maus |
| **el escáner** | Scanner |
| ▸ escanear algo | etw. scannen |
| **el reconocimiento de voz** | Spracherkennung |
| **obviar algo** | etw. ignorieren |
| **la inteligencia artificial** | künstliche Intelligenz |
| **replicar** = copiar | reproduzieren |
| ▸ replicar | erwidern, antworten, widersprechen |
| **implícito, implícita** | implizit |
| **la ofimática** | Bürotechnik |
| **la herramienta** | Werkzeug |
| **la hoja de cálculo** | Kalkulationsblatt |
| **la base de datos** | Datenbank |
| **el procesador de texto** | Textverarbeitungsprogramm |
| **visualizar algo** | etw. anzeigen, bildlich darstellen |
| **la tabla** | Tabelle |
| **redactar algo** | etw. schreiben, verfassen |
| **incluir algo** | etw. beinhalten |
| **el párrafo** | Absatz |
| **la fuente** | Quelle |
| **borrar algo** | etw. löschen |
| **reescribir algo** | etw. überschreiben, neu schreiben |

# La robótica

### Robots que van a la escuela: Nao y Pepper

Y no son alumnos, sino robots humanoides que tienen como objetivo cooperar interdisciplinariamente mejorando el aprendizaje en materias científicas, la automotivación y **fomentando** la creatividad. El potencial en el mundo de la **sanidad** y educación puede ser **amplio**. El **reto** será cómo usarlos de forma adecuada y explotar el potencial de estos pequeños **seres**. Y es que la **robótica**, **rama** de la **ingeniería mecánica**, electrónica y de las **ciencias de computación**, tiene mucho que ofrecer. Nao y Pepper **son fruto del** trabajo de especialistas de diversas disciplinas como la mecánica, la electrónica, la informática, la **ingeniería de control** y la física. ¿Llegaremos algún día a convivir con los robots?

Otro ejemplo de robótica podría ser el **vehículo autónomo**. El propio vehículo imita las capacidades de una persona ya que **percibe** el medio para reaccionar durante el viaje. Gracias a técnicas como láser, radar, **sistema de posicionamiento global** y **visión computarizada**, el conductor solo tiene que elegir el destino y los sistemas avanzados de control identifican la ruta adecuada y los **obstáculos**.

# Avances tecnológicos

### La nube

Vivimos en la era de los datos y de la información. Así nació la **nube**, un servicio de **almacenamiento** de datos a **servidores localizados** en la **red**. Podemos **subir**, **abrir**, **modificar** o usar programas y **archivos** a través de una **conexión** sin la necesidad de que los datos estén almacenados en el dispositivo que usemos (móvil, portátil...). **Mensajes**, fotos, vídeos... todo está en la nube.

Las ventajas son muchas: **evitamos** perder nuestros archivos por **pérdida**, **daños**, **robo** o borrado **accidental**. Así no **dependemos** de la capacidad de nuestro ordenador para **guardar** nuestros datos. Suena bien, pero... para acceder a la nube necesitamos siempre conexión a internet, también los datos pueden llegar a terceros si alguien accede a nuestro nombre de **usuario** y nuestra **contraseña**. La **comodidad** tiene un precio.

| | |
|---|---|
| **fomentar algo** | etw. fördern |
| **la sanidad** | Gesundheitsversorgung |
| **amplio, amplia** | breit, weit |
| **el reto** | Herausforderung |
| **el ser** | Wesen |
| **la robótica** | Robotik |
| **la rama** | Branche |
| **la ingeniería mecánica** | Maschinenbau |
| **las ciencias de la computación** *(pl.)* | Informatik |
| **ser fruto de algo** | Ergebnis von etw. sein |
| **la ingeniería de control** | Steuerungstechnik |
| **el vehículo autónomo** | autonomes Fahrzeug |
| **percibir algo** | etw. wahrnehmen |
| **el sistema de posicionamiento global** | globales Positionsbestimmungssystem |
| **la visión computarizada** | computergesteuertes Sehen |
| **el obstáculo** | Hindernis |
| **la nube** | Wolke; *hier:* Cloud |
| **el almacenamiento** | Speichern |
| **el servidor** | Server |
| **localizar algo** *(z-c)* | etw. verorten |
| **la red** | Netz |
| **subir algo** | etw. hochladen |
| **abrir algo** | etw. öffnen |
| **modificar algo** | etw. (ver)ändern. |
| **el archivo** | Datei |
| **la conexión E** connection | Verbindung |
| ▸ conectar algo | etw. verbinden |
| **el mensaje** | Nachricht, SMS |
| **evitar algo** | etw. vermeiden |
| **la pérdida** | Verlust |
| **el daño** | Schaden |
| **el robo** | Diebstahl |
| **accidental E** accident | zufällig |
| **depender de algo** | abhängig von etw. sein |
| **guardar algo** | etw. speichern |
| **el usuario, la usuaria** | Benutzer(in) |
| ▸ usar algo | etw. (be)nutzen |
| **la contraseña** | Passwort |
| **la comodidad** | Komfort |

### Tecnología inalámbrica

Esta tecnología hace posible que dos o más dispositivos puedan comunicarse sin que exista un medio físico. Por ejemplo: conectarnos a internet o **realizar** llamadas con nuestro teléfono móvil, ver televisión o **navegar** por la web sin necesidad de un cable. Los únicos dispositivos físicos presentes en la comunicación **inalámbrica** son el **transmisor** y el **receptor**. El medio más usado para la **transmisión** es el aire a través de **ondas electromagnéticas** (de radio y **microondas**).

Tiene muchas ventajas, por ejemplo, la transmisión rápida de la información, acceso a internet de forma inalámbrica desde cualquier lugar y que su mantenimiento e **instalación** son poco **costosos**. Permite estar conectado a pesar de las **distancias**. Igualmente, la información puede ser **capturada** por una persona no autorizada y hacer uso **indebido** de los datos.

Un factor fundamental es la tecnología **wifi** que permite la **interconexión** inalámbrica entre diferentes dispositivos electrónicos. Y hablando de wifi, conexiones y redes no se puede dejar de **mencionar** los móviles y su tecnología. La quinta generación de redes móviles 5G es una tecnología en expansión de transmisión de datos de 10 **Gbps** (mucho mayor que la 4G LTE), una **latencia** (**recepción** de la **señal**) muy baja y una mayor **cobertura** en zonas **remotas**. Actualmente está presente comercialmente en cerca de 70 países.

### Realidad virtual aumentada

¿Qué es real? La **realidad virtual** (VR) es una tecnología que nos permite **sustituir** todo aquello que nos **rodea**, por otro **entorno** generado de forma digital. A través de un **casco** o **gafas** de realidad virtual nos hace **sumergirnos** en un mundo puramente virtual: nos transporta en el tiempo y en el espacio para vivir experiencias que viviremos como si fueran reales.

También podemos disfrutar de la **realidad aumentada** (AR) que **superpone capas** de información al mundo físico en el que nos encontramos. Se le **añade** información al sentido de la vista. Por ejemplo, juegos como Pokémon Go, en el que los usuarios debían **recorrer** su ciudad **tratando de atrapar** pokemons que se encontraban **superpuestos** sobre el mundo **físico** real. Es decir, el usuario no está limitado a un lugar físico concreto teniendo mayor **movilidad**.

| | |
|---|---|
| **realizar algo** = hacer | etw. durchführen |
| **navegar** *(por la web)* | (im Internet) surfen |
| **inalámbrico, inalámbrica** | drahtlos |
| **el transmisor** | Sender |
| **el receptor** | Empfänger |
| **la transmisión** **E** transmission | Übertragung |
| **la onda electromagnética** | elektromagnetische Welle |
| **la microonda** | Mikrowelle |
| ▸ el microondas *(pl.)* | Mikrowellengerät |
| **la instalación** **E** installation | Einrichtung |
| **costoso, costosa** | teuer |
| **la distancia** | Entfernung |
| **capturado, capturada** | gefangen |
| **indebido, indebida** | unangemessen |
| **la wifi** | Wlan |
| **la interconexión** | Vernetzung |
| **mencionar algo** | etw. erwähnen. |
| **Gbps** | Gbit/s *(Gigabit pro Sekunde)* |
| **la latencia** | Verzögerung |
| **la recepción** | Empfang |
| **la señal** | Signal |
| **la cobertura** | Netzempfang |
| **remoto, remota** **E** remote | entfernt gelegen |
| **la realidad virtual** | virtuelle Realität |
| **sustituir algo/a alguien** | jdn/etw. ersetzen |
| **rodear algo** | etw. umgeben |
| **el entorno** | Umgebung |
| **el casco** | Helm |
| **las gafas** | Brille |
| **sumergirse en algo** | abtauchen |
| **la realidad aumentada** | erweiterte Realität |
| **suponer** *(≈ poner)* | vermuten |
| **la capa** | Schicht |
| **añadir algo** | etw. hinzufügen. |
| **recorrer** | bereisen, laufen |
| **tratar de hacer algo** = intentar | versuchen etw. zu tun |
| **atrapar algo** | etw. fangen |
| **superpuesto, superpuesta** | überlagert |
| **físico, física** | materiell, physisch |
| **la movilidad** | Mobilität |

### Smart City o ciudad inteligente

¿**Ciudades inteligentes**? Las ciudades y los **municipios se enfrentan** al avance de la digitalización y el uso de las nuevas tecnologías. Además, cada vez hay más personas que **se trasladan** a las zonas **urbanas**, por lo que los recursos urbanos deben utilizarse con **sensatez** y el **suministro** de energía y agua, la movilidad y las tecnologías de la comunicación deben estar interconectados. Las ciudades inteligentes combinan el objetivo de obtener ventajas mediante la digitalización y las nuevas tecnologías, haciendo que el desarrollo urbano sea más eficiente, **sostenible** y **habitable**. A través de este tipo de redes, se pueden **aprovechar** los potenciales de mejora ecológica y social. Aunque esta evolución ofrece muchas oportunidades, también **plantea** grandes retos para las ciudades, los municipios y las **comunidades**.

### El Metaverso

¿Qué es el **Metaverso**? Pues… es un **mundo virtual**, al que nos **conectaremos** utilizando una serie de dispositivos que nos harán pensar que realmente estamos dentro de él, **interactuando** con todos sus elementos. El Metaverso busca ser un mundo de **realidad alternativa** en la que podremos hacer las mismas cosas que hacemos hoy en día fuera de casa, pero sin movernos de la habitación. La **clave** de este metaverso es que puede ser totalmente **inmersivo**, o por lo menos mucho más de lo que es la actual realidad virtual. Se espera que el metaverso pueda ofrecer tantas oportunidades como el mundo físico real, con la posibilidad de **crear** nuestros propios **negocios** en él. Todavía estamos muy lejos de poder conectarnos todos a un metaverso en el que interactuar. Falta desarrollar ese universo **virtual**, y también desarrollar la tecnología que haga posible que nos conectemos a él. También hace falta hacer que, cuando exista, esa tecnología sea **asequible** para todos.

### Las criptomonedas

¿Qué son y para qué sirven las **criptomonedas**? Son un medio digital de **intercambio**. **Cumple la función** de una **moneda**, y de ahí que se las conozca con ese nombre. Sin embargo, es algo totalmente digital. Estas monedas no están controladas por un único servicio o empresa. Lo contrario ocurre con las monedas convencionales que están centralizadas y organizadas por entidades y bancos.

La primera criptomoneda fue el **Bitcoin**.
Otra cosa que debes saber es que el **valor** de cada criptomoneda es variable, y que en los últimos tiempos está habiendo mucha **especulación** con ellas. Por lo tanto, hay mucha gente que está intentando comprar criptomonedas para venderlas después y así ganar dinero. ¿Sería una opción para ti?

| | |
|---|---|
| **la ciudad inteligente** | smarte Stadt |
| **el municipio** | Stadtverwaltung |
| **enfrentarse a algo** | sich mit etw. befassen |
| **trasladarse** | umziehen |
| **urbano, urbana** | städtisch |
| **la sensatez** | Vernunft |
| **el suministro** | Versorgung |
| **sostenible** **E** sustainable | nachhaltig |
| **habitable** | wohnlich, bewohnbar |
| **aprovechar algo** | sich etw. zunutze machen |
| **plantear** = causar | verursachen |
| **la comunidad** | Gemeinde |

| | |
|---|---|
| **el metaverso** | Metaversum |
| **el mundo virtual** | virtuelle Welt |
| **conectarse** | sich anmelden |
| **interactuar** | interagieren |
| **la realidad alternativa** | alternative Realität |
| **la clave** | Schlüssel |
| **inmersivo, inmersiva** | immersiv |
| **crear algo** | etw. erschaffen |
| **el negocio** | Geschäft |
| **virtual** | virtuell |
| **asequible** | erschwinglich, verständlich |

| | |
|---|---|
| **la criptomoneda** | Kryptowährung |
| **el intercambio** | Austausch |
| **cumplir la función de algo** | Funktion erfüllen |
| **la moneda** | Währung, Münze |

| | |
|---|---|
| **el Bitcoin** | Bitcoin |
| **el valor** **E** value | Wert |
| **la especulación** | Spekulation |

# España y el turismo

## Mi página, mis ideas

### Tarjetas de vocabulario en línea

Practica el vocabulario con las tarjetas en línea. Puedes elegir el tema que quieres practicar, escuchar las palabras y repetirlas para mejorar tu pronunciación.

### Actividades en línea

Haz las actividades en línea. Así usas el vocabulario en un nuevo contexto, lo memorizas y tienes una corrección inmediata.

### El perfil de los turistas que van a España

¿Cómo son los turistas que van a España? ¿Adónde van? ¿De dónde son? ¿Por qué vienen?

¿Qué importancia tiene el turismo para España?
¿Qué ventajas tiene? ¿Qué problemas causa?
¿Qué retos hay para el turismo actual/del futuro?

## Vídeo de aprendizaje

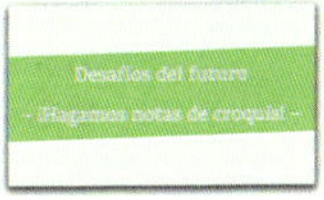


Visualiza tus apuntes de forma adecuada. Puedes utilizar el método nota de croquis.

## Una caricatura

Describe la siguiente caricatura.

¿Quiénes son las personas? ¿Qué hacen? ¿A quién se dirige el texto?

## Analiza la caricatura

¿Qué imagen genera sobre la importancia del turismo en España en el año 2020? ¿Qué conclusiones se pueden sacar para el futuro modelo de turismo en España?

**Palabras útiles:**
La caricatura … se dirige a …/tiene el objetivo de …/… explica …/ pone de relieve …/muestra …
Para un futuro modelo de turismo …
… es importante + *infinitivo*/es importante que + *subjuntivo*
… hay que tener en cuenta …

# 7 Los medios, el arte y la cultura

# 7.1 Los medios de comunicación

## Generalidades

*¿A qué **nos referimos** cuando hablamos de un **medio de comunicación**?*

–Pues, nos referimos al instrumento de **transmisión** que se usa para el proceso de la comunicación.

*¿Qué tipos de medios de comunicación existen?*

–Hay dos diferentes tipos: los **medios de comunicación masivos** o medios de comunicación de masas y los **interpersonales**.

*¿Para qué sirven los medios de comunicación de masas?*

–Principalmente para informar, para hacerse una opinión, para **entretener**, educar y para **persuadir**. Estos permiten sobre todo que todo el mundo a nivel nacional e internacional esté informado de lo que pasa en el mundo casi **en tiempo real**.

*¿Qué ejemplos de medios de comunicación de masas existen?*

–A los medios de comunicación **tradicionales**, como los que existen de forma de **impresa** son la **prensa**, las **revistas**; como audio está la radio y audiovisual la **televisión**. Con el Internet y la comunicación virtual se sumaron a estos otros más: wikipedia, **foros de discusión** y blogs como **medios escritos**, los podcasts como **medio oral**, y los YouTubers e influencers como ejemplos de medios audiovisuales.

*¿Para qué sirven los medios de comunicación interpersonales?*

–Las **redes sociales** y medios interpersonales ayudan a **conectar** a las que personas que tienen intereses comunes; aunque no se encuentren cerca. El interés puede ser de amistad, de **parentesco** o simplemente por las ideas que comparten.

Las redes sociales forman parte de nuestro día a día. Las posibilidades van desde *Facebook*, *Instragram*, *Tik Tok*, *Snapchat*, *LinkedIn*, *Pinterest*, *YouTube*, *WhatsApp*, *Twitter* y la lista sigue y se **renueva** minuto a minuto. También las videoconferencias, en la que varios **interlocutores** pueden reunirse, **chatear**, **compartir pantalla** y participar o llevar a cabo webinarios.

Lo más importante del mundo virtual es tener la posibilidad de obtener una respuesta o una información en tiempo real o en **tiempo diferido**. Además, pueden conectar a gente de diferentes lugares del mundo.

| | |
| --- | --- |
| **referirse** *(-ie-)* **a algo E** to refer to | sich auf etw. beziehen |
| **los medios de comunicación** | Kommunikationsmittel |
| **la transmisión E** transmission | Datenübertragung, Übermittlung |
| **los medios de comunicación masivos** | Massenmedien |
| **los medios de comunicación interpersonales** | zwischenmenschliche Kommunikationsmittel |
| **entretener** *(~ tener)* **a alguien** | jdn unterhalten |
| **persuadir a alguien E** to persuade | jdn überzeugen |
| **en tiempo real E** real time | in Echtzeit |
| **tradicional E** traditional | traditionell |
| **impreso, impresa** | gedruckt |
| **la prensa** | Presse |
| **la revista** | Zeitschrift |
| **la televisión** = la tele **E** television | Fernsehen |
| **el foro de discusión** | Chatroom |
| **el medio escrito** | Printmedien, schriftliche Medien |
| **el medio oral** | auditive Medien |
| **la red social** | soziales Netzwerk |
| **conectar algo/a alguien** | etw./jdn verbinden |
| **el parentesco** | Verwandtschaftsverhältnis |
| **renovar** *(-ue-)* **algo** | etw. erneuern |
| **el interlocutor, la interlocutora** | Gesprächspartner(in) |
| **chatear con alguien** | mit jdm chatten |
| **compartir pantalla** | Bildschirm teilen |
| **tiempo diferido** | zeitversetzt |

# Los medios de comunicación en Hispanoamérica y el Caribe

Los medios de comunicación tradicionales, como periódicos, televisión, la radio, revistas siguen **coexistiendo** en el mundo virtual por medio de **plataformas** y emisoras digitales. Así han logrado internacionalizarse.

Un buen ejemplo es el periódico El Comercio de Perú **fundado** en 1839 y uno de los más antiguos en lengua española. Tiene una **tirada** de unos cien mil **ejemplares** diarios. El grupo de El Comercio cuenta con 15 periódicos y revistas, dos **cadenas de televisión** y está presente en varios **sitios web.**

El uso de las redes sociales en Hispanoamérica y el Caribe depende de la calidad de la **conexión**, la **alfabetización** y el **acceso a** los **dispositivos** como **computadora** y **celular**. Hay países como Chile que tiene un total de **usuarios** sobre el total de su población de 92,8 % mientras que otros como Honduras solo cuenta con un 50,3 %, según un informe publicado por Statista de 2022.

Las redes sociales no solo son **herramientas digitales** de comunicación, sino que también han creado una nueva profesión: influencer que son personas que están muy presentes en las redes sociales **expresando** sus opiniones y que **ejercen** una gran **influencia** entre sus **seguidores**.

# Los medios de comunicación en Venezuela

En los últimos 20 años Venezuela ha vivido una época de bloqueo de los medios digitales que estén en contra del actual gobierno socialista. Vale decir que de los 110 periódicos que existían ya no quedan sino máximo 10 periódicos en papel, con lo cual es muy difícil para los venezolanos informarse.

La importación del papel es bastante difícil por lo que muchos de estos han encontrado la solución en el mundo digital. La mayoría de las **emisoras radiales** y canales de televisión son controlados por el gobierno y los canales internacionales fueron **expulsados** del país. Los venezolanos tienen cada vez más **obstáculos** para informarse: No hay **periódicos físicos** y los medios digitales están bloqueados. Solo les quedan las redes sociales virtuales.

|  |  |
|---|---|
| **coexistir** **E** to coexist | nebeneinander existieren |
| **la plataforma** | Plattform |
| **fundado, fundada** | gegründet |
| **la tirada** | Auflage |
| **el ejemplar** | Exemplar |
| **la cadena de televisión** | Programm; Sender |
| **el sitio web** | Website, Homepage |
| **la conexión** **E** conection | Anschluss |
| **la alfabetización** | Alphabetisierung |
| **el acceso a** | Zugang (zu) |
| ▸ acceder a algo | Zugang zu etw. haben |
| **el dispositivo** | Gerät |
| **la computadora** | *(LA)* Computer |
| **el celular** | *(LA)* Handy |
| **el usuario, la usuaria** | Nutzer(in) |
| ▸ usar algo | etw. nutzen |
| **la herramienta digital** | digitales Tool |
| **expresar algo** **E** to express | etw. ausdrücken |
| **ejercer***(c-z)* **influencia** | Einfluss ausüben |
| **el seguidor, la seguidora** | Follower(in) |
| ▸ seguir a alguien | jdm folgen, jdn abonnieren |
| **la emisora radial** | Radiosender |
| **expulsar de** | vertreiben aus |
| **el obstáculo** **E** obstacle | Hindernis |
| **el periódico físico** | gedruckte Zeitung |

# ¿Por qué medio te informas?

Ay pues, para encontrar la información más **imparcial** prefiero informarme por los medios digitales que no **están financiados por** el gobierno o por nadie como Youtube, Google o facebook.

Para informarme de lo que pasa en el mundo no oigo la radio, ni veo la televisión; pero, claro, **obtengo** la información sobre todo online, a través de los diarios digitales y las redes sociales.

Según el informe de noticias digitales 2022 de Reuters Institute podemos comparar el uso de las redes sociales en México y en España para **consumir** noticias:

| **Redes sociales** |  |  |
|---|---|---|
| Facebook | 61 % | 35 % |
| YouTube | 37 % | 18 % |
| Twitter (Gorjeo) | 16 % | 19 % |
| Instagram | 14 % | 17 % |
| LinkedIn | 3 % | 3 % |
| WhatsApp | 30 % | 32 % |
| Tik Tok | 10 % | 5 % |

La tendencia clara que se puede observar es que los jóvenes tanto de Latinoamérica como de España se informan sobre todo on-line. La información por medio de la prensa escrita como las **noticias televisivas** es cada vez menor.

¿Y tú? ¿Consumes noticias? ¿Dónde te informas? ¿Ves televisión? ¿Lees el periódico? ¿Qué **aplicaciones** tienes en tu móvil? ¿Para qué las usas?

| | |
|---|---|
| **imparcial** **E** impartial | unparteiisch |
| **estar financiado/financiada por alguien** | von jdm finanziert werden, finanziell unterstützt werden |
| **obtener algo** *(≈ tener)* | etw. erhalten |
| **consumir algo** **E** to consume | etw. verbrauchen, konsumieren |
| **las noticias** | Nachrichten |
| **las noticias televisivas** | Fernsehnachrichten |
| ▸ televisivo, televisiva | Fernseh- |
| **la aplicación** | App |

# Los medios de comunicación en España

En España, las **tecnologías de la información** han ido **evolucionando** y **avanzando** de tal manera que la colocan entre los primeros países europeos por su **modernización** y **desarrollo**. España es el cuarto país de la Unión Europea en cuanto al crecimiento del acceso a Internet en los últimos 10 años. En 2020 tenía ya 95 % de **cobertura**.

El gobierno está trabajando en el Plan España Digital 2026 con la meta de **impulsar** la tecnología. Algunas de sus prioridades son la **ciberseguridad**, garantizar la **conectividad digital** a toda la población, es decir que todas las zonas tanto rurales como urbanas tengan cobertura.

### Televisión, radio y prensa

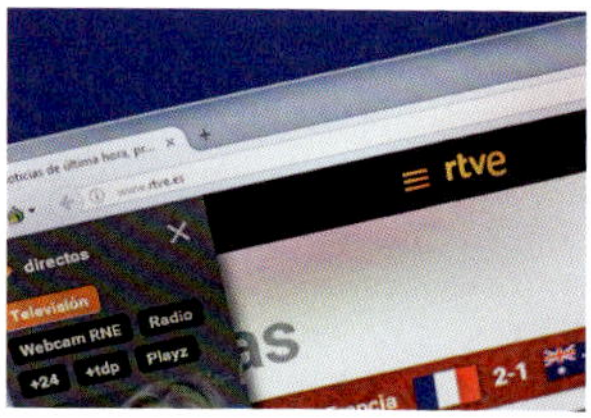


La televisión sigue siendo el medio de comunicación preferido por los españoles. Las **cadenas** de televisión más importantes en **cuota de audiencia** son La 1, Antena 3 y Telecinco. Las dos primeras que pertenecen a Radio Televisión Española (RTVE), el **operador** más grande de España, se puede ver **en definición estándar** o **en alta definición**.

La radio de España cuenta con más de mil **emisoras** que se pueden **sintonizar** online y **en directo**. La radio **generalista** más escuchada es la Cadena Ser (Sociedad Española de Radiodifusión). Este medio se ha actualizado para no perder a sus **oyentes** y el formato podcast ha hecho aumentar su **éxito** en España.

Existen diferentes tipos de radio dependiendo de los temas que se traten, por ejemplo: las **generalistas**, que emiten programas de noticias, de deporte, de **entretenimiento** y culturales; las temáticas o **radiofórmulas** que tienen una programación **monotemática** que puede ser musical, informativa o deportiva.

El número de **suscriptores** de prensa impresa ha bajado mientras los suscriptores del formato digital han aumentado de manera **significativa**. Esto le da esperanza al periodismo y **demuestra** que los españoles **están dispuestos** a pagar para obtener información. En España existen diferentes tipos de **diarios**: los nacionales, los **regionales**, los **locales**, los **especializados**, que se dedican a escribir sobre un tema en particular; se dividen a su vez en **prensa deportiva**: Marca, As, Sport, El Mundo Deportivo y **prensa económica**: Cinco Días.

| | |
|---|---|
| **la tecnología de la información** | Informationstechnologie |
| **evolucionar** | entwickeln |
| **avanzar** *(z-c)* | fortschreiten |
| ▸ el avance **E** to advance | Fortschritt |
| **la modernización** | Modernisierung |
| ▸ moderno, moderna | modern |
| **el desarrollo** | Entwicklung |
| **la cobertura** = tener cobertura | Empfang |
| **impulsar algo** | etw. antreiben |
| **la ciberseguridad** | Cybersecurity, Sicherheit im Netz |
| **la conectividad digital** | digitale Vernetzung |
| **la cadena** | Sender |
| **la cuota de audiencia** *(LA)* la cuota de pantalla | Zuschauerquote |
| **la operadora** = el operador | Anbieter |
| **en definición estándar** | Standarddefinition, Standardauflösung |
| **en alta definición** | High Definition, Hochauflösung |
| **la emisora** | Sender |
| **sintonizar algo** | etw. einstellen |
| sintonizar una emisora | Sender einstellen |
| **en directo** | live |
| **la (radio) generalista** | kommerzieller Sender |
| **el/la oyente** | Zuhörer(in) |
| ▸ oír *(i-y)* | (zu)hören |
| **el éxito** | Erfolg |
| **la (radio) generalista** | kommerzieller Sender |
| **el entretenimiento** | Unterhaltung |
| ▸ entretener *(~ tener)* a alguien | jdn unterhalten |
| **la radiofórmula** | Spartensender |
| **monotemático, monotemática** | ein einziges Thema behandelnd |
| **el suscriptor, la suscriptora** | Abonnent(in) |
| **significativo, significativa** | bedeutsam |
| **demostrar** *(-ue-)* **algo** | etw. beweisen |
| **estar dispuesto, dispuesta a hacer algo** | gewillt sein, etwas zu tun |
| **el diario** ▸ día | Tageszeitung |
| **el (diario) regional** | Regionalzeitung |
| **el (diario) local** | Lokalblatt, -zeitung |
| **el (diario) especializado** | Fachzeitschrift |
| **la prensa deportiva** | Sportpresse |
| **la prensa económica** | Wirtschaftspresse |

# 7.2 Tradiciones y cultura

## Lengua y literatura

### Tinta y papel: Blog de Literatura

La literatura es un **arte**, el arte de escribir y las **obras** literarias el resultado del trabajo de un **escritor** o una escritora. La literatura **aparece** bajo muchas formas, son los **géneros** literarios: el poético (poesía), el dramático (teatro) y el **narrativo** (prosa).

El **reconocimiento** hacia un escritor y una escritora **viene asociado** a las ventas y a los **premios literarios** como el Premio Cervantes, el Premio de la Crítica, el Premio Nadal, el Premio Planeta… y para jóvenes escritores menores de 18 años, el Premio Jordi Sierra i Fabra. Pero no solo para la prosa, sino también, existen **galardones** que se **conceden** a géneros específicos como el Premio Agustín Goytisolo de poesía.

### La Literatura en el tiempo

| | XV | XVII | XVIII | 1800–1850 aprx. |
|---|---|---|---|---|
| *Edad Media* | *El Siglo de Oro (1492–1700)* | | | *El Romanticismo* |

La literatura siempre existió aunque en un inicio era de **transmisión oral** por **juglares** y **trovadores**. En la **Edad Media** eran las **jarchas** y las canciones líricas y posteriormente los **romances** escritos en verso. Y el tiempo pasa y llega el denominado **Siglo de Oro** (1492–1700) de la cultura española: desde el **Renacimiento** a finales del siglo XV hasta el barroco del siglo XVII. Con el Barroco cambian los gustos y **surge** el teatro con **intrigas** y **personajes** para **entretener a** la clase **burguesa** de las ciudades.

### ¿Quieres ser escritor?

**Narrativa: Empezamos con el cuento**

Si lo tuyo es la **narrativa**, el mejor género para empezar es, desde mi punto vista, el **cuento**. Es una forma más **asequible** de empezar a escribir: una historia corta que tiene los elementos de una **novela** pero a **pequeña escala** (pocos personajes, pocos **escenarios** donde se desarrolla la historia, **línea argumental** y un **tema principal**). Por su **brevedad** cada palabra importa mientras en la novela se tiene más espacio y libertad para la narración aunque la misma estructura (**introducción**, **nudo** y **desenlace**). Visto así tampoco parece tan fácil…

| | |
|---|---|
| **el arte** | Kunst |
| ▸ el/la artista | Künstler(in) |
| **la obra** | Werk |
| **el escritor, la escritora** | Schriftsteller(in), Autor(in) |
| **aparecer algo** | etw. erscheinen, zeigen |
| **el género** | Gattung |
| **narrativo, narrativa** | erzählend, narrativ |
| ▸ narrar algo a alguien = contar algo | jdm etw. erzählen |
| **el reconocimiento** | Anerkennung |
| **venir asociado, asociada a algo** | mit etw. verbunden sein |
| **el premio** | Preis FF Preis (den Mal bezahlt); *el precio* |
| **el galardón** = el premio | Preis |
| **conceder un premio a alguien** | jdm einen Preis verleihen |
| **la transmisión** | Übermittlung |
| ▸ transmitir algo a alguien | jdm etw. übermitteln |
| **oral** ≠ escrito | mündlich |
| **el juglar, la juglaresa** | Spielmann, fahrende(r) Sänger(in) |
| **el trovador** | Minnesänger |
| **la Edad Media** = la época medieval | Mittelalter |
| **la jarcha** | *in romanischer Sprache verfasste, aber in arabischer/hebräischer Schrift überlieferte Strophe* |
| **el romance** | Romanze *(typ. Span. Gedichtform in achtsilbigen Versen)* |
| **el Siglo de Oro** | Goldenes Zeitalter |
| **el Renacimiento** | Renaissance |
| **surgir** *(g-j)* | aufkommen, entstehen |
| **la intriga** | Verwicklung, Handlung |
| **el personaje** | Figur |
| **entretener** *(tener)* **a alguien** | jdn unterhalten |
| ▸ el entretenimiento | Unterhaltung |
| **burgués, burguesa** ▸ la burguesía | bürgerlich |
| **la narrativa** | Erzählung |
| **el cuento** | Kurzgeschichte |
| **asequible** | verfügbar, erschwinglich |
| **la novela** | Roman |
| **a pequeña escala** | in kleinem Maße |
| **el escenario** | Bühne |
| **la línea argumental** | Handlung |
| **el tema principal** | Hauptargument, -thema |
| **la brevedad** | Kürze |
| ▸ breve | kurz |
| **la introducción** | Einleitung |
| **el nudo** | Knoten, *hier:* Verwicklung |
| **el desenlace** | Ausgang |

**¿Quizá es la vida un drama? El género dramático–el teatro**

Cuando pensamos en el teatro nos **vienen a la mente** las obras **representadas** en los teatros de la antigua Grecia: teatros al aire libre y obras de temática dramática. Desde entonces las **representaciones** se hacen en salas cubiertas con **butacas acogedoras** y servicio de cafetería para tomar algo en las pausas. Los edificios dedicados a representaciones se llenan de **espectadores** que quieren disfrutar de la **puesta en escena** de **compañías nacionales** o **extranjeras** que traen sus **repertorios** más actuales. Los **estrenos** teatrales siguen siendo un **acontecimiento** en cada ciudad.

Escribir teatro significaría ver a tus personajes hablando y actuando sobre un **escenario**. ¿Te lo puedes imaginar? Te **recomendamos** que visites festivales y **ferias** de teatro. En especial la Feria del Teatro de Tárraga (Lleida/Cataluña) donde el teatro sale a la calle durante un fin de semana y cada **esquina** es un escenario. También el Festival Teatro Clásico de Mérida (Extremadura) es un **referente** para obras de la Grecia Clásica cuyo escenario es un teatro romano en ruinas. Te ayudará a escribir tus propias historias.

**Blogoliteratura**

**Término acuñado** por los amantes de la prosa narrativa breve de los blogs literarios. Escritores **noveles** como tú **plasman** sus **inquietudes** literarias y sus creaciones en la red. ¡Se ha **reinventado** la literatura! ¡Adiós a los libros de **tapa dura** y bienvenido el libro electrónico! ¡Sé parte de este cambio!

**Cuenta tus vivencias y las de otros: El testimonio**

El **testimonio**, en cualquiera de sus formas (autobiografías, **memorias**, **diarios**, **confesiones**, **agendas**, **cartas**, conversaciones), es literatura de "no-ficción", es decir, de hechos reales. El **testigo** es el **protagonista** y cuenta en primera persona lo que ha vivido o visto. ¿Sería algo para ti?

**¿Hay un poeta en ti? El género poético–la poesía**

Si te gusta **expresar** sentimientos más íntimos con palabras, disfrutas jugando con ellas y su **significado** quizá es que hay un **poeta** en ti. La poesía puede ser escrita en **versos**, estrofas o prosa. Juega con metáforas y **rimas**.

La poesía lírica es el género poético más subjetivo y personal, pero hay otros **subgéneros** como el himno, el soneto, la **épica**, dramática, etc… ¡Un **poema** vale más que mil palabras!

| | |
|---|---|
| **venir algo a la mente** | etw. einfallen |
| **representar algo** | etw. aufführen |
| **la representación** | Aufführung |
| **la butaca** | Sessel |
| **acogedor, acogedora** | gemütlich |
| **el espectador, la espectadora** | Zuschauer(in) |
| **la puesta en escena** | Inszenierung |
| **la compañía nacional** | nationale Truppe |
| ▸ extranjero, extranjera | ausländisch |
| **el repertorio** | Programm |
| **el estreno** | Premiere |
| **el acontecimiento** | Ereignis |
| **el escenario** | Bühne |
| **recomendar** *(-ie-)* **algo a alguien** | jdm etw. empfehlen |
| **la feria** | Fest, Volksfest |
| **la esquina** | Ecke |
| **el referente** | Referenz |
| **el término acuñado** | Wortschöpfung |
| **novel** = inexperto, inexperta | angehend |
| **plasmar algo** | etw. darstellen |
| **las inquietudes** | Interesse |
| ▸ la inquietud | Unruhe |
| **reinventarse** | sich neu erfinden |
| **la tapa dura** | Hardcover-Ausgabe |
| **el testimonio** | Zeugenaussage |
| **la memoria** | Bericht, Denkschrift, Abhandlung |
| **el diario** **E** diary | Tagebuch |
| **la confesión** | Geständnis |
| **la agenda** | Terminplaner |
| **la carta** | Brief |
| **el testigo** | Zeuge |
| **el protagonista** | Hauptperson |
| **expresar algo** **E** express | etw. ausdrücken |
| **el significado** | Bedeutung |
| **el poeta, la poetisa** = la poeta | Dichter(in) |
| **el verso** | Strophe |
| **la rima** | Reim |
| **el subgénero** | Untergattung |
| **la épica** | Epik |
| **el poema** | Gedicht |

# El arte del periodismo: Artículos de prensa

El género **periodístico** es un estilo **reciente** de información aparecido en el siglo XIX, **difundido** a través de los medios modernos y la **prensa** escrita como EL PAÍS. Se pueden dividir en subgéneros: los textos informativos que **transmite** la información sobre personas, lugares, acciones o acontecimientos, y los textos de **opinión** o interpretativos, **divulgan** ideas y son creativos. Los temas son siempre de actualidad y de interés general.

Prácticamente todos los géneros periodísticos presentan dos o tres partes diferenciadas tipográficamente: los **titulares** (normalmente **llaman la atención** del **lector** y de la **lectora**, el **lead** o entrada (primer **párrafo** del texto que **amplía** la información del titular) y el **cuerpo** o **desarrollo** (módulos con un único tema o subtema). Los **pilares** de los textos periodísticos son la objetividad (**investigación** de **fuentes**), la **claridad** y la corrección. La claridad se manifiesta en el léxico y en la sintaxis que evitan la **complejidad**. Elige el subgénero con el que más te identifiques:

Si lo que te va es escribir textos breves de información sobre un hecho de actualidad reciente sin dar tu opinión personal, lo tuyo es la **noticia**, un relato de la información. Seis preguntas básicas: ¿quién?, ¿qué?, ¿cuándo?, ¿dónde?, ¿cómo? y ¿por qué? Una noticia tiene que **sorprender**, **estremecer** y por supuesto, ser reciente. Pero si prefieres noticias más largas sobre hechos actuales o **cotidianos**, lo tuyo es el **reportaje**.

Los textos periodísticos **se esconden** bajo otras formas: la **crónica** (información presentada por un **corresponsal** o un **enviado especial**), la **entrevista** (exposición de una **conversación** por parte de un **entrevistador** basada en preguntas y respuestas).

Si te gusta dar tu opinión, no solo lo puedes hacer a través de los artículos de opinión, sino también en un **editorial** (artículo de opinión con la **línea de pensamiento** de la **revista**, periódico etc.), una **columna** con artículos argumentativos con una posición fija en la **publicación** y, como no, la **carta al director**, normalmente de protesta del lector. Todos podemos escribir y publicar. ¿Por qué no?

| | |
|---|---|
| **periodístico, periodística** | journalistisch |
| **reciente** | neu |
| **difundir** | verbreiten |
| ▸ la difusión | Verbreitung |
| **la prensa** | Presse |
| **transmitir algo** | etw. vermitteln |
| **la opinión** | Meinung |
| **divulgar algo** = difundir | etw. verteilen |

| | |
|---|---|
| **el titular** | Schlagzeile |
| **llamar la atención** | auf etw. aufmerksam machen |
| **el lector, la lectora** | Leser(in) |
| **el lead** **E** lead | Einleitung |
| **el párrafo** | Absatz |
| **ampliar algo** | etw. vergrößern |
| **el cuerpo** | Hauptteil |
| **el desarrollo** | Entwicklung |
| **el pilar** | Säule, Basis |
| **la investigación** | Forschung |
| **la fuente** | Quelle |
| **la claridad** | Klarheit |
| **la complejidad** | Vielschichtigkeit, Komplexität |

| | |
|---|---|
| **la noticia** | Nachrichten |
| **sorprender a alguien** | jdn überraschen |
| ▸ la sorpresa | Überraschung |
| **estremecer** | bewegen |
| **cotidiano, cotidiana** | alltäglich |
| **el reportaje** **E** report | Bericht |

| | |
|---|---|
| **esconderse** | sich verstecken |
| ▸ esconder algo | etw. verstecken |
| **la crónica** | Chronik |
| **el, la corresponsal** | Korrespondent(in) |
| **el enviado, la enviada especial** | Abgesandte(r), Sonderbeauftragte(r) |
| **la entrevista** | Interview |
| ▸ entrevistar a alguien | jdn interviewen |
| **la conversación** | Gespräch, Unterhaltung |
| **el entrevistador, la entrevistadora** | Interviewer(in) |

| | |
|---|---|
| **el editorial** | Leitartikel |
| **!** la editorial | *Verlag* |
| **la línea de pensamiento** | Denkrichtung |
| **la revista** | Zeitschrift |
| **la columna** | Rubrik |
| **la publicación** | Veröffentlichung |
| **la carta al director** | Leserbrief |

## Ser novelista: Crear novelas

Y si te atreves a dar un paso más y escribir tu propia novela, puedes basarte en los clásicos de antes y ahora:

- La **novela de caballerías**: la más famosa es la **titulada** *El ingenioso* ***hidalgo*** *Don Quijote de la Mancha*, una sátira de las novelas de **caballeros** de la época. Cervantes, el autor, cuenta una historia llena de humor y con gran **dominio** de la lengua. El **antihéroe**, que se autonombra caballero, es el protagonista que tiene un objetivo principal: defender al **débil**.
- *La Regenta* de Leopoldo Alas Clarín o los *Episodios nacionales* (de 46 **volúmenes**) de Benito Pérez Galdós **son claves** para que comprendas el Realismo que buscaba la **objetividad** a través de los **detalles**.
- La diversidad de las obras escritas en los primeros años del siglo XX pueden ser una fuente de inspiración a la hora de escribir. En este tiempo **se suceden** autores que quieren **dar voz** a la primera **crisis de modernización** que **afecta a** los españoles. Son los llamados generación del 27 de los que también **destacan** sus poetas.
- La novela de finales del siglo XIX puede **aportarnos** otra forma de contar historias. El grupo de escritores de esta época **pertenecen** a la llamada generación del 98. ¿Por qué? Porque en 1898 se pierden las últimas colonias españolas (Cuba, Puerto rico y Guam). A los intelectuales de la época, como Azorín y Unamuno, esta pérdida les produce una **preocupación** por España. En sus novelas reflejan patriotismo y amor por el paisaje rural.
- Quién no haya disfrutado de la lectura de *Cien años de soledad* del colombiano Gabriel García Márquez –**Premio Nobel** de Literatura– o de la narrativa de Mario Vargas Llosa no puede perder más tiempo. El **Realismo mágico** de los años 60 ha puesto a la literatura latinoamericana en el mapa. La imaginación y el lenguaje **triunfan** e **impactan** al lector en cada palabra. Otros **novelistas destacados** son Julio Cortázar (Argentina), Pablo Neruda (Chile) y Octavio Paz (México). Durante este tiempo, en España existe una **literatura de silencio**, propaganda y **censura**. La literatura de **posguerra** refleja a través del **testimonio** de los autores sus frustraciones, **angustias**, **soledad** y sus problemas existenciales. Es el **Realismo social**.
- Actualmente **predomina** la prosa narrativa sobre otros géneros. Ya a finales del siglo XX la novela se convirtió en un género **pujante** que **consolidó** a autores, como, por ejemplo, Miguel Delibes, Juan Marsé y Manuel Rivas en España. Las últimas tendencias de la novela española son la llamada Literatura de la **Memoria Histórica** y la autoficción.
- Latinoamérica nos ofrece hoy temas que forman parte de la historia de sus ciudadanos. Antonio Skármeta en su inolvidable *Los días del* ***arcoíris*** sobre el fin de la dictadura chilena o Juan Gabriel Vásquez y el **narcoterrorismo** colombiano en *El ruido de las cosas al caer*. ¡**Imprescindibles**!

| | |
|---|---|
| **la novela de caballerías** | Ritterroman |
| **titulado, titulada** | betitelt |
| ▸ titular algo | etwas betiteln |
| **el hidalgo** | Edelmann |
| **el caballero** | Ritter |
| **el dominio** | Herrschaft |
| **el antihéroe** | Antiheld |
| **débil** ≠ fuerte | schwach |
| **el volumen** | Band |
| **ser clave** | ausschlaggebend sein |
| **el Realismo** | Realismus |
| **la objetividad** ≠ la subjetividad | Objektivität |
| **el detalle** | Detail |
| **sucederse** | aufeinanderfolgen |
| **dar voz a algo** | auf etw. aufmerksam machen |
| **la crisis de modernización** **!** *(pl.) las crisis* | Modernisierungskrise |
| **afectar algo a alguien** | jdn betreffen |
| **destacar** | hervorstechen |
| **aportar algo a alguien** | jdm etw. geben |
| **pertenecer** *(-zco)* | gehören |
| **la preocupación** | Sorge, Besorgnis |
| **el Premio Nobel** | Nobelpreis |
| **el Realismo mágico** | Magischer Realismus |
| **triunfar sobre algo/alguien** | Erfolg haben, besiegen |
| **impactar** | Wirken, eindrucken |
| **el/la novelista** | Romanautor, Schriftsteller |
| **destacado, destacada** | bedeutend, herausragend |
| **la literatura de silencio** | Literatur des Schweigens |
| **la censura** | Zensur |
| **la posguerra** | Nachkriegszeit |
| **el testimonio** **E** testimony | Aussage, Bezeugung |
| **la angustia** | Angst |
| **la soledad** | Einsamkeit |
| **el Realismo social** | sozialer Realismus |
| **predominar** | überwiegen |
| ▸ dominar | herrschen, beherrschen |
| **pujante** | erfolgreich, aufstrebend |
| **consolidar a alguien** | jdn festigen, jdm einen Platz sichern |
| **la Memoria Histórica** | *Aufarbeitung der Vergangenheit* |
| **el arcoíris** | Regenbogen |
| **el narcoterrorismo** | Drogenterrorismus |
| **imprescindible** | unverzichtbar |

# Música y baile

Los hispanos somos amantes de las **celebraciones**, tradiciones y fiestas **ligadas** al folklore, a la familia o a **efemérides**. Celebraciones como la **Navidad**, la **Semana Santa** se acompañan con **villancicos** y **saetas** respectivamente. La música y la fiesta siempre van de la mano. Se hace con cualquier cosa pero los instrumentos de percusión como **castañuelas**, **panderetas**, **tambores** y **bombos** dan color y musicalidad a la vida. Pero la variedad y expresión musical en Latinoamérica es enorme y **suena** muy diferente en la costa o en las montañas puesto que el origen puede ser europeo, indígena o africano. Sobresale la música con instrumentos **autóctonos** como la **zanfoña** y el **charango**.

**Famosos en español**

Y es que no sabemos por quién **decidirnos**. La música latina es rica, **variada** y llega por lo tanto a todos los públicos en cualquier parte del mundo. Desde el pop de siempre al reguetón más actual.

El mundo del pop internacional disfruta desde hace años de los ritmos colombianos de Shakira no **dejando indiferente** a nadie. Canciones de amor o para mover el cuerpo en las **pistas de baile**. La música acompaña a quien la escucha en momentos de soledad, de tristeza, de alegría y a la hora de **festejar** con amigos.

Si lo que más te va son las baladas románticas, Álvaro Soler se ha **ganado al** público europeo desde hace años. Este **cantante** de padre alemán **creció** en Barcelona. Su primer **sencillo** *El mismo sol* fue un **éxito rotundo** y número uno en las **listas de ventas**. Esta canción fue **versionada** junto a Jennifer López y **ocupó** las listas musicales de Europa y Latinoamérica, llegando a **alcanzar** los primeros **puestos** en más de veinticinco países. El segundo sencillo *Sofía* **salió a la luz** un año después. El vídeo oficial de la canción tuvo más de seiscientos millones de **reproducciones** en Youtube. La cantante mexicana Thalia quiso contar con Soler en alguno de sus **trabajos discográficos**. Es que la música latina no tiene fronteras.

| | |
|---|---|
| **la celebración E** celebration | Feier |
| **ligado, ligada a algo** | mit etw. verbunden |
| **la efeméride** | Jahrestag |
| **la Navidad** | Weihnachten |
| **la Semana Santa** | Ostern |
| **el villancico** | Weihnachtslied |
| **la saeta** | die Saeta *(Lied bei Prozessionen der Karwoche)* |
| **la castañuela** | Kastagnette |
| **la pandereta** | Tamburin |
| **el tambor** | Trommel |
| **el bombo** | große Trommel |
| **sonar** *(-ue-)* | erklingen |
| **autóctono, autóctona** | einheimisch |
| **la zanfoña** | Drehleier |
| **el charango** | *fünfsaitige Mandoline der Indios* |

---

| | |
|---|---|
| **decidirse por algo/alguien** | sich für etw./jdn entscheiden |
| **variado, variada** | vielfältig, vielfältig |

---

| | |
|---|---|
| **dejar indiferente a alguien** | jdn gleichgültig zu lassen |
| **la pista de baile** | Tanzfläche |
| **festejar algo** | etw. feiern |

---

| | |
|---|---|
| **ganarse a alguien** | jdn für sich gewinnen |
| **el/la cantante** | Sänger(in) |
| **crecer** *(-zco)* | wachsen |
| **el sencillo** | Single |
| **el éxito rotundo** | Kassenschlager |
| **la lista de ventas** | Verkaufscharts |
| **versionar** | Remix machen |
| **ocupar algo** | Platz *(in den Charts)* haben |
| **alcanzar algo** | etw. erreichen |
| **el puesto** = posición | Position |
| **salir a la luz** | erscheinen |
| **la reproducción** | Wiedergabe |
| **el trabajo discográfico** | Aufnahmearbeiten |

## El flamenco

### Taller de flamenco en Sevilla

Ven a aprender a bailar con nosotros el baile que nadie quiere dejar de **presenciar** cuando visita Andalucía. El baile que nos identifica a los andaluces y que atravesó las **fronteras** de esta Comunidad ya en el siglo XVIII.

El flamenco es una **fusión** de baile, música y del **cante** de origen no solo **gitano,** sino también **árabe**, **judío** y cristiano. El cante es un claro ejemplo de la **convivencia** de las diferentes culturas en Andalucía con el que el **cantaor** expresa sus **sentimientos** tanto **penas** como **alegrías.** Con la **voz** y el cuerpo, lograrás contar historias de amor, de **celos**, de la **vida cotidiana** y las **relaciones humanas** en general.

Conoce nuevas **sensaciones** al ritmo de la guitarra de nuestros profesores y la música de guitarristas de **fama** internacional. Descubre el arte de **bailaores** como Sara Baras. A través de vídeos podrás profundizar y comprender el lenguaje del cuerpo en el baile. Vive la evolución del flamenco con otras músicas como el jazz, la salsa o incluso **sones** étnicos. ¡Pide información ya! ¡Te esperamos!

## El baile

### Academia latina

Ofrecemos **talleres de baile** de todo tipo, desde **baile suelto** (rap, hip hop…) o en pareja (merengue, bachata, tango argentino…)

Si te decides por un baile en concreto aprenderás no solo a bailar, sino también la historia que lo **acompaña.** Los bailes tradicionales **requieren** de un **traje** especial y diferente: como la **sardana**, la **jota** o las sevillanas en España. En Latinoamérica existen importantes bailes como la **cueca**, la zamba, la cumbia, el vallenato y el joropo con su **atuendo** particular.

Si lo que más te gusta es el ballet clásico tenemos **clases de iniciación** para niños y niñas a partir de los 3 años con bailarines y bailarinas **en activo** como profesores. Los niños aprenderán a **ejecutar** coreografías en el **escenario** y disfrutar del arte de la danza. Quien sabe a lo mejor alguno de ellos llegará a bailar en el Ballet Nacional Español o en el de Cuba, por ejemplo.

¡No lo dudes e infórmate!

| | |
|---|---|
| **presenciar** = estar presente | beiwohnen, sehen |
| **la frontera** | Grenze |

| | |
|---|---|
| **la fusión** = la unión | Verschmelzung, Mischung |
| **el cante** = el canto | Gesang |
| **gitano, gitana** | Sinti und Roma |
| **árabe** | arabisch |
| **judío, judía** | jüdisch |
| **la convivencia** | Zusammenleben |
| **el cantaor, la cantaora** | Flamencosänger(in) |
| **!** el, la cantante | Sänger(in) |
| **el sentimiento** | Gefühl |
| **la pena** = la tristeza | Kummer |
| **la alegría** ≠ la tristeza | Freude |
| **la voz** | Stimme |
| **los celos !** *(pl.)* | Eifersucht |
| **la vida cotidiana** | Alltagsleben |
| **las relaciones humanas** *(pl.)* | menschliche Beziehungen |

| | |
|---|---|
| **la sensación E** sensation | Empfindung |
| **la fama** | Ruhm |
| **el bailaor, la bailaora** | Flamencotänzer(in) |
| **!** el bailarín, la bailarina | Tänzer(in) |
| **el son** = el sonido | Klang, Ton |

| | |
|---|---|
| **el taller de baile** | Tanzkurs |
| **el baile suelto** ≠ el baile agarrado | freier Tanz |

| | |
|---|---|
| **acompañar a alguien** | jdn begleiten |
| **requerir** *(-ie-)* **algo** | etw. erfordern, verlangen |
| **el traje** | Tracht |
| **la sardana** | Sardana *(katalanischer Volkstanz)* |
| **la jota** | Jota *(spanischer Volkstanz)* |
| **la cueca** | *chilenischer Volkstanz* |
| **el atuendo** | Bekleidung |

| | |
|---|---|
| **la clase de iniciación** | Anfängerkurs |
| **en activo** | berufstätig, aktiv |
| **ejecutar algo** | etw. ausführen |
| **el escenario** | Bühne |

# Cine: Tendencias actuales

**Soy cinéfilo, ¿y tú?**

Mi **afición** al cine viene ya desde las **películas** surrealistas de Buñuel. De pequeño mi abuelo las ponía los sábados por la noche y yo, aunque no entendía nada, me quedaba hasta el final viéndolas. A mi madre le gustaban las películas de análisis psicológico de Pedro Almodóvar que eran realmente **extrañas** para mi gusto. Pero de algún modo me fascinaba el mundo del cine y los actores españoles que **defendían** el **prestigio** de nuestro cine a nivel internacional. Ya con el tiempo comprendí la importancia que tuvo el cine en la **recuperación** de la **libertad** democrática tras la muerte de Franco en 1975. La libertad a través de **escenas** prohibidas hasta entonces en las **pantallas** españolas. El cine de Almodóvar durante la **década** de los ochenta mostró una España diferente con **guiones** de gran calidad que lograron **nominaciones** a premios como el Óscar. Desde entonces tanto el Almodóvar como otros directores han **acumulado éxitos** con sus originales **planteamientos obteniendo** el respeto de la crítica y del público. Una brillante **trayectoria** que tiene mucho futuro.

*Mario Villa Martín*

Crecí con la las películas de **realizadores** como Alejandro Amenábar, Iciar Bollaín, Javier Fresser, Alex de la Iglesia… para mí son un ejemplo de cineastas que **conectan con** el **público** de todas las edades.

*Paula López Fernández*

Una de las **experiencias** más intensas para mí fue **asistir** al Festival de Cine de San Sebastián y esperar la decisión del **jurado** a la hora de **otorgar** el premio máximo: la **Concha de Oro** a la mejor película del año. Y es que la **industria cinematográfica** española ha evolucionado de forma importarte. Hoy, algunas **películas** de nuestro cine son muy **taquilleras** tanto en nuestro país como en el extranjero. La formación y el aumento del **presupuesto** hace que hasta el género de **ciencia ficción** o de **animación** presente **efectos especiales** que no tienen nada que **envidiar** a los de las grandes productoras cinematográficas.

*Nerea Gómez Casado*

Las grandes **plataformas digitales** *streaming* son la otra forma de disfrutar del cine en casa. Para mí la experiencia de **acudir** a una **sala** de cine es **inigualable**. La reducción del precio de las **entradas** el **día del espectador** hace que muchos cinéfilos acudamos semanalmente a las **proyecciones** de ese día. Nos vemos casi todas las **pelis** de la **cartelera**. La última película que vi estaba **recomendada** para todos los públicos pero realmente había ciertas escenas que podían **dañar** la sensibilidad de los **espectadores** más jóvenes. En fin…

*Marco de la Vega Ortiz*

| | |
|---|---|
| **la afición** | Hobby |
| ▸ ser aficionado, aficionada a algo | etw. besonders mögen |
| **la película** | Film |
| **extraño, extraña** | seltsam |
| **defender** *(-ie-)* **algo** **E** to defend | etw. verteidigen |
| **el prestigio** | Ruhm |
| **la recuperación** | Wiederherstellung |
| **la libertad** | Freiheit |
| **la escena** | Szene |
| **la pantalla** | Bildschirm |
| **la década** | Jahrzehnt |
| **el guion** | Drehbuch |
| **la nominación** | Nominierung |
| **acumular algo** | etw. anhäufen |
| **el éxito** | Erfolg |
| **el planteamiento** | Fragestellung, Ansatz |
| **obtener algo** | etw. erreichen, erhalten |
| **la trayectoria** | Werdegang |
| **el realizador, la realizadora** | Regisseur(in) |
| **conectar con alguien** | *hier:* jdn ansprechen |
| **el público** | Publikum |
| **la experiencia** | Erfahrung |
| **asistir a algo** | an etw. teilnehmen |
| **el jurado** | Preisgericht, Jury |
| **otorgar** | verleihen |
| **la Concha de Oro** | *Filmpreis in Form einer Muschel* |
| **la industria cinematográfica** | Kinoindustrie |
| **la película taquillera** *(adj.)* | Kassenschlager, Knüller im Kino |
| **el presupuesto** | Budget, Etat |
| **la ciencia ficción** | Science-Fiction |
| **la animación** | Zeichentrickfilm |
| **el efecto especial** | Spezialeffekte |
| **envidiar algo a alguien** | jdn um etw. beneiden |
| **la plataforma digital** | digitale Plattform |
| **acudir** = ir | gehen zu |
| **la sala** | Saal |
| **inigualable** | konkurrenzlos |
| **la entrada** | Eintritt |
| **el día del espectador** | *Tag mit verbilligtem Eintrittspreis* |
| **la proyección** | Vorführung |
| **la peli** *(col.)* | Film |
| **la cartelera** | Veranstaltungsprogramm |
| **recomendado, recomendada** | empfohlen, empfohlen |
| **dañar** ▸ el daño | schaden |
| **el espectador, la espectadora** | Zuschauer |

## El rodaje de una película y los ángulos de toma

Soy estudiante del Instituto del Cine de Madrid y estoy haciendo un máster sobre el proceso para **realizar** una película o un **cortometraje**. Aprendemos la importancia de todas las personas **implicadas** desde el **productor** que estudia la financiación del proyecto para la nueva película, sea un **largometraje** o un cortometraje, pasando por los **guionista** o el **reparto** de **actores** desde los **principales** hasta los **secundarios**. La figura del **director** es la que más me llama la atención puesto que tiene que **sacar** el mayor **partido** a los escenarios elegidos (interiores o exteriores) buscar los mejores **planos** para **rodar una escena** que haga que el público se crea la historia. Un **rodaje** es un proceso de diferente duración pero en cualquier caso muy intenso.

El **montaje** de las escenas **grabadas** es también fundamental para que la historia llegue al espectador. Al final, la lista de los **intérpretes**, **asistentes de realización** y los **equipos técnicos** aparecen al final de la proyección. Tanta gente participa que a veces los **títulos de crédito** parecen infinitos.

## Cortometrajes: Festival de cortos de Avilés

¡**Inscríbete** en el concurso de **cortos** más importante del país! ¡Disfruta con nosotros del arte contar historias en poco tiempo! Di mucho en menos de media hora. Sé creativo y busca la manera de sacar partido a tu guion con poca **inversión** económica. Este **concurso** es para **amateurs** que quieran **poner en práctica** sus conocimientos y ¿por qué no? las **dotes interpretativas** de sus familiares y amigos o jóvenes actores. ¿Quién sabe? Quizá **saltes a la fama** con tu trabajo…

## Publicidad

La **publicidad** es una **herramienta** para vender, **estimular** el consumo de un producto, **transmitir** un mensaje positivo de una marca y **fortalecer** la presencia de una **empresa** en el mercado.

Hay muchos tipos de publicidad. Los **anuncios publicitarios** en los **periódicos** y **revistas**, los **carteles publicitarios** de grandes dimensiones en las calles... pero la publicidad en la televisión, en el cine o en internet es la que forma parte de nuestra rutina.

| | |
|---|---|
| **realizar (una película)** | (Film) drehen |
| **el cortometraje** = el corto | Kurzfilm |
| **implicado, implicada** | beteiligt |
| **el productor, la productora** | Produzent |
| **el largometraje** | Spielfilm |
| **el, la guionista** | Drehbuchautor(in) |
| **el reparto** ▸ repartir | Verteilung |
| **el actor, la actriz principal** | Hauptdarsteller(in) |
| **el actor secundario, la actriz secundaria** | Nebendarsteller(in) |
| **el director** | Regisseur |
| **sacar partido a algo** | das Beste aus etw. machen |
| **el plano** | Aufnahme, Einstellung |
| **rodar una escena** | Szene drehen |
| **el rodaje** | Dreharbeiten |

| | |
|---|---|
| **el montaje** | Zusammensetzung, Montage |
| **grabar algo** | etw. aufnehmen, filmen |
| **el, la intérprete** = el actor, la actriz | Darsteller(in) |
| **el, la asistente de realización** | Regieassistent(in) |
| **el equipo técnico** | technische Abteilung |
| **los títulos de crédito** *(pl.)* | Abspann |

| | |
|---|---|
| **inscribirse** | sich einschreiben |
| **el corto** *(col.)* | Kurzfilm |
| **la inversión** | Investition |
| **el concurso** | Wettbewerb **FF** Konkurs; *la quiebra* |
| **el, la amateur** | Anfänger(in) |
| **poner en práctica algo** | etw. in die Tat umsetzen |
| **las dotes interpretativas** | schauspielerische Fähigkeiten |
| **saltar a la fama** | berühmt werden |

| | |
|---|---|
| **la publicidad** **E** publicity | Werbung |
| **la herramienta** | Werkzeug |
| **estimular** | anregen |
| **transmitir algo** | etw. übermitteln |
| **fortalecer** *(-zco)* **algo/a alguien** | jdn/etw. stärken |
| **la empresa** | Unternehmen |

| | |
|---|---|
| **el anuncio publicitario** | Anzeige |
| **el periódico** | Zeitung |
| **la revista** | Zeitschrift |
| **el cartel publicitario** | Werbetafel |

# Las fiestas

En España y Latinoamérica se **festeja** mucho y bien. En España **destaca** entre otras muchas fiestas las Fallas de Valencia. Comienza con la *Crida*, el **pregón** el último domingo de febrero. Cada día hasta el 19 de marzo hay **eventos**: la elección de la **Fallera Mayor** de Valencia, de las mejores fallas, el **desfile** de fallas y **carrozas**. Los espectáculos de **pólvora**, la mascletà y la despertá, donde los **falleros** despiertan a los vecinos con **petardos** y bandas de música, representan esta fiesta.

Una fiesta religiosa tradicional es la Semana Santa. Las **cofradías** se preparan todo el año para sacar de la iglesia las imágenes de las **vírgenes** o de los cristos que son **llevadas a hombros** por los **costaleros**. Los días previos se vive la emoción, por ejemplo, al **ensayar** los **pasos**. No se puede describir con palabras.

También por marzo, según el año, los **disfraces** y las **charangas** invaden las calles de ciudades y pueblos **tinerfeños**. Empieza con la **gala de elección** de la reina con vestidos fantásticos que en ocasiones pesan más de cien kilos. A la gala, le sigue el desfile de carnaval.

El 21 de junio llega la noche de San Juan, la noche más corta del año en el hemisferio norte o la más larga en el hemisferio sur. Con el tiempo ha adquirido la magia de las antiguas fiestas **paganas** que se organizaban con el **solsticio** de verano. Hoy se salta la **hoguera** o se le **arrojan** mensajes en un papel para **quemar** lo negativo del año.

El mes de julio es importante para los navarros porque el 7 marca el comienzo de los San Fermines. Las **corridas de toros** son **controvertidas**, pero forman parte importante de estas fiestas al igual que los **encierros**. La emoción de ir delante de los toros, una **multitud** que quiere evitar ser **corneada** es indescriptible para los que se atreven.

El 1 de noviembre se celebra en México el Día de los Muertos. Los **cementerios** se llenan de **familiares** que quieren recordar a los difuntos: les ponen altares decorados con flores de cempasúchil, **calaveritas** de azúcar, **pan de muerto**, **mole** o algún plato que le gustaba en las **tumbas**. Según la tradición ayuda a las **ánimas** a **transitar** por un buen camino tras la **muerte**.

Una tradición de convivencia e igualdad es la Fiesta de los blancos y negros. Los **participantes**, sea cual sea su etnia, **se maquillan** de negro el primer día y de **talco** blanco el segundo.

| | |
|---|---|
| **festejar algo** | etw. feiern |
| **destacar** = sobresalir *(-g-)* | hervorstechen, herausragen |
| **el pregón** | öffentliches Ausrufen |
| **el evento** **E** event | Ereignis |
| **la Fallera Mayor** | *gewählte Valencianerin, die das Fest, eine Woche lang offiziell repräsentiert* |
| **el desfile** | Parade |
| **la carroza** | Umzugswagen |
| **la pólvora** | Schießpulver |
| **el fallero, la fallera** | Teilnehmer(in) der Fallas |
| **el petardo** | Knallfrosch |
| **la cofradía** | Laienbruderschaft |
| **la virgen** | Jungfrau |
| **llevar a hombros** | auf den Schultern tragen |
| **el costalero, la costalera** | *Träger eines Heiligenbildes bei der Prozession der Karwoche* |
| **ensayar** | proben |
| **el paso** | *Station der Passionsgeschichte* |
| **el disfraz** | Kostüm |
| **la charanga** | Blasmusikgruppe |
| **tinerfeño, tinerfeña** | aus Teneriffa stammend |
| **la gala de elección** | Wahlabend |
| **pagano, pagana** | heidnisch |
| **el solsticio** | Sonnenwende |
| **la hoguera** | Lagerfeuer |
| **arrojar algo** | etw. werfen |
| **quemar** | brennen |
| **la corrida de toros** | Stierkampf |
| **controvertido, controvertida** | umstritten |
| **el encierro** | Stiertreiben |
| **la multitud** | Menge |
| **cornear a alguien** | jdn aufspießen |
| **el cementerio** | Friedhof |
| **el, la familiar** | Angehörige(r) |
| **la calaverita** | kleiner Schädel |
| **el pan de muerto** | *Spezialität die für diese Feier gebacken wird* |
| **el mole** | *mexikanische Soße mit Chilischoten* |
| **la tumba** | Grab |
| **el ánima** **!** las ánimas | Seele |
| **transitar** | durchziehen, weiterziehen |
| **la muerte** | Tod |
| **el, la participante** | Teilnehmer(in) |
| **maquillarse** | sich schminken |
| **el talco** | Talkumpuder |

# 7.3 Bellas artes

## Un viaje del instituto por el arte

**Aterrizamos** en el aeropuerto El Prat en Barcelona donde inmediatamente empezamos nuestro **recorrido** de **bellas artes**. Aquí encontramos un gran **mural** hecho con **piezas** de cerámica llamado *Mural del Aeropuerto* de Joan Miró i Ferrà. Miró fue pintor, **grabador**, **escultor** y **ceramista** español nacido en 1893 en Barcelona y murió en 1983 en Palma de Mallorca. Para los que les guste el fútbol hay que mencionar que Miró hizo el cartel de la Copa Mundial en 1982. Se llama *La Fiesta* y representa de manera surrealista a un futbolista. Para los que les gusten los dulces vamos a comprar Chupa Chups. Salvador Dalí, otro **artísta** catalán (1904-1989) también representante del surrealismo, **diseñó** la margarita como logotipo del Chupa Chups.

Ya que hace buen tiempo, dejamos las maletas en el hotel y seguimos al Parque Güell del **arquitecto** catalán también, Antoni Gaudí. El mismo que conocemos porque comenzó la iglesia de la Sagrada Familia en 1882 y que nunca pudo terminar al ser **atropellado** por un tranvía. La Sagrada Familia es parte del plan de mañana.

De allí iremos a las Ramblas a comer en el Mercado de La Boquería. Pero antes entraremos en tres grupos a una de las casas de Gaudí: el grupo uno visitará la Pedrera que fue hecha **reciclando desechos** de **vidrio** y cerámica, el grupo dos va a la Casa Batló y el tres ve la Casa Vicens que es un edificio **modernista** en estilo **orientalista** con decoración de **azulejos**.

De camino a la Playa de la Barceloneta, donde vamos a descansar, veremos una escultura de un gato de bronce muy grande de 7 metros de largo por 2 de alto por 2 de **ancho**, al que podemos tocar y hacer fotos. Esta vez el escultor no es catalán ni español… es Botero, el escultor, pintor y **dibujante** colombiano, famoso por sus **obras voluminosas** con un **sentido táctil** y **tridimensional**. El domingo, en el aeropuerto veremos otra de sus esculturas, llamada El Caballo.

Mañana veremos en el museo Picasso la **exposición permanente** de 4251 de sus obras. Pablo Picasso es uno de los creadores del **cubismo**. Todos buscamos en internet un cuadro que queremos ver.

| | |
|---|---|
| **aterrizar** | landen |
| **el recorrido** | Strecke, Tour |
| ▸ recorrer | durchqueren, bereisen |
| **las bellas artes** | die schönen Künste |
| **el mural** | Wandbild, -gemälde |
| ▸ el muro | Mauer |
| **la pieza** **E** piece | Stück |
| **el grabador, la grabadora** | Graveur(in) |
| **el escultor, la escultora** | Bildhauer(in) |
| **el/la ceramista** ▸ cerámica | Keramiker(in) |
| **el, la artista** **E** artist | Künstler(in) |
| ▸ el arte | Kunst |
| **diseñar algo** **E** to design | etw. zeichnen, etw. entwerfen |

| | |
|---|---|
| **el arquitecto, la arquitecta** | Architekt(in) |
| **atropellar a alguien** | jdn überfahren |

| | |
|---|---|
| **reciclar** **E** to recycle | wiederverwerten |
| **el desecho** | Abfall |
| **el vidrio** | Glas |
| **modernista** | Jugenstil- |
| ▸ moderno, moderna | modern |
| **orientalista** | orientalisch |
| **el azulejo** | Kachel |

| | |
|---|---|
| **ancho, ancha** | breit |
| **el/la dibujante** | Zeichner(in) |
| ▸ dibujar algo | etw. zeichnen |
| **la obra** | Werk |
| **voluminoso, voluminosa** | massig |
| ▸ el volumen | Volumen |
| **el sentido táctil** | Tastsinn |
| **tridimensional** | dreidimensional |

| | |
|---|---|
| **la exposición** **E** exposition | Ausstellung |
| **la exposición permanente** ≠ la exposición periódica | Dauerausstellung<br>temporäre Ausstellung |
| **el cubismo** | Kubismus |

# Cómo reconocer las obras de...

## ¿Cómo reconocer las obras de Frida Kahlo?

Nada más fácil que eso. La mexicana nacida en 1907 es **considerada** una de las más importantes **representantes** del **arte** del siglo XX. Frida expresa en sus **cuadros** de manera muy personal su vida, que no fue nada fácil. **Sufrió** tanto por la **poliomelitis** que tuvo a los 6 años, como por un accidente de tráfico en su juventud, como por su vida junto al **muralista** Diego Rivera. La Fridomanía **se** ha **divulgado** internacionalmente haciendo su **legado** más vivo que nunca.

## ¿Cómo reconocer las obras de Fernando Botero?

Este colombiano es conocido como el pintor de los gordos; aunque para él lo que importa es el **volumen** en todo cuando representa. Además de ser pintor es **dibujante** y **escultor**. En sus obras sobre papel y **lienzo**, de temas **multifacéticos**, usa tanto **óleo**, **pastel** como **acuarela** y en sus **dibujos**, **carboncillo** y lápiz. Sus esculturas de gran **tamaño** son **esculpidas** en bronce y en mármol. Botero hace un contraste entre lo pequeño y lo imenso. No entre lo gordo y lo flaco.

## ¿Cómo reconocer las obras de Diego Rivera?

Rivera es conocido internacionalmente como muralista. La temática de su obra es **política** y **socialmente comprometida**. Él entendió su obra como la lengua visual y simbólica con la que se podía tanto educar al pueblo como comunicar mensajes. En su estilo se **mezclan** difrentes **corrientes** desde una temprana etapa **cubista**, pasando por el arte **figurativo**, centrándose en los postimpresionistas y los neoclásicos para, entonces, meter el **arte precolombino**. Todo esto caracteriza su estilo personal y lo hace fácil de reconocer.

| | |
|---|---|
| **considerar a alguien** | jdn für etw. halten |
| **el/la representante** | Verteter(in) |
| ▸ representar | vertreten |
| **el arte** | Kunst |
| ▸ el, la artista | Künstler(in) |
| **el cuadro** | Gemälde |
| **sufrir algo** | etw. erleiden |
| **la poliomelitis** | Kinderlähmung |
| **el/la muralista** | Wandmaler(in) |
| ▸ el mural | Wandgemälde |
| **divulgarse** *(g-gu)* | (sich) verbreiten, bekannt werden |
| **el legado** | Erbe, Vermächtnis |
| **el volumen** | Umfang, |
| **el/la dibujante** | Zeichner(in) |
| ▸ el dibujo | Zeichnung |
| **el escultor, la escultora** | Bildhauer(in) |
| **el lienzo** | Leinwand |
| **multifacético, multifacética** | vielseitig |
| **el óleo** | Ölmalerei |
| **el pastel** | Pastellstift |
| **la acuarela** | Aquarellfarbe |
| **el dibujo** | Zeichnung |
| **el carboncillo** | Kohlestift |
| ▸ el carbón | Kohle |
| **el tamaño** | Größe |
| **esculpir algo** | etw. (bildhauerisch) gestalten |
| **políticamente** | politisch |
| **socialmente** | sozial |
| **comprometido, comprometida** | engagiert |
| **mezclar algo** | etw. vermischen |
| **la corriente** | (künstlerische) Strömung |
| **cubista** | kubistisch |
| **figurativo, figurativa** | figurativ |
| **el arte precolombino** | präkolumbische Kunst |

# Día de fiestas

## Mi página, mis ideas

### Tarjetas de vocabulario en línea

Practica el vocabulario con las tarjetas en línea. Elige el tema que quieres practicar, escucha las palabras y repítelas para mejorar tu pronunciación.

### Actividades en línea

Haz las actividades en línea. Así usas el vocabulario en un nuevo contexto, lo memorizas y tienes una corrección inmediata.

### Impresiones de Latinoamérica en fiestas

Elige dos fotos, descríbelas detalladamente y compáralas.

Una quinceañera

La ceremonia de Inti Raymi en los Andes

El día de muertos (México)

Carnaval de Barranquilla (Colombia)

¿Qué diferencias hay? ¿Qué tienen en común?
¿Sobre qué fiesta(s) (no) quieres tener más información?

## Una mirada hacia Latinoamérica y Alemania

A continuación puedes ver un vídeo sobre la celebración del año nuevo en Perú. Describe las actividades que ves en el vídeo.

¿Qué se hace?
¿Por qué se hace?

## Vídeo de aprendizaje

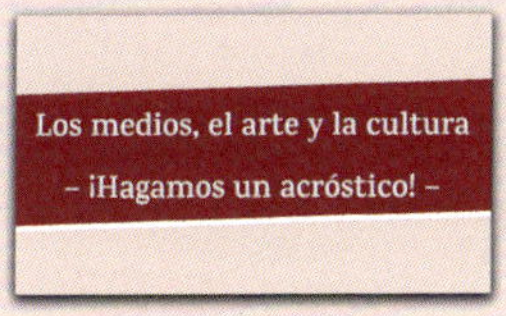


Mira el vídeo para aprender qué es un acróstico y cómo usarlo para memorizar el vocabulario.

## Comenta

Comenta la celebración, después compárala con lo que hacéis en tu familia y/o en tu región para fin de año.

# Index

## A

abandonar algo/a alguien 31
abandono 139
abastecimiento urbano 217
abdicación 63
abdicar 69
abierto 17
abismo 227
abogado 87, 149
abogado de oficio 87
abono 17
aborigen 29
abortar algo 85
aborto 181
abreviatura 119
abrir algo 239
absolver 111
abuela 183
abundante 15
abundar 25
aburrimiento 21
aburrirse 19
abusivo 165
abuso 51, 173, 219
acabar con algo 71, 101
acantilado 15
acceder a algo 55, 149, 173, 237
accesibilidad 195
acceso 235
acceso a 141, 195, 251
acceso a algo 231
accidental 239
accidente 215
accidente geográfico 15
acelerar 33
acera 35
a ciencia cierta 173
acogedor 17, 259
acoger a alguien 209, 211
acometer reformas 159
acomodado 139
acompañado 173
acompañamiento 139
acompañar a alguien 267
acontecimiento 57, 259
acoso escolar 173
acreedor 159
actividades inmobiliarias 155
actor principal 271
actor secundario 271
acto terrorista 111
acuarela 277
acudir 61, 97, 233, 269
acuerdo 125
acuerdo comercial 157
acuífero 217
aculturación 67
acumulación 213
acumular algo 269
acumularse 225
acusado 87
a. de C. (antes de Cristo) 43
adecuado 215
adepto 63
a destajo 153
adhesión 121
adicción 195
administración 43, 91
administración pública 147
administrar 109
administrativo 91, 149
adoptado 183
adorar 191
adorar a alguien 65
adquirir algo 67, 181
aeronáutico, 145
aeropuerto 17, 37
aerosol 225
a escala mundial 147
afectado 159, 227
afectar a alguien 165
afectar algo a alguien 263
afectivo 183
afición 269
afiliación 151
a finales de 67
afluente 227
afrocolombiano 29
afrodescendiente 29, 179, 205
afrolatinoamericano 29
afrontar 179
afrontar algo 111, 165, 217
agenda 259
agenda electrónica 235
agente social 151
aglomeración urbana 31
aglutinar 183
agnóstico 189
agotamiento 221
agotarse 229
agradecer 191
agrícola 145
agricultura 213
agropecuario, 145
agroturismo 221
agrupar 151
agua dulce 25
agua potable 195, 197, 217
aguas negras 195
aguas residuales 219
águila 229
agujero de ozono 225
ahorros 59
aislamiento 59, 143
ajeno 235
a la hora de 143
al aire libre 35
Al-Ándalus 45
alargar algo 165
albañil 149
albergar algo/a alguien 221
alcalde 93
alcance 227
alcantarillado 195
alcanzar 15
alcanzar algo 119, 265
aldea 227
alegría 267
alertar a alguien 163, 225
alfabetización 251
algo 213, 217, 221, 223, 227
algodón 205, 231
aliado 57, 69
alianza militar 65
alimentación 171
alimento 113
alimentos 179
almacenado en 215
almacenamiento 179, 239
almacenar algo 237
almuerzo 177
alquiler de coches 147
al revés 27
altamente 235
altavoz 237
alterar algo 231
altiplano 23
altitud 25
alto el fuego 95
alto índice 195
altura 15, 23
alumnado 133
alzamiento 57
amanecer 35
amateur 271
ambiente 213
ambiguo 77
ambos 61, 125, 151
ambulatorio 193
amenazar 175, 227
amenazar a alguien 43
América del Sur 23
amerindio 29
ampliar 13
ampliar algo 261
amplio 135, 239
añadir algo 187, 241
ancho 275
angosto 23
angustia 263
ánima 273
animación 269
aniquilación 229
a nivel mundial 33
Antártida 225
anticlerical 55
anticonceptivo 181
antiestadounidense 127
antihéroe 263
antinuclear 215
anulación 55
anunciar algo 95
anuncio publicitario 271
apagar algo 237
apagón 207
aparecer algo 257
a pequeña escala 257
apertura política 121
aplicación 253
aplicar 83
aportación 145
aportar algo 213
aportar algo a alguien 263
aportar el granito de arena 213
apostar por 59
apoyo 57
aprendiz 181
aprendizaje 127
aprendizaje memorístico 133
aprendizaje por competencias 133
a primera vista 35
aprobación 91, 181
aprobar 59, 171, 181
aprobar algo 55, 111
aprovechar algo 243
apuesta 195
árabe 267
arancelario 119
aranés 81
archipélago 109
archipiélago 13, 23
archivo 239
arcoíris 263
arduo 67, 181
área 13, 135
área metropolitana 21
argelino 97
árido 221
aritmética 65
Armada 107
Armada Invencible 53
arma de fuego 49
armado 95
armonía 221
arqueológico 35
arquitecto 275
arrojar algo 273
arroyo 217
arroz 231
arte 257, 277
Arte Dramático 137
artefacto 97
arte precolombino 277
Artes 137
Artes Plásticas 137
Artes Plásticas y Diseño 137
artículo de opinión 63
artículo de primera necesidad 105, 207
artista 95, 275
asamblea 85
ascenso 17
asegurado 63
aseguradora 163

asentado 155
asentamiento 187
asequible 243, 257
asesinado 57
asesinar a alguien 101
asesinato 71, 107
asignar 87
asignar algo a alguien 193
asignatura 135
asistencia médica 193
asistente de realización 271
asistir a algo 269
asistir a la escuela 175
asociación indígena 227
asociado 151
asolar 59
aspecto físico 15
aspirante al trono 53
aspirar pegamento 171
astur 45
asumir 61
asumir algo 101
asumir el Gobierno 101
atasco 17
atención 195
atentado 95
ateo 189
aterrizar 275
atraer a 205
atraer a alguien 221
atrapar algo 241
atravesar algo 227
atrincherarse en algún lugar 97
atropellar a alguien 275
atuendo 267
Audicencia Nacional 89
Audiencia Nacional 87
aula 133
aumentar 99, 127, 193, 209
aumento 115, 121, 213
aumento de sueldo 151
auricular 237
ausente 209
austeridad 63
austral 23
autoabastecerse 231
autobús rápido 37
autocrítica 51
autóctono 51, 265
autodepurador 217
autonomía 55, 61
autónomo 149, 193
autopista 17
avance 181
avanzar 125, 225, 255
AVE 17
avenida 19
avería 227
aviación 57
ayuntamiento 93
azufre 227
azulejo 275

## B

Bachillerato 135, 137
bailaor 267
baile suelto 267
Baja Edad Media 47
bajar a 27
bajo 15
bajo el mando de 65
bajo el mismo techo 183
balanza comercial 155
banca 151
bancarrota 163
banco de sangre 97
bando 57, 61
barrera 225
barril 227
barrio 19, 31, 35
base de datos 237
básico 195
basura orgánica 219
batalla 45
batata 231
bautizar a alguien 189
beca 135
bélico 57
bellas artes 275
beneficiar de algo 157
beneficiario 61
beneficio 121, 159, 221
beneficio fiscal 161
bestia 51
bidireccional 123
bienes de producción 143
bilingüismo 81
billete 121
biparental 183
bipartidismo 85
Bitcoin 243
blanco 29
bloquear algo 97
bloquear algo/a alguien 115
bogotano 35
bolera 177
bolsa 147
bolsillo 165
bombardeo 57
bonanza 157
bonificación fiscal 193
boquiabierto 183
borde 225
borrar algo 237
bosque 145
bosque primario 229
botín 49
bovino 145
brecha 197
brecha salarial 181
brevedad 257
Brigadas internacionales 57
brindar algo 191
bullying 175
burbuja inmobiliaria 161
burgués 101, 257
burlarse de alguien 175
burocrático 81
butaca 259

## C

caballero 263
Cabildo 19, 93
cabo de Hornos 23
cadena 255
cadena cantábrica 15
cadena de radio 79
cadena de televisión 251
caer 107
caer en manos de alguien 57
caer en picado 163
caída 45
caída de precios 157
caja de ahorros 147
calaverita 273
cálculo 193
cálculo aritmético 237
calentamiento 229
calentar algo 215
calidad 133
cálido 21
califa 45
calificarse de algo 193
callar a alguien 117
calor 27
calzada romana 43
calzado 145
cambiar de colegio 133
cambio 99
cambio climático 213
cambio social 55
caminar 21, 35
camino que queda por recorrer 181
camión cisterna 227
campaña 57, 69
campesino 31
caña 19
canal 23
cáncer 195
cantante 265
cantaor 267
cante 267
caoba 229
capa 241
capa de ozono 225
capa social 159
capital 19, 213
captar a alguien 97
capturado 241
carabela 47
caracterizarse por 17
caravana 207
carbón 145
carboncillo 277
carencia económica 139
carga 37
cargo 69
caridad 105
carnicero 149
carpintero 149
carrera 175
carretera nacional/secundaria 17
carro 37
carroza 273
carta 259
carta al director 261
cartelera 269
cartel publicitario 271
casaca 115
casa hogar 185
cascada 25
casco 241
casco histórico 21
casco urbano 225
caso 197
castañuela 265
castellano 21, 77
castigar algo/a alguien 47
catalán 21, 81
catarata 25
catolicismo 189
caudaloso 25
causa 227
causar algo 165
cavar 227
cazar 19
ceder algo a alguien 69
celebración 265
celebrar algo 111
celos 267
celular 251
cementerio 273
cementerio nuclear 215
censo 209
Censo de Españoles Residentes Ausentes (CERA) 209
censo electoral 83
censura 263
central térmica 145
Centroamérica 23
centro de gobierno 35
centro de negocios 35
centro de salud 195
centro histórico 35
centro privado 135
ceramista 275
cercanía 127
cerco 47
cerebro 141
certificación 219
cesar 45, 113
chamo 115
charanga 273
charango 265
charlar 19
chatear con alguien 249
chino 79
chispa 57
choque cultural 209
ciberacoso 175
ciberseguridad 255
ciclo 133
ciclo de formación profesional 149

ciclovía 35
ciencia ficción 269
Ciencias 137
ciencias de la computación 239
ciencias empresariales 143
científico 147
cierre 215
cifra 173
cima 23
cinturón de pobreza 31
circuito 37
circular 223
cirugía 195
ciudadanía 63
ciudadano 83, 143
ciudadano de a pie 217
Ciudad Autónoma 91
ciudad inteligente 243
civil 87
civilización 65
clandestinamente 211
claridad 261
clase de iniciación 267
clase media 99, 101
clase social 71, 141
clave 243
clima 27
clorofluorocarbono 225
club deportivo 177
coalición 85
cobertura 195, 241, 255
cobrar el paro 149
codiciar algo 127
código máquina 235
cofradía 273
colaborar con ONGs 175
colapsar 159
colección de arte 35
colegio 133
cólera 49
colonización 51, 67
columna 261
comarca agrícola 57
combustble fósil 213
combustible 155, 215
combustión 223
comedor escolar 173
comercialización 179
comercio 145, 231
comercio al por menor 153
comercio exterior 155
cometer 103
cometer algo 111
cometer un crimen 107
cometer un delito 87
comida 207
comisión 59
comodidad 239
compañero de clase 135
compañía multinacional 101
compañía nacional 259
compartido 123
compartir algo 19, 213, 223
compartir pantalla 249
compatriota 69
compensar 141
competencia 143
competir 155
competitivo 143
compilar algo 235
complejidad 261
complejo 21
comportamiento 63
composición 29
compraventa 163
comprensión 79
comprometido 159, 277
computadora 235, 251
común 99
comunidad 29, 243
comunidad autónoma 55
Comunidad Autónoma 81
Comunidad Autónoma (CC.AA.) 83
comunidad docente 133
con algo 221
conceder un crédito 161
conceder un premio a alguien 257
concejal 93
concentración de población 17
Concha de Oro 269
conciencia 43, 217
conciliación familiar 149
concreción 233
concurso 271
condición 179, 231
condicionado, 139
condición de salud 195
condiciones 153
condiciones de pago 159
condiciones de vida 31
condición extrema 215
conectar algo/a alguien 249
conectar con 17
conectar con alguien 269
conectarse 243
conectividad digital 255
conexión 239, 251
Confederación Española de Organizaciones Empresariales (CEOE) 151
confederado 49
confesión 45, 259
confidencial 235
confinamiento 197
Congreso 89
Congreso de los diputados 85
conjunto 77, 183
con mucha facilidad 161
conocimiento 147, 159
conocimiento bélico 65
conocimiento militar 65
Cono Sur 27
conquista 43, 45
conquistado 49
conquistador 49
conquistar 65
consecuencia 157
conseguir 155
conseguir algo 125, 233
Consejero 91
Consejo de Ministros 89
Consejo Insular 93
conservación 221
conservación y restauración de bienes culturales 137
conservado 187
conservador 71
considerar a alguien 277
consolidación 71
consolidar a alguien 263
constitución 103, 141
Constitución 55, 83
constituyente 223
construcción 19, 145, 161
consulta 103
consultoría 147
consumidor 215
consumir algo 253
consumo 195
contaminación 213, 227
contaminación ambiental 37
contaminación sónica 37
contaminado 33
contaminante 223
contaminar algo 227
contar 221
contar con algo 33
contar con algo/alguien 79
contar con algo o con alguien 197
contemporáneo 35
contingente anual 153
continuidad 215
contracción 159
contradicción 127
contraer una deuda 157, 165
contrapuesto 215
contrarrestar 127
contraseña 239
contrasentido 231
contraste 35
contratar a alguien 193
contrato fijo 153
contrato temporal 149
contribuir a algo 121
controlar algo 89
controvertido 273
convenio 125
convenio colectivo 151
conversación 261
convertir 37
convertirse a 187
convertirse en algo 69, 105, 209, 221
convivencia 267
convivir 45
convivir con alguien 183, 187
cooficialidad 55
corcho 145
cordillera 15
Cordillera de los Andes 23
cornear a alguien 273
corona 63
Corona 85
correlacionar 235
corresponsal 261
corrida de toros 273
corriente 277
corte 53
Cortes 59
Cortes Generales 89
corto 25, 271
cortometraje 271
cosecha 179, 191
Costa de Marfil 233
costalero 273
costero 13
costoso 207, 241
cotidiano 81, 235, 261
cotizado 229
cotizar 193
cotizar algo 149
CPU (unidad central de procesos) 237
creador 191
crear algo 103, 191, 243
crecer 265
crecimiento 125, 171
crecimiento demográfico 31
crecimiento económico 101
crecimiento urbano 31
crédito 127, 135
creencia 187
creer en Dios 187
creyente 189
crianza 149, 173
criar a alguien 183
criollo 69
criptomoneda 243
crisis del ladrillo 165
crisis de modernización 263
cristal 219
cristianismo 187
cristiano 187
crónica 261
crucial 141
crudo 227
crudo de petróleo 155
cruzar algo 21
cuadro 277

cualificado 159, 209
cubismo 275
cubista 277
cubrir algo 149
cubrir los gastos 193
cueca 267
cuenca 227
cuenca minera 57
cuenta corriente 97
cuento 257
cuero 145
cuerpo 261
Cuerpo Nacional de Policía 93
cuestionar 69
cuidador de ancianos 149
culpable 173
cultivo 15
cumbre climática 233
cumbre de Kioto 233
cumplimiento 83
cumplir algo 143
cumplir la función de algo 243
cuota de audiencia 255
cuota de mercado 155
curandero 195
curricular 135


## D


dañar 269
daño 127, 225, 239
dar el pregón 21
dar fruto 159
dar la clave 157
dar las campanadas 19
dar la victoria a alguien 45
dar paso a 205
darse algo por acabado 47
dar un golpe de Estado 101, 113
dar valor a algo 45
dar voz a algo 263
dato 123
d. de C. 43
debatir algo 85
débil 163, 263
debilitar algo/a alguien 65
década 157, 269
decadencia 53
decepcionado 63
decidirse por algo 135
decidirse por algo/alguien 265
decisivo 57, 105, 175
declarar 35
declarar algo 91
declararse en huelga 151
de continuo 19
de copas 175
decreto 59, 187
dedicado a 221
defectuoso 99
defender algo 83, 269
defender algo/a alguien 87
defensa 61, 151
defensor 189
Defensor del Pueblo 87, 89
deficitario 155
deforestación 229
de gran/poca altura 23
dejar 197
dejar a alguien 183
dejar algo 127
dejar al margen 159
dejar de 19
dejar el poder 109
dejar indiferente a alguien 265
delgado 175
delincuencia 113
delinquir 171
delito 47, 87, 111
demanda 161, 205
demandado 229
democracia 83
demostrar algo 255
denominado 147
densidad 31
densidad de población 17
denunciar algo 51
de origen 97
dependencia 157
dependencia económica 127
depender de algo 239
depresión 15
depresivo 175
depuración 219
derecho 69, 141
derecho a veto 85
derecho a voto 83, 105
derecho civil 43
derecho de sucesión 63
derechos humanos 119
derivarse 229
derivarse de algo 81
derogar algo 111
derramar algo 227
derrocar a alguien 101, 103, 105, 107
derrochador 217
derrochadora 217
derroche 217
derrota 109, 111
derrotar 45
desaceleración 157
desamparado 105
desaparecer 107
desaparecido 101, 111
desaparición 107, 231
desarme 95
desarrollado 157
desarrollo 119, 125, 141, 147, 209, 255, 261
desastre 213, 227
desastre climático 203
descansar 175
descansar de algo 21
descendencia 53
descender 31, 139, 161
descendiente 217
descentralización 91
desconfianza 195
desconfiar de alguien 211
descubrimiento 47
descubrir 97
descuidar 113
descuidar algo 35, 217
desecho 275
desecho radioactivo 215
desembarcar 47, 109, 205
desembarco 43
desembocadura 15
desembocar en 25
desembocar en algo 15
desempeñar 67, 153
desempeñar algo 141
desempleo 115, 149
desenlace 257
desenterrar algo/a alguien 61
desequilibrar 127
desequilibrio 43
desértico 23
desertización 217, 229
desestabilizar 193
desfile 273
deshidratación 171
desigualdad 31, 35, 113, 141, 197
desigualdad de clases 113
desigualdad social 99
desmentir 97
desnutrición 171, 195
despedida 101
despedir a alguien 149
despenalización 181
despido 163, 193
despilfarro 63, 217
desplazarse 17
despoblado 13
desprecio 127
destacado 43, 263
destacar 25, 133, 263, 273
destierro 47
destino 17, 135, 205
destituir 115
destreza 141
destreza escrita 141
destreza lectora 141
destrucción 51, 65
destruir 217
destruir algo 65
desvalorización 31
desventaja 139
detalle 263
detener a alguien 101
detener algo 231
detenerse 31, 97
detenido 101
detergente 217
deteriorar algo 225
determinación 151
determinar algo 27
detonante 207
detonar algo 97
deuda 161
deuda exterior 157
deuda externa 111
deuda pública 163
deudor 159
devaluación 113
devaluación de la moneda 159
devaluarse 159
devolver 111
devolver algo a alguien 61
día del espectador 269
día hábil 37
diario 255, 259
(diario) especializado 255
(diario) local 255
(diario) regional 255
diáspora 179
dibujante 275, 277
dibujo 277
dictadura 83, 107
dictadura militar 71
dictar una orden de arresto 87
dictar un decreto 47
dictatorial 61
diferencia de clases 31
diferir 27
difundir 261
difusión 159
digno 61, 141
diluvio 191
dimisión 85
dimitir 101
dióxido de carbono 229
diplomático 233
Diputación Provincial 93
diputado 57
dique 227
director 271
dirigir algo 71
dirigirse a algo 157
discapacidad física 173
discapacitado 173
discordia interna 45
discriminación 211
discriminado 185
discriminar a alguien 55, 173
diseminado 225
diseñador web 149
diseñar algo 275
Diseño 137
disfraz 273
disfrutar de algo 21
disgregación 45

disminución 223
disminuir 53, 127
disolución 89
dispararse 163
dispersar algo 223
dispersión 227
disponer de algo 91
disponible 217, 219
dispositivo 237, 251
dispositivo de salida/de entrada 237
dispositivo de seguridad 235
disputa 19
distancia 241
distante 79
distribución 31, 147
distribuir 31
diversidad 23
diversión 21
divinidad 191
divinidad inferior 65
división 83
divorciado 63
divorcio 181
divulgación 181
divulgar algo 261
divulgarse 277
docencia 141
docente 141
documentado 197
dominar 43
dominar algo/a alguien 71
dominio 53, 263
donar sangre 97
dotar de algo 235
dotes interpretativas 271
drogadicción 195
drogarse 171
duplicarse 223
durar 191

## E

echar un vistazo a 101
eclipse lunar 65
eclipse solar 65
ecología 213
ecológico 145, 219
economía autárquica 143
economía de libre mercado 143
economía de planificación 143
economía sumergida 153
económico 125, 203
ecosistema 217
ECTS 135
Edad Media 257
Edad Moderna 47
edificar algo 65
edificio 19
editorial 261
educación 31, 127, 133
educación básica 141
Educación de personas adultas 137
Educación Física 135
Educación Infantil 133, 137
educacion obligatoria 173
Educación Primaria 133, 137
Educación Secundaria 137
Educación Superior 137
educación superior pública 181
educativo 139
efecto especial 269
efeméride 265
eficaz 145, 219
egipcio 65
ejecutar 145
ejecutar algo 235, 267
ejecutivo 83
ejemplar 251
ejercer 105
ejercer algo 85
ejercer influencia 251
ejercer un cargo 105
ejercicio 87
ejército 43, 57
Ejército 107
elaboración 59
elaborado 145
elaborar algo 103
el acto de caridad 105
elección 55, 105, 179
elecciones 83
electricista 149
electrodoméstico 235
electrónico 235
elegido 101
elegir 83, 89
elegir a alguien 61, 71
elemento 191
elevado 15
elevar algo/a alguien 45
eliminación 121
el/la gigante 191
el/la politeísta 191
el/la profesional 139
el ratón 237
emaciación 171
emblema 119
emblemático 105, 187
emergencia 197
emigración 205
emigrante 153, 209
emigrar a 17, 127
emisión 223
emisora 117, 207, 255
emisora radial 251
emitir algo 223
empeorar 197
emperador 43
emplear 217
empleo 145, 175, 209
emplumado 191
empoderar a alguien 117, 179
emprendedor 149
emprender algo 143
empresa 49, 271
empresa privada 143
empresarial 151
empresario 149
empujar el final 109
en activo 267
en alta definición 255
en beneficio de 63
encapuchado 95
encarcelar a alguien 113
encargarse de algo 83, 179
encerrado en 165
encerrarse 51
encharcar algo 217
encierro 273
encontrarse 23
encuesta 175, 233
en declive 145
en definición estándar 255
en directo 255
energía eléctrica 155
energía eólica 145, 215
energía geotérmica 215
energía hidráulica 215
energía limpia 215
energía nuclear 215
enfermedad respiratoria 223
enfocarse en algo 103
enfrentamiento 45, 65
enfrentamiento bélico 49
enfrentarse a algo 165, 243
enfrentarse a alguien 53
enjuiciamiento 117
en número de 127
enriquecer 203
ensayar 273
Enseñanzas aplicadas 137
Enseñanzas Artísticas Superiores 137
Enseñanzas Deportivas – Grado Superior 137
enterarse 97
enterarse de algo 143
entidad 61, 123
en tiempo real 249
en todo el sentido de la palabra 111
entorno 213, 229, 241
entrada 269
entrada en vigor 55
entrar en circulación 121
entrar en la facultad 135
entrar en vigencia 125
entrar en vigor 125, 209, 233
entregar 109
entrenar 177
entretener a alguien 249, 257
entretenimiento 21, 147, 255
entrevista 261
entrevistador 261
en unión libre 183
enviado especial 261
envidiar algo a alguien 269
envidiar algo de alguien 113
épica 259
época franquista 121
época prefranquista 121
equilibrado 213
equilibrio 219, 233
equipamiento 215
equipo 29, 155, 177
equipo técnico 271
equitativamente 219
equitativo 181
erosión retrógrada 227
ERTE 165
erupción 49
escala económica 17
escalar 23
escáner 237
escapar de 203
escasez 113, 207
escasez de agua 217
escaso 157, 209
escena 269
escenario 257, 259, 267
esclavitud 71, 189
esclavo 67, 205
escolar 177
esconderse 261
escritor 257
escuadrilla 57
esculpir algo 277
escultor 275, 277
esencial 121, 165
esfuerzo 233
espacio 21, 221
espectador 259, 269
especulación 243
esperanza 117
esperanza de vida 185, 193
esperanza media de vida 31
espíritu democrático 55
esplendor 45
esquina 259
estabilidad 127
estabilidad monetaria 121
estabilizar 143
establecer algo 43, 103, 109, 189
establecerse 69
estación 27, 37

Estado 143
Estado de derecho 61
Estado Social y democrático de derecho 83
estallar 97
estar acorde con algo/alguien 161
estar acostumbrado a algo 153
estar a enero/febrero… 27
estar al alcance de alguien 215, 217
estar a una altitud promedio de 33
estar compuesto por 31
estar dispuesto, dispuesta a hacer algo 255
estar en auge 221
estar en desventaja 141
estar en manos de alguien 55
estar equivocado 47
estar financiado/financiada por alguien 253
estar formado por 23
estar libre de algo 197
estar repleto, repleta de algo 35
estar situado, estar situada en un lugar 21
Estatuto de autonomía 55
Estatuto de Autonomía 91
estimar 173
estimular 271
estrecho 57
estremecer 261
estreno 259
estudiantil 59, 103
estudiar 135
estudiar a distancia 135
Estudios de doctorado 137
Estudios de Grado 137
Estudios de Máster 137
eternamente 165
etnico 173
étnico 29
evaluación 133
evaluar algo 133
evangelizar a alguien 189
evento 273
evitar algo 229, 239
evolución 183
evolucionar 255
excavación 61
excavadora 227
exceptuar 155
exceso 223
exclusión 195
exiliado 101
exilio 55, 207
éxito 45, 255, 269
éxito rotundo 37, 265
éxodo rural 17, 31, 145
expandir 65, 67, 71
expansión 67, 155
expectativa 175
experiencia 269
explotación 51, 153, 213
explotar 97
explotar algo 145
exportación 231
exposición 225, 275
exposición permanente 275
expresar algo 259
expuesto 227
expulsar de 189, 251
expulsión 47, 53, 187
extenderse 163
extenderse por algo 79
extensión 229
extensión territorial 65
extenso 13, 21, 25, 33, 53, 77
extinción 229
extirpar 51
extraer 67
extraño 269


## F


facilidades para hacer algo 133
facilitar algo 209
factura eléctrica 215
Fallas 21
fallecer 53, 105
fallecido 61, 197
Fallera Mayor 273
fallero 273
falta 159, 209
falta de algo 195
fama 135, 267
familia extensa 183
familia nuclear 183
familiar 57, 273
familia reconstruida 183
fatídico 159
fatiga 223
favela 31
favorable a 215
favorecer algo 187
fe 47, 187
femicidio 179
feria 259
feroz 51
festejar algo 265, 273
feudalismo 45
fianza 87
fiesta laboral 59
figurativo 277
fijar algo 83, 143
fijarse en 29
filólogo 149
finalización 37
financiero 147
finanzas 147
fin pacífico 215
fiscal 87, 163
físico 119, 195, 241
flexibilidad horaria 149
flota 49
flujo de capital 155
flujo migratorio 123
foco industrial 57
fomentar 139
fomentar algo 147, 221, 239
fomento 133
fondo de pensión 155
fondo de pensiones 193
fondo marino 221
fontanero 161
forestal 231
formación 209, 219, 231
formación política 95
Formación Profesional 135, 137
Formación Profesional Básica 137
forma de gobierno 99
formado por 125
formar 141
formar parte de algo 77, 123
foro de discusión 249
fortalecer 221
fortalecer algo/a alguien 123, 127, 271
fosa común 61
fracasar 113
fracaso 53
fracaso escolar 139
fragmentación 43
fragmentar 69, 71
franquismo 81, 209
frenar algo 233
frente 57, 159
frontera 25, 267
frontera marítima 13, 15
frontera terrestre 13
frutícola 231
fuente 237, 261
fuente de empleo 147
fuente de ingreso 227
Fuerza Aérea 107
fuerza política 85
fuerzas 57
Fuerzas Armadas 95, 107
Fuerzas y Cuerpos de Seguridad del Estado 93
fuga 87
funcionario 149
fundación 105
Fundación Goethe España 123
fundado 251
fundador 105, 191
fundar algo 43, 65, 119, 125
funicular 21
fusión 267


## G


gafas 241
gala de elección 273
galardón 257
gallego 81
ganadería 145
ganadero 231
ganancia 231
ganar 103
ganarse a alguien 265
garantizar algo 195
garantizar el poder 115
gas de efecto invernadero 233
gases de efecto invernadero 213
gas natural 155
gastarse algo 219
gasto 193
gasto público 165
Gbps 241
generación perdida 165
generar algo 145, 159, 223, 227
género 141, 179, 257
generoso 17
gente mayor 175
gentilicio 117
Geografía 135
gestación 181
gestión 61, 163
gestión medioambiental 213
ginecología 195
girar 215
gitano 211, 267
globalización 155
gobernante 71
gobernar 69
gobierno 83
Gobierno 55, 65
Gobierno central 89
gobierno de izquierda 71, 99
Gobiernos y Parlamentos autonómicos 89
golpe de Estado 85, 101, 113
golpe militar 105, 107
goteo 217
gozar de algo 61
grabación 101
grabador 275
grabar algo 271
grado centígrado 15, 27, 33
Grado Medio 137
grado universitario 135, 149
graduado 135
gratuidad 133
gratuito 35, 141
gravemente 231
grupo parlamentario 87

guardar algo 239
Guardia Civil 93
guatemalteco 127
guerra 165
Guerra Carlista 53
guerra civil 31, 49
Guerra Civil 55
guerra de la Independencia 53
Guerra de Sucesión 53
guion 269
guionista 271

## H

habilidad 141
habitable 243
habitante 19, 127
hábito 159, 223
habla 23
hablante nativo 79
hacer alusión a algo 77
hacer botellón 175
hacer calor 15
hacer frontera 13
hacer justicia 61
hacer la mochila 27
hacer oídos sordos 163
hacer prisionero 49
hacerse dueño de algo 49
hacia 205
Hacienda 193
hallar 27
hambruna 203
hebreo 187
hecho 57
hectárea 33
hedor 227
hemisferio sur 27
heredar algo 161
heredero 53
herramienta 133, 237, 271
herramienta digital 251
heterogeneidad 29
HFC 225
hidalgo 263
hidrografía 25
hierbatero 195
hincha 177
hispanohablante 77
Historia 135
hogar 171, 213
hogar unipersonal 185
hoguera 273
hoja de cálculo 237
homomaternal 183
honores 49
hora punta 17, 223
horario 153
horario de apertura 149
hortícola 231
hospitalización 193
hostelería 147
huelga 115
huérfano 69
huerta 221
huir 51, 105
huir de 203
huir de algo 171
humanidad 213
Humanidades 137
humedad 27
húmedo 15, 27
humilde 101
humillante 153

## I

ideología de izquierda/de derechas 85
idioma culto 79
idioma escrito 79
igualar 141
igualdad 61, 181
igualdad de género 179
igualitario 185
ilustración 69
imagen 59
impactar 263
impacto 221, 233
impacto medioambiental 219
imparcial 253
impartir 135
impedir algo 141
implantación 43
implementación 121
implementar 197
implicado 271
implícito 237
imponer 63, 67
imponerse a algo/alguien 43
importación 157
importar 29
imposición 51, 67
imprescindible 21, 221, 263
impreso 249
impresora 237
imprimir algo 115
impuesto 163
impuestos 189
impuesto sobre la renta (de las personas físicas) IRPF 193
impulsar 59
impulsar algo 219, 255
impunidad 179
inalámbrico 241
incluir algo 237
incorporación 181
incorporar a alguien en algo 43
incorporar algo 133
incremento 161, 229
indebido 241
indemnización 61
independencia 69
indígena 29, 49, 179
indiscriminado 231
indispensable 217
industria cinematográfica 269
industria conservera 145
industria de la madera 229
inerte 191
inestabilidad 113
inexistencia 191
infancia 171
infancia pobre 49
infección respiratoria 171
influencia 127
ingeniería civil 155
ingeniería de control 239
ingeniería mecánica 239
ingresos 155
inhumano 51
iniciar algo 207
inicio 121
inigualable 269
inmediato 159
inmersivo 243
inmigrante 97, 153
innumerable 231
inquietudes 259
inscribirse 271
inseguridad 35, 113
inseguro 207
insoportable 207
insostenible 57
inspirados en 125
instalación 215, 241
instalación hidroeléctrica 145
instalarse 31
instalarse en el poder 55
instaurar algo 45
institucional 159
instituto 135
instrucción 235
insuficiente 159
integración 125
integrante 189
inteligencia artificial 237
intensificar algo 123
intento 113, 211
interactuar 177, 243
intercambio 155, 177, 243
intercambio comercial 43
interconexión 241
interés 157, 161
interlocutor 249
interponer 125
intérprete 49, 271
interrogar a alguien 87
intriga 257
introducción 257
introducir algo 237
inundación 215, 229
invadir 109
invadir algo 69
invalidez 193
invasión árabe 43
invasor 53
invernadero 221
inversión 271
inversor 123, 159
invertir en 141
invertir en algo 127, 155, 233
investigación 111, 147, 261
investigar algo 87
invierno 15, 27
invocar 191
inyección de tinta 237
IPC 161
ir en aumento 99
ir en bici 35
ir más allá de (la frontera) 119
irregular 153
irritación 225
islamista 97
islote 23
istmo 23
IVA 163

## J

jarcha 257
Jefe del Estado 85
jefe/la jefa del Estado 55
jesuita 189
jornada laboral 151, 163
jota 267
joyas 35
jubilación 143, 193
judaísmo 187
judería 187
judicial 83
judío 187, 267
juez 95, 181
jugar un papel central 123
juglar 257
juicio 87, 111
Junta Militar 111
Juntas 53
jurado 269
jurídico 151
justicia 61, 107, 159
juzgar a alguien 187

## L

labor 105
laboral 149, 235
labor intelectual 147
la defensa 87
ladera 227
la Enseñanza de idiomas 137
lago 25
laicismo 189
la industria automovilística 145
lanzarse 43

la pantalla táctil 237
lápiz óptico 237
largometraje 271
lata 219
latencia 241
latifundio 101
latino 77
lavado de manos 197
lazo 183
lead 261
lector 261
legado 187, 277
legalización 59, 181
legislativo 83
Lengua Castellana 135
lengua cooficial 135
lengua extranjera 79, 133
lengua indígena 81
lenguaje multipropósito 235
lengua materna 79
lengua oficial 77
lenguas cooficiales 81
lengua vernácula 77
lenteja 231
letrero 21
levantamiento 53
ley 43, 233
Ley de Extranjería 209
ley de la oferta y la demanda 143
Ley de Pacificación Nacional 111
leyenda 191
ley laboral 163
liberación 229
liberal 71
liberar a alguien 205
libertad 55, 207, 269
libertad de culto 189
libertad de expresión 59, 83
Libertador 69
libre 143
libre comercio 125
libro 235
líder 69, 99
lienzo 277
ligado a algo 265
limitado 215
limítrofe 71
linaje 51
línea 37
línea argumental 257
línea de pensamiento 261
línea ecuatorial 27
líneas generales 143
liquidez 163
lista de espera 193
lista de ventas 265
literatura de silencio 263
litoral 13, 221
llamar la atención 261
llano 15
llegar a acuerdos 151
llegar a tiempo 17
lleno 19
llevar a alguien a hacer algo 209
llevar a cabo 105, 175
llevar a hombros 273
llevar algo a cabo 103
llevarse a cabo algo 119
llevarse algo a la práctica 55
llover 15
lluvia 27
lluvioso 15
lobo 229
localizar algo 239
logrado 181
lograr algo 71, 125, 127, 233
logro 217
L.O.M.C.E 137
longitud 25
los alimentos básicos 179
lucha 43, 95, 165
luchar 69
luchar contra algo 207
luchar por algo 179
lúdico 21
lugar 21
lujo 31

## M

madera 145
madrileño 19
madrugada 47
magnífico 45
magnitud 213
maletín 235
malformación 181
mandar 143
mandato 115
manifestarse 97
mano de obra 159, 205
mantener 119
mantenerse en algún lugar 225
manufacturado 155
maquillarse 273
maquinaria 155
maras 117
mar Cantábrico 13
mar Caribe 23
marco 69
margen de maniobra 157
marginación 195
(mar) Mediterráneo 13
Marruecos 211
matar a alguien 101
material escolar 173
materia prima 145, 157
maternidad 141
matrimonio 43, 185
mayor 29
mayor de 89
mayoritariamente 205
media 15
mediador 151
mediano 133
médico 181, 193
medida 97, 197
medioambiente 147, 215
medio de transporte 37
medio escrito 249
medio oral 249
medios de comunicación 249
medios de comunicación interpersonales 249
medios de comunicación masivos 249
mejorar algo 177
memoria 259
Memoria Histórica 263
memoria principal (RAM) 237
mencionar algo 241
mendigar 171
menor (de edad) 173
menor de edad 171
mensaje 239
mercado 121
mercado de trabajo 149
mercado exterior 157
mercado interior 157
mercado mundial 31
mercado negro 153
mercancía 147, 179
mermar algo 165
meseta 15, 25
mestizaje 29
mestizo 29
meta 125
metaverso 243
meterse en algo 165
metro de altura 23
metro ligero 17
metrópoli 19
mezcla 29
mezclar algo 277
mezquita 187
microonda 241
microprocesador 237
miembro 63, 97, 183
mientras que 127
migración mundial 203
migrante 203
milagro económico 221
militar 97
minería 145
minimizar algo 221
Ministerio de Economía y Hacienda 143
minoría 173, 211
minoría étnica 139
miseria 171, 205
moción de censura 85
moderador 85
modernista 275
modernización 255
modificar 85
modificar algo 187, 239
modo propio de hacer algo 147
mole 273
molestia 223
monarca 63
monarquía 69
monarquía hereditaria 59
monarquía parlamentaria 83
moneda 43, 121, 243
moneda única 143
monocultivo 231
monoparental 183
monotemático 255
montaje 271
montaña 33
Montañas Rocosas 23
montañoso 15, 23
monte 51
movilidad 241
movimiento 107, 179
movimiento de masas 107
movimiento estudiantil 103
movimiento migratorio 203
movimiento nacionalista 95
muerte 273
mujer presidenta 117
multa 87
multifacético 277
multilingüe 203
multitud 273
mundial 157
mundo laboral 135, 209
mundo virtual 243
municipal 83
municipio 61, 93, 243
mural 275
muralista 277
museo 35
musulmán 45, 187
mutuo apoyo 183

## N

nacer 25
nacionalidad 61
nacionalismo 95
nacionalizar algo 101
Naciones Unidas 233
narcoterrorismo 263
narrativa 257
narrativo 257
natalidad 31
náufrago 211
nave 49
navegable 25
navegar 241
navegar en Internet 25
Navidad 265
necesidades básicas 197
nefasto 165, 219

negociación colectiva 151
negocio 149, 155, 243
nevado 23
niebla 27
nieto 53
nieve 15
niño de la calle 171
nivel académico 135
nivel del mar 23, 33
nivel de vida 113
nocivo 195
nombrar a alguien 89
nombrarse gobernador 47
nominación 269
norma 119
nota de corte 135
noticia 49, 261
noticias 143, 253
noticias televisivas 253
novel 259
novela 257
novela de caballerías 263
novelista 263
nube 239
núcleo atómico 215
nudo 257
Nuevo Mundo 49
nuevos aires 63
número 133
nutrición 231

## O

obedecer a alguien 191
obesidad 173
objetividad 263
objetivo 99, 119, 139
objetivo compartido 125
objetivo de producción 143
obligar a alguien 109
obligar a alguien a hacer algo 187
obligatorio 141
obra 37, 257, 275
obrero 59
observación 221
obstáculo 179, 239, 251
obtener algo 253, 269
obviar algo 237
occidental 163
(océano) Atlántico 23
(océano) Pacífico 23
ocio 147, 175
ocio digital 175
ocupación 53, 67, 97, 109
ocupar algo 13, 265
ocuparse de 181
ocuparse de algo 119
ocupar un lugar 157
ocurrir 97
oferta cultural 35
oficio 149
ofimática 237
ofrecer sacrificios humanos 65
ola 99, 205
oleada 207
óleo 277
oleoducto petrolero 227
olfato 223
oligarquía burguesa 55
olímpico 21
OMC 121
OMS 121
onda electromagnética 241
operaciones matemáticas básicas 141
operadora 255
opinión 261
oponerse a algo/alguien 49
oportunidad 141, 159
oposición 107, 115, 149
opositor 115, 175
optar por 59
optar por algo 187
orden 87
ordenador 235
ordenar 53
órdenes 87
orfanato 105
organismo 121
organización ecologista 215
organización empresarial 151
organización independentista 95
organización no gubernamental 233
órgano (constitucional) 83
órgano de Gobierno 93
orgullo 63
oriental 29
orientalista 275
origen social 29
originarse 163
orilla 21
oscilar 31
oscuridad 27
oso 229
oso y el madroño 19
otorgar 61, 269
otorgar algo 127
oyente 255

## P

paga 163
pagano 273
país comunitario 121
país de residencia 59
país en vía de desarrollo 233
país industrializado 233
país receptor 207
palabra clave 235
pandemia 165, 197
pan de muerto 273
pandereta 265
pandilla 117
pantalla 237, 269
pantalla táctil 235
pañuelo 111
papel 219
papel clave 147
papel de regularización 207
papeles 153
paraje 217
paralizar algo/a alguien 115
pararse 165
parecer 165
pareja 49
parentesco 249
pariente 177, 185
pariente lejano 177
paro 149, 193
parqueadero 37
parque lineal 37
parque urbano 33
párrafo 237, 261
participante 273
participar 97
participar en algo 143
particular 49
partido 177
pasajero 37, 147
pasar algo 165
pasar con las tropas 57
pasar el verano 27
pasar frío 15
pasar por 25
paso 211, 273
pastel 277
patera 211
paterno 183
patinador 37
patrimonio cultural 147
paz 45
peaje 17
peatón 37
pediatría 195
peli 269
película 269
película taquillera 269
peligrosidad 185
peligroso 207
pelota 29
pena 267
penal 87
Península Ibérica 13, 43
penínsular 69
pensión 193
per cápita 157
percibir algo 239
perder el control 55
pérdida 223, 239
periódico 271
periódico físico 251
periodista 95
periodístico 261
periodo 157, 171
periodo franquista 55
perjudicial 195, 223
permanencia 43
permanente 67
permiso de trabajo 153
permitido 185
perpetrar un atentado 95
persecución 117, 203
personaje 257
personal docente 133
persuadir a alguien 249
pertenecer 263
pertenencia 35, 43
pesca 145
peso 107
petardo 273
petróleo 113, 155, 227
PIB 145
pico 15, 23
piedad 51
pieza 275
pilar 235, 261
pinchazo 163
Pirineos 45
pista de baile 265
placa 37
planeta 79
planificación familiar 31
plano 271
plantación 205
planteamiento 269
plantear 243
plantearse algo 135
plan urbanístico 147
plasmar algo 259
plataforma 251
plataforma digital 269
plebeyo 63
plebiscito 103
pluralidad 159
plurilingüe 81
población 29, 203, 213
poblado 21
poblar 67
pobreza 139, 171, 179, 195, 231
poder 45, 69, 71, 83, 115
poder adquisitivo 147, 221
poderes 59
poema 259
poeta 259
policía local 93
poliomelitis 277
políticamente 277
política monetaria 143
político 99, 107, 171
polución 223, 229
polución del agua 33
polución del aire 33
pólvora 273
poner algo en marcha 233
poner en práctica 197
poner en práctica algo 271
poner fin a algo 103

ponerle fin a algo 117
ponerse el sol 53
popular 45, 79
popularidad 115
populismo 99
porcino 145
por mayoría 103
por medio de 175
portátil 235
portavoz 217
por vía marítima 211
posesión 67
posguerra 263
precariedad 149, 165
precario 157, 195
precipitación 15
precolombino 35, 65, 191
predecir algo 65
predominar 263
preescolar 141
pregón 273
prejuicio 179, 211
premio 257
Premio Nobel 263
prensa 249, 261
prensa deportiva 255
prensa económica 255
preocupación 263
preocupante 233
presenciar 267
presentar algo 25
presidencial 105
presidente 87
Presidente del Gobierno 89
presidir algo 105
presión 163
prestación por desempleo 143
prestación social 163, 193
prestar atención a algo 125
prestigio 43, 269
prestigioso 101
presumir de 21
presunto 87
presupuesto 269
presupuesto estatal 227
pretender hacer algo 45
pretendiente 53
prevenir algo 153
primera dama 105
primordial 141
principal 189
principio moral 59
prisión preventiva 87
privacidad 235
privación 139
problemas económicos 99
procedente 53
procedimiento 145, 209
procesador de texto 237
Proceso de Reorganización Nacional 107
proceso de tecnificación 205
proceso de transición 103
proclamar 53
proclamar algo 83
proclamar la República 55
proclamarse 45
producirse 97
productor 271
profesar 189
profesión 149
profesorado especializado 135
programador 235
prohibir algo rotundamente 81
promedio 31, 185
prometer algo a alguien 115
promoción 151
promocionar algo 147
propicio 155, 211
propiedad 143
propio 59, 109
proporcionar 159
proporcionar algo 221
propósito 125
próspero 153
protagonista 259
proteccción 119
protector 189, 191
proteger 143
proteger a alguien de algo 225
proteger algo 233
Protocolo de Kioto 233
proveniente de 161
provenir de 127
provocar 45, 223
provocar algo 165
provocar el rechazo 97
proximidad 27
proyección 269
proyectar 37
prueba 149
publicación 261
publicidad 195, 271
público 269
puede que 19
puertorriqueño 127
puesta del sol 27
puesta en escena 259
puesto 149, 265
puesto de salud 195
puesto de trabajo 17
pujante 263
pulmón 19, 33, 223, 229
pulmón verde 33
puntuación 149

## Q

quedarse en (un sitio) 19
quedar viudo 183
quema 213
quemar 43, 273
quemar algo/a alguien 49
químico 145

## R

radiación 225
radiación solar 223
radioactividad 215
radiofórmula 255
(radio) generalista 255
rama 239
raramente 175
rascacielos 19
ratón 235
rayo 225
razón 113
reagrupación familiar 203
real 53
realeza 63
realidad alternativa 243
realidad aumentada 241
realidad virtual 241
Realismo 263
Realismo mágico 263
Realismo social 263
realizador 269
realizar algo 241
realizar los estudios de algo 135
realizar (una película) 271
reaseguro 155
recalificación 161
recepción 241
receptor 241
recetado 195
rechazo 179
recibir a alguien 209
recibir protección 51
reciclar 275
reciclar algo 219
reciente 165, 261
reclamar algo 109
reclutar a alguien 49
recomendable 77
recomendado 269
recomendar algo a alguien 259
recompensado 49
reconocer 55
reconocer algo 69, 81, 185
reconocer algo/a alguien 115
reconocimiento 59, 257
reconocimiento de voz 237
Reconquista 45
reconquistar algo 187
recorrer 23, 241
recorrido 15, 275
recorte 163
recreación 37
recreo 213
recuerdo 165
recuperación 221, 225, 269
recuperar algo 117, 181, 219
recuperarse de algo 165
recurso natural 113
recursos finitos 213
recursos forestales 145
recursos naturales 67, 145
recurso vital 217
red 239
redactar algo 237
red de carreteras 17
redes sociales 79, 175
red fluvial 25
redistribución 213
red social 195, 249
reducir algo 157
reelección 109
reelegir a alguien 105
reescribir algo 237
referente 259
referirse a algo 23, 249
reflejar 29
reforestación 219
reforma agraria 101
reforma educativa 101, 133
reforma sanitaria 101
refuerzo 49
refugiado 173, 205
regadio 217
régimen 61, 95
régimen dictatorial 103
régimen militar dictatorial 101
regir 103, 119
registrar 171
regresar a 17
regreso 53, 63
regularización 209
rehabitar 187
reina 89
reinado 43, 53
reiniciar algo 237
reino 43, 77
reino de Taifa 45
reinventarse 259
reivindicar 213
reivindicar algo 97
relación 119
relación amistosa 123
relacionarse con alguien 175
relaciones humanas 267
relieve 15, 23
religión del Estado 189
remoto 241

remuneración económica 149
Renacimiento 257
rendirse 43, 109, 111
RENFE 17
renovable 145, 213
renovar algo 249
renta 157, 161
rentable 171
renunciar 111
repartir 115
repartirse 17
reparto 181, 271
repercusión 163, 165
repercutir 163
repercutir en algo 149
repertorio 259
repetitivo 133
repleto 35
replicar 237
reportaje 261
representación 259
representante 83, 277
representar a 19
representar algo 65, 259
represión 31, 59, 101, 107, 117
reproducción 265
República Socialista Unitaria 99
requerir algo 267
requisito 149, 207
rescatar a alguien 163
residencia (de ancianos) 185
residente 209
residir 153
residir en algo 61, 83
residuo 215
resistencia 45
respaldar algo/a alguien 123
respaldo 115
respeto 221
responsabilidad 47
responsable 111
restablecer algo 103
restante 223
resultar herido/ 97
resurgir 95
retirada 227
retirar 225
reto 145, 165, 239
retomar algo 69
retorno 111
retrasar algo 193
reunión 233
reventar 163
revista 249, 261, 271
revitalizar algo/a alguien 221
revuelta 49
rey 89
rey emérito 63
riego 145
riesgo 181
rima 259
río 25
riqueza 67, 81
rito 189
robar algo 171
robo 239
robo de niños 107
robótica 239
rocoso 15
rodaje 271
rodar una escena 271
rodear algo 241
romance 77, 257
romano 43
romper algo 197
romper el lazo 45
romper estereotipos 211
rotura 227
ruidoso 21
rural 141, 147, 179
ruta comercial 67


## S


sabana 33
sacar a la luz 61
sacar buenas/malas notas 135
sacar partido a algo 271
sacerdotal 65
saeta 265
sagrado 191
sala 269
sala de teatro 35
salario 141, 165
salida 155
salida del sol 27
salir adelante 165
salir a la luz 265
saltar a la fama 271
saltar a la vista 35
salto 25
salud 119
salud mental 197
salvadoreño 127
salvar a alguien 69
sanción 233
sangriento 43, 107
sanidad 163, 239
sanidad pública 211
sano 157
saqueador 229
sardana 267
satisfacer algo 161
seco 15, 27
sector estratégico 123
sector servicios 145
sector terciario 145
secuela 165
secuestro 71, 107
sede 127, 233
sefardíes 187
seguido por 127
seguidor 251
según 123
Segunda República 55
segundo más extenso 25
seguridad social 155
Seguridad Social 193
seguro 123, 153
seguro de desempleo 193
seguro médico 193
seguro privado 193
selva amazónica 227
selva lluviosa 25
Semana Santa 265
sembrar 231
Senado 89
señal 241
sencillo 265
sensación 267
sensatez 243
sentar las bases de algo 141
sentar las bases para algo 233
sentencia 87
sentido táctil 275
sentimiento 183, 267
separación 189
separación de los poderes 83
separado 211
sepultura 61
sequía 203, 217
ser 239
ser clave 263
ser consciente de algo 213
ser de izquierdas 63
ser de origen 127
ser depediente de algo 217
ser el autor de algo 97
ser el encargado de alguien o algo 59
ser fruto de algo 239
ser humano 189, 191
ser miembro de algo 121
ser partidario de algo 231
ser responsable de 89
servicio doméstico 153
servicio público 133
servicios financieros 155
servicios sanitarios 97
servidor 239
servir de 25
ser vivo 213
severo 59
siderometalurgia 145
siembra 179, 191
sierra 23, 51
siervo 51
siesta 175
siete maravillas naturales 25
siglo de oro 45
Siglo de Oro 257
significado 187, 259
significar algo 99
significativo 255
silla de ruedas 173
sinagoga 187
sincretismo 189
sindical 59
sindicato 151, 163
sin éxito 125
sin papeles 211
sintonizar algo 255
sintonizar una emisora 255
sirio 97
sistema de posicionamiento global 239
sistema de riego 217
sistema económico 143
sistema intermedio 143
sistema recolector 219
sistema respiratorio 33
sistema sanitario 193
sitio web 251
situación económica 209
situación geográfica 13, 209
situación precaria 141
situado 23
situarse 25
soberanía 49, 83, 109
soberano 107
sobrar 205
sobrecualificado 175
sobrepeso 171, 173
sobrepoblado 31
sobrevalorar algo 161
sobrino 183
socavar 227
socialmente 277
soledad 171, 263
solicitar 161
solicitar algo 193
solidariamente 121
solitario 21
solsticio 273
solucionar algo 233
someter a alguien a la tortura 187
someter algo/a alguien 69
someter algo a referendo del pueblo 59
sometido 49
son 267
sonar 265
soportar algo 165
sorprender a alguien 261
sostenibilidad 231
sostenible 147, 213, 243
suave 21
suavizar 159
súbdito 189
subgénero 259

subir 211
subir algo 239
subir al poder 99, 105
sublevación 49
sublevado 57
subpoblado 31
subsidio 115
subsistencia 231
subsistir 111
subterráneo 215
suceder 101
suceder a alguien 105
sucederse 263
sucesión 53, 63
suceso 47
sucesor 59, 107
sudoeste 13
suelo 229
suelo edificable 161
sueño 69
suevos 43
suficiente 63
sufragar algo 163
sufragio 105
sufragio femenino 181
sufragio universal 85
sufrir 53, 103
sufrir algo 163, 277
suicidarse 101
sumergirse en algo 241
suministro 155, 243
superar algo 161, 217
superávit 161
superficie 13, 23, 33, 117
superior 225
superpuesto 241
superviviencia 119
suponer 241
supremo 45
supresión 59
suprimir algo 163
surgir 55, 67
suscriptor 255
suspender algo 181
sustancia nociva 223
sustituir algo/a alguien 241

## T

tabaquismo 195
tabla 237
tachar a alguien de alarmista 163
tala 213
talar algo 229
talco 273
taller 229
taller de baile 267
tamaño 277
tambalearse 219
tambor 265
tangible 235
tanto como 27
tapa dura 259
tapas 19
tarea 159
tarea doméstica 181
tareas domésticas 141
tarjeta de crédito 235
tarjeta multi 17
tasa 139, 231
tasa de natalidad 17
tasa de paro 63, 161
teclado 235, 237
técnica de automatización 235
técnicas para leer y escribir 133
tecnificado 235
tecnología de la información 147, 255
tecnologías de información y comunicación 133
teleférico 37
teléfono móvil 235
teletrabajo 149
televisión 249
tema principal 257
temperatura máxima 33
temperatura mínima 27, 33
tempestad 27, 45
templado 15
templo 189
temporal 237
temprano 139
tener aislado a alguien 121
tener algo/a alguien bajo cargo 53
tener como meta 125
tener derecho a 87
tener derecho a voto 105
tener el control de algo 101
tener en cuenta 99
tener lugar 165
tener por finalidad algo 235
tener un papel 105, 161
tensión 57
tercera edad 185
término 77, 185
término acuñado 259
terrateniente 31, 71
terremoto 215
terreno 31, 45
territorial 67, 83, 85, 125
territorio 13, 53, 71
terrorismo 95
testigo 259
testimonio 95, 259, 263
Tibunal Constitucional 89
tiempo diferido 249
tiempo libre 175
tierra 67
tinerfeño 273
tirada 251
titulación 133
titulado 263
titular 261
Título de Bachiller 137
Título de Graduado 137
título de Graduado en ESO 135
Título de Graduado ESO 137
título de máster 137
Título de Técnico Deportivo Superior 137
Título de Técnico Superior 137
Título profesional 137
títulos de crédito 271
Título Superior 137
Título Técnico 137
tocar el tema 183
todo el mundo 29
toma de decisiones 179
tomar 47
tomar medidas 163
tomar por asalto 49
tomar prestado algo de alguien 113
torre humana 21
tortura 71, 107
torturado 101
torturar a alguien 189
tóxico 195
trabajador 197
trabajadores indocumentados 127
trabajador informal 197
trabajador por cuenta ajena 193
trabajo discográfico 265
trabajo forzado 51
trabajo infantil 171
tradicional 249
traer algo consigo 115
traer consigo 111, 121
tráfico 35, 37
traje 267
tramo 17
tranquilo 21
transformar 197
transgénero 185
transgénico 231
transición 103
transición democrática 55
transitado 19, 21
transitar 273
transitorio 67
transmisión 85, 177, 241, 249, 257
transmisor 241
transmitir algo 261, 271
transparente 121
transporte alternativo 37
transporte masivo 37
transporte público 17, 37, 223
transporte público colectivo 37
tranvía 21
trasladar 227, 233
trasladarse (a) 31, 243
tratado 127
Tratado de Libre Comercio (TLC) 157
tratar algo 209, 235
tratar de hacer algo 241
travesía 207
trayecto 37
trayectoria 269
tregua 95, 165
tren de cercanías 17
triángulo de oro 33
Triángulo Norte 207
tribu 229
tribunal 59
Tribunal Constitucional 83
Tribunal de Cuentas 87, 89
Tribunal de la Inquisición 187
tribunal eclesiástico 47
Tribunal Supremo 89
tridimensional 275
trigo 231
tripulación 49
triunfar sobre algo/alguien 263
trono 69
trovador 257
tumba 273
turbina generadora 215
turismo de masas 147

## U

ubicación 225
últimamente 127
ultimar las negociaciones 47
único 99, 105
unidad nacional 47
unificarse 125
uniformidad 79
unión 47
Unión Económica y Monetaria (UEM) 121
uniprovincial 93
unirse 23
unirse a algo/alguien 165
universidad pública 135
urbanización 33
urbano 141, 243
urbe 35
usuario 239, 251
uva 19

## V

vacío de poder 53
vacuna 127
vacuno 145
vaivén 33
valenciano 21, 81
valer 115

validez 55
valiente 45
valor 147, 243
valorar algo 141
vapor 155, 215
variación 223
variado 35, 265
variar 27
variedad 77
vasco 81, 205
vehículo autónomo 239
vehículo de motor 223
vejez 193
velar 119
velocidad máxima 17
vencer 103
vendedor ambulante 35
venerar a alguien 191
venir algo a la mente 259
venir asociado a algo 257
ventaja 159
venta libre 195
verano 15, 27
verdura 221
verificable 95
versionar 265
verso 259
vertedero 217
vertido 227
viabilidad 161
vía de navegación 23
vía de tránsito 207
viajar por aire 17
(viajar) por tierra 17
viajero 21
vicepresidente 87
víctima 57, 211
vida cotidiana 267
vida laboral 181
vida nocturna 35
vidrio 275
vientre 205
vigente 105
villancico 265
vinculado a algo 151
vínculo consanguineo 183
violación 107
violación de los derechos humanos 103
violencia 171
Violencia de Género 181
violencia doméstica 197
virgen 273
virreinato 69, 71
virrey 69
virtual 243
visible 207
visigodo 43
visión computarizada 239
vista 225
vistas 21
visualizar algo 237
vivienda 161
vivienda para mayores 185
vivir experiencias 177
vivo 191
volátil 237
volcán 23
volumen 263, 277
voluminoso 275
voluntad popular 99
voluntario 55
volverse contra algo/alguien 49
volverse independiente 177
votado 59
voz 163, 267
voz crítica 63
vulnerable 139


## W


wifi 241


## Z


zanfoña 265
zona de alta montaña 15
zona de interior 15
zona de libre comercio 125
zona fluvial 15
zona rural 17
zona verde 33

# Bildquellenverzeichnis

**10.1** Getty Images (unclepodger), München; **10.2** Getty Images (Pauline Lewis); **10.3** Getty Images (nicolamargaret); **10.4** Getty Images (© Allard Schager); **11.1** 123RF.com (Marina Zlochin), Nidderau; **11.2** Getty Images (© Marco Bottigelli); **11.3** Getty Images (Artur Debat); **12** 123RF.com (Rainer Lesniewski); **18.1** 123RF.com (oscarporrasinf); **18.2** Getty Images (Jorgefontestad); **20** Shutterstock (dimbar76), New York; **22** Getty Images (Jupiterimages); **24** Shutterstock (Porcupen); **26.1** Getty Images (ricardoinfante); **26.2** Getty Images (Morsa Images); **26.3** Getty Images (Stefan Cristian Cioata); **28.1** Shutterstock (ph. FAB); **28.2** Shutterstock (Marco Iacobucci Epp); **28.3** Shutterstock (ph.FAB); **28.4** Shutterstock (Christian Bertrand); **32.1** Getty Images (BardoczPeter); **32.2** Getty Images (Smartshots International); **32.3** Getty Images (RapidEye); **36.1** Getty Images (ChandraDhas); **36.2** Getty Images (Gabriel Leonardo Guerrero Bermudez); **39** Shutterstock (Luis becerra); **40.1** 123RF.com (joserpizarro); **40.2** Shutterstock (MSCT Pics); **40.3** Getty Images (YT); **41** Shutterstock (Shanti Hesse); **46** (c) Diez Lasangre; **46.3** (c) Diez Lasangre; **46.4** (c) Diez Lasangre; **48.1** Getty Images (mikroman6); **48.2** Getty Images (mikroman6); **50** Shutterstock (Sergey Kohl); **54.1** Getty Images (Manuel Augusto Moreno); **54.2** Getty Images (FotografiaBasica); **54.3** Getty Images (duncan1890); **60** 123RF.com (Rudolf Ernst); **62** 123RF.com (marta fernandez jimenez); **66** Getty Images (erhui1979); **68** Getty Images (Grafissimo); **70** (c) unprofesor.com; **73.1** www.e-faro.info; **73.2** AFP Gruppe Deutschland (© Kilian FICHOU / AFPTV / AFP), Berlin; **74.1** Getty Images (kostenkodesign); **74.2** Shutterstock (Jim Vallee); **74.3** Getty Images (jon chica parada); **75** Shutterstock (Aleksandar Mijatovic); **76.1** Getty Images (A Mokhtari); **76.2** Getty Images (bombuscreative); **78** Getty Images (GoodLifeStudio); **80** Koruro (2022). ¿Cuáles son las lenguas oficiales de España?. https://koruro.com/lenguas-oficiales-de-espana. 15.09.2022.; **82** Shutterstock (WEB-DESIGN); **86** 123RF.com (Abel Roman); **89.1** Getty Images (Patrick Donovan); **89.3** Shutterstock (Fernando Astasio Avila); **90** 123RF.com (neftali77); **92** 123RF.com (David Acosta Allely); **94** Getty Images (Morsa Images); **96.1** Getty Images (Morsa Images); **96.2** Getty Images (Morsa Images); **98.1** Shutterstock (VikiVector); **98.2** Shutterstock (Vectorfair); **100** ISBN 978-3-12-535542-2,© Ernst Klett Sprachen GmbH, Stuttgart 2009; **100.1** 978-3-12-535542-2,© Ernst Klett Sprachen GmbH, Stuttgart 2009; **100.2** Biblioteca del Congreso Nacional, CC BY 3.0 CL, via Wikimedia Commons; **102** picture-alliance (REUTERS | LUCAS JACKSON), Frankfurt; **104** No mencionado, Public domain, via Wikimedia Commons; **106** Presidencia de la Nación Argentina, Public domain, via Wikimedia Commons; **108** Shutterstock (Peter Hermes Furian); **110** Getty Images (Owen Franken); **112** Getty Images (thad); **118.1** Shutterstock (Gear Digital); **118.2** World Trade Organization, Public domain, via Wikimedia Commons; **118.3** ricochet64; **118.4** Font: Adrian Frutiger Logotype: The World Health Organization, Public domain, via Wikimedia Commons; **118.5** Shutterstock (Standard Studio); **118.6** Shutterstock (Daboost); **120.1** Kokoo, Public domain, via Wikimedia Commons; **120.2** Getty Images (Stadtratte); **122** Statistisches Bundesamt, Wiesbaden; **126** (c) Pew Research Center; **129** Getty Images (chekat); **130.1** Getty Images (Igor-Kardasov); **130.2** Getty Images (Carol Yepes); **130.3** Getty Images (ANGEL LARA DIAZ); **131.1** Getty Images (Ljupco); **131.2** Getty Images (Javier Ghersi); **132.1** Shutterstock (BearFotos); **132.2** Shutterstock (Ground Picture); **134.1** Shutterstock (cheapbooks); **134.2** Getty Images (RealPeopleGroup); **136** (c) Ministerio de Educación y Formación Profesional; **138.1** Vorbereitet von La Monclo mit Daten von der INE-Website: www.ine.es; **138.2** © Instituto de la Juventud; **139** Getty Images (appleuzr); **140** Getty Images (Jose Luis Pelaez Inc); **144.1** Getty Images (Alexander Spatari); **144.2** Getty Images (Jordi Salas); **146.1** Getty Images (Jordi Salas); **146.2** Getty Images (10';000 Hours); **152** Getty Images (Hispanolistic); **156.1** Getty Images (fatmayilmaz); **156.2** Getty Images (DrPixel); **160** (c) Borja Ben Lafuente, Website: www.tuvidaencomic.com; **162** 123RF.com (Jose Hernandez); **164** Getty Images (TCmake_photo); **167** NIK ((c)NIK), Ciudad de Buenos Aires, Agentina; **168.1** Getty Images (Wanlee Prachyapanaprai); **168.2** Getty Images (KvitaJan); **168.3** Getty Images (TarikVision); **169** EFE/lafototeca.com (Santi Donaire), Madrid; **170** Getty Images (http://www.fotogestoeber.de); **172,176.1** Getty Images (Abscent84); **172.2** (c) Ministerio de Sanidad. Campaña 2019; **172.3** Getty Images (cesar fernandez dominguez); **172.3** Getty Images (ajr_images); **172.4** Getty Images (Bohdana Tkachuk); **174.1** Getty Images (zefart); **174.2** Getty Images (deteetarkan); **174.3** Getty Images (Ghislain & Marie David de Lossy); **176.2** Getty Images (Pavel Rogozin); **176.3** Getty Images (Thomas Barwick); **176.4** Getty Images (Antonio_Diaz); **176.5** Getty Images (ferrantraite); **176.6** Getty Images (FG Trade Latin); **176.7** Getty Images (Anna Erastova); **176.8** Getty Images (Tetiana Chaban); **177** Getty Images (Bigmouse108); **178.1** Getty Images (hadynyah); **178.2** Getty Images (CoffeeAndMilk); **182.1** Getty Images (Yevhen Borysov); **182.2** Getty Images (Yevhen Borysov); **182.3** Alberto Romero Moya, El Ejido; **184.1** Getty Images (Aleksandra Alekseeva); **184.2** Getty Images (Ristiyani Nur Azizah); **184.2** Getty Images (Ihor Kashurin); **186.1** 123RF.com (iconisa); **186.2** 123RF.com (Sergio Cervera Moreno); **186.3** 123RF.com (dudlajzov); **186.4** 123RF.com (Rudolf Ernst); **188.1** José Vivar y Valderrama, Public domain, via Wikimedia Commons; **188.2** Alamy (SPCOLLECTION), Abingdon, UK; **188.3** Wikimedia Commons (Unidentified painter, Public domain); **190.1** 123RF.com (kolesnikov90); **190.2** 123RF.com (Peter Hermes Furian); **190.3** 123RF.com (Svitlana Drutska); **192** Getty Images (Hailshadow); **194** Getty Images (Anders Ryman); **195** Getty Images RM (David M. Benett / Contributor), München; **196.1** Getty Images (Sofiia Velychko); **196.2** Getty Images (Josep Gutierrez); **200.1** Getty Images (Yagi Studio); **200.2** Getty Images (PhonlamaiPhoto); **200.3** Getty Images (Klaus Vedfelt); **201.1** Getty Images (Abstract Aerial Art); **201.2** Getty Images (Sergio Formoso); **202** 123RF.com

(Domenico Condello); **206.1** Getty Images (juanestey); **206.2** Getty Images (Mauricio Toro); **206.3** Getty Images (Photo Beto); **208.1** Adobe Stock (Dian Elvina), Dublin; **208.2** Getty Images (thebroker); **210.1** Getty Images (PeterHermesFurian); **210.2** 123RF.com (Daniel Ernst); **210.3** 123RF.com (Daniel Ernst); **210.4** Getty Images (Halfpoint Images); **210.5** 123RF.com (Daniel Ernst); **212** Getty Images (mutarider); **212** Getty Images (Manu Vega); **214.1** Getty Images (GetYourPic); **214.2** Getty Images (lappes); **216** 123RF.com (Saray Leal García); **218** www.e-faro.info; **220.1** Getty Images (Anastasia Yakovleva); **220.2** Getty Images (O. Alamany & E. Vicens); **222** Getty Images (RUNSTUDIO); **224** Getty Images (Holger Leue); **226** (c) Christian Cray; **228** Getty Images (TonyFeder); **230** Getty Images (grecosvet); **232** Getty Images (Logvinart); **234** Getty Images (Andriy Onufriyenko); **236** Getty Images (Yagi Studio); **238.1** (c) Aldebaran & United Robotics Group; **238.2** (c) SoftBank Robotics; **238.3** Getty Images (Yagi Studio); **240.1** Getty Images (We Are); **240.2** Shutterstock (Gorodenkoff); **242** Getty Images (Siegfried Layda); **244** Getty Images (Alexander Spatari); **245** www.e-faro.info; **246.1** Getty Images (Rawpixel); **246.2** Getty Images (orensila); **247** EFE/lafototeca.com (Francisco Guasco); **248** Getty Images (Giii); **252.1** Getty Images (Yevhen Borysov); **252.2** Getty Images (Yevhen Borysov); **252.3** Getty Images (Morsa Images); **252.4** Getty Images (Morsa Images); **252.5** Getty Images (ET-ARTWORKS); **254** 123RF.com (Sharaf Maksumov); **256.1** Getty Images (MirageC); **256.2** Getty Images (FreshSplash); **258** 123RF.com (nevarpp); **260** 123RF.com (gilc); **264.1** 123RF.com (Andrei Metelev); **264.2** 123RF.com (buzzfuss); **264.3** 123RF.com (Kobby Dagan); **266.1** 123RF.com (Alexander Cherepanov); **266.2** 123RF.com (tan4ikk); **270** Getty Images (nrqemi); **272** Getty Images (exxorian); **274.1** 123RF.com (Alberto Masnovo); **274.2** 123RF.com; **276.1** Getty Images (Andreas von Einsiedel); **276.2** Fernando Botero, Bogotá; **278.1** Getty Images (zysman); **278.2** picture-alliance (picture alliance / imageBROKER | Peter Giovannini); **278.3** Getty Images (Sundry Photography); **278.4** Getty Images (Tiago_Fernandez); **279** CHRISTIAN SIERRA / AFPTV / AFP